奔向零碳

中国企业"双碳"实践指南

TOWARDS ZERO CARBON

A collection of best practices for Chinese enterprises on the road to carbon neutral

马克 主编

人民东方出版传媒
People's Oriental Publishing & Media
东方出版社
The Oriental Press

图书在版编目（CIP）数据

奔向零碳：中国企业"双碳"实践指南 / 马克主编 .
北京：东方出版社, 2025. 6. -- ISBN 978-7-5207
-4327-3

Ⅰ．F279.23
中国国家版本馆 CIP 数据核字第 20256VE932 号

奔向零碳：中国企业"双碳"实践指南
BENXIANG LINGTAN: ZHONGGUO QIYE SHUANGTAN SHIJIAN ZHINAN

主　　编：	马　克
责任编辑：	吴晓月　于旻欣
出　　版：	东方出版社
发　　行：	人民东方出版传媒有限公司
地　　址：	北京市东城区朝阳门内大街 166 号
邮　　编：	100010
印　　刷：	华睿林（天津）印刷有限公司印刷
版　　次：	2025 年 6 月第 1 版
印　　次：	2025 年 6 月第 1 次印刷
开　　本：	660 毫米 ×960 毫米　1/16
印　　张：	21.25
字　　数：	273 千字
书　　号：	ISBN978-7-5207-4327-3
定　　价：	68.00 元

发行电话：（010）85924663　85924644　85924641

版权所有，违者必究
如有印装质量问题，我社负责调换，请拨打电话：（010）85924602　85924603

"双碳"是压力，更是企业发展的动力

2020年9月22日，国家主席习近平在第七十五届联合国大会一般性辩论中宣布，中国将力争于2030年前实现碳达峰、努力争取2060年前实现碳中和。也就是说中国从碳达峰到碳中和可能仅需30年。相比之下，西方大多数发达经济体从碳达峰到碳中和需要50—60年，时间更加漫长。

当时，我还在总部设在菲律宾马尼拉的亚洲开发银行（以下简称"亚行"）担任首席能源专家，主要的工作就是通过绿色金融支持发展中国家应对气候变化、实现可持续发展。中国作为世界上最大的发展中国家和第二大经济体，能够提出具有雄心的"双碳"目标，对于全球应对气候变化的大业是个巨大的推动，给其他发展中国家树立了榜样。虽然中国提出的"双碳"目标是一个非常艰巨的任务，但是，我在亚行的各国同事都说："我们相信，中国一旦提出了目标，就一定能做到！"他们举例，以前中国很多城市空气污染严重，PM2.5数值爆表，很多亚行的国际员工担心影响健康，不愿意到中国工作和出差，但经过中国政府这些年的不懈努力和综合治理，他们都看到国内城市的空气质量大大改善，蓝天白云已成为常态。现在，北京已经成为最受亚行员工喜欢的常驻地和出差地。

2021年7月，我告别了马尼拉和工作了21年的亚行，回到国内加入腾讯集团担任碳中和高级顾问。在近三年来的工作实践中，我深深地体会到实现"双碳"目标将比治理空气污染更复杂、更具挑战性，因为碳达峰、碳中和涉及的面更广，从各级政府到各行各业，从教育部门到科研院所，从各类企业到我们每个人，全社会都需要动员起来共同努力。

在这个过程中，各类企业的作用至关重要。《财经》杂志与北京中创碳投科技有限公司（以下简称"中创碳投"）共同编写的《奔向零碳：中国企业"双碳"实践指南》的出版恰逢其时。其内容丰富翔实，涉及国内和国际，既有企业碳排放盘查、碳资产管理这样的实用方法，也有汽车、消费、物流、互联网、能源、建筑等领域的企业和项目的实践案例，有思考也有实践，是一本名副其实的指南。

我们可以从书中内容感受到，虽然每一家企业都面临着自身减排、实现碳中和的压力，但国家应对气候变化、实现碳中和的进程也为各行各业带来了全新的发展机遇和业务场景。换句话说，努力实现"双碳"目标是难而正确的事情，对企业来说必然有压力，但也一定是提质增效的动力，可以大显身手。正如书中所写："气候变化是危机，也是低碳经济蓝海。"

写到这里，我特别想提一下近来异常火爆的人工智能（AI）和与其相关的大语言模型。作为新质生产力，人工智能无疑将给社会和经济发展带来新的强大动能，但是也有不少专家指出，大语言模型的应用会导致电力需求急剧增长，为碳中和进程带来新挑战。

"从应对气候变化的角度来看，尽管人工智能和大语言模型在训练和运行过程中能耗较大，但其广泛应用有助于推动碳中和。人工智能和大型语言模型在优化能源使用、提高生产效率、预测极端气候事件等方面具有巨大潜力，从而降低温室气体排放。然而，为实现碳中和目标，我们需要在发展 AI 技术的同时，关注其能耗问题，通过优化算法、提高硬件能效等措施降低碳足迹。此外，还应增加对可再生能源技术的研发和应用，以减少数据中心对化石燃料的依赖。总之，人工智能和大语言模型的广泛应用在应对气候变化方面具有积极意义，但我们需要采取相应措施以确保其可持续发展。"

以上引号内的文字信息是我使用腾讯"混元助手"大语言模型得到的回答，提示词是"人工智能和大语言模型能耗很大，那么其广泛应用有助于推动碳中和吗？请用 5—6 句话概括一下"。

品味一下，我觉得大语言模型的回答可圈可点、言之有理，我没有补充了。

是为序。

翟永平

亚洲开发银行前首席能源专家、腾讯集团碳中和高级顾问

2024 年 4 月 7 日于深圳

零碳先锋企业的共性：动力、方法和愿景

从 2021 年起，《财经》杂志与中创碳投每年都会联合发布《中国上市公司碳排放排行榜》，榜单涵盖八大高耗能行业。通过这个榜单，公众可以直观地看到高耗能上市公司的碳排放总量和碳排放强度（万元营收对应的排放量），并且通过对比上市公司的历年数据，看到其排放量的变化轨迹。

从 2022 年起，《财经》杂志与中创碳投每年联合发布《中国上市公司"双碳"领导力排行榜》。榜单除了八大高耗能行业，还渐次覆盖了其他对实现"双碳"目标有重要影响的行业。2022 年的榜单纳入了五个行业——汽车、房地产、互联网、银行、证券，2023 年又纳入了食品饮料行业。这个榜单是一把尺子，度量了上市公司在落实"双碳"目标过程中展现出来的战略眼光、组织能力和行动能力。

2023 年春节后，双方团队开始讨论除了增加排行榜的行业数量，还能做哪些有意义的事情。写本中国企业优秀"双碳"实践案例集迅速成为共识。国家提出"双碳"目标已三年有余，企业是碳中和的主角，企业现在不仅关心为何要做碳中和，更关心怎么做碳中和。那么，搜集整理优秀先行者的经验，不就可以作为后来者的行动指南吗？

优秀先行者其实就摆在我们眼前。2022 年编制排行榜时，我们调研了数百家上市公司，并用 10 个评价维度综合打分，把这些企业分为卓越、优秀、良好、中等、一般五档。卓越和优秀档的企业，天然就是案例集的采访调研对象。

仅挑选榜单里的企业也有不足。这些企业仅分布在14个行业，主要是A股上市公司和部分港股上市公司，一些表现优异的"双碳"践行企业并不在其列。于是我们把目光放宽到所有行业。但听到几个新名字后，新问题又跳了出来——外资企业算中国企业吗？结论是我们写的是这些企业的在华企业，他们是在中国注册的独立法人实体，在中国运营、纳税，90%以上的员工是中国人，因此不必拘泥于总部注册地层面的企业属性。事实上，无论在理念上、行动上、技术上还是方法论上，跨国公司的在华企业都在中国实现"双碳"目标的过程中起到了引领作用。

随着采访调研的展开，我们发现不是所有的目标企业都适合写整体案例。所谓整体案例，就是从企业的"双碳"战略设定、组织架构匹配、碳数据核查、相关技术部署、实践成果、待解难题等按部就班地来写。但有的企业某个局部做得更亮眼，更值得专门挖掘。

于是我们把企业案例分成了两类：企业案例和企业项目案例。企业案例写了13个，来自汽车、消费、快递、互联网、能源等行业；企业项目案例写了9个，分布于综合能效管理，航空减排，零碳牧场，甲醇汽车，低碳供应链、碳捕集、利用与封存（CCUS）技术等领域，其中最后一篇文章写了建筑业的三个碳中和标杆项目。

这22个案例给我们四点启示：

第一，企业减碳路径具有共性，体现在以下几点：1.转换能源结构，用风、光、水等绿电替换火电；2.提高能效，大部分企业的碳排放都来自能耗，提高能效是最好的减碳手段；3.硬减碳之外，碳中和手段，即碳汇交易不可或缺，以此对冲无法硬性去除的碳排放；4.龙头企业和链主企业的表现，对供应链减碳至关重要；5. 减碳始于碳数据盘查，企业应首先摸清自己的碳家底，排多少碳，在哪个环节排碳。

第二，科学技术是第一生产力，减碳也不例外。无论是碳数据盘查还是提升能效，数字技术的作用立竿见影。多家案例企业都在将自身积累的经验和技术产品化之后向供应链推广，向全行业甚至跨行业推广，这是此前企业数字化转型过程中常见的一幕，如今又在碳中和过程中再现。

当然减碳技术远不止数字技术。联想的低温锡膏工艺，焊接温度比传统方法低70℃左右，减少了35%的能耗；中国建筑工程（香港）有限公司（以下简称"中建香港"）的低碳混凝土、固碳砖规模化应用后甚至比传统建材更便宜；对于钢铁行业，氢冶金技术是减碳的终极解决方案；对于乳品企业，生产零碳牛奶需要上溯到牧草和土壤；对于快销企业，物流和包装环节的减碳是必须攻克的关隘。

同时，科学技术不是高不可攀。宝洁空气胶囊电商包装盒是生产第一线的两个年轻人自己折腾出来的，并非企业管理层推动，但企业看这个项目做得有模有样，就专门给了他们一个实验室，将这项自下而上的发明创造推而广之。

第三，减排动力何来？居然也是"开放倒逼改革"。减碳最早、最好的企业，都是率先与国际市场接轨的企业。我们在联想采访时，惊讶地听说他们2006年就开始测算温室气体排放量，这是因为2004年联想并购IBM个人电脑业务的同时也引入了IBM的供应链标准；宝洁苏州太仓工厂2010年建厂时就在江苏各级政府协调下采购了十年绿电，因为他们要与宝洁的全球标准保持一致，而当时国内还没有绿电和碳中和的概念。时至今日，中国采购绿电、绿证的主体仍然是如下五类企业：跨国公司在华企业及其供应链企业、出口型企业、龙头科技企业和部分行业的头部企业。

第四，减碳不只是政府和企业的事，还应成为普通公众的自觉行为。我们发现有的案例企业正在利用自己的强大影响力，向公众做减碳的科普工作。例如，互联网平台企业自身的碳排放量很少，但阿里巴巴创造了"范围3+"概念，在消费者端推出"88碳账户"，试图让其平台上数以十亿计的消费者参与减碳；腾讯和深圳市合作推出"低碳星球"微信小程序，试点开通和运营个人碳账户，腾讯还开发了普及碳中和常识的游戏产品。

对于钢铁和电力行业，我们各写了一篇行业综述。这两个行业分别占我国碳排放总量的15%和40%以上，可谓实现"双碳"目标的重中之重。但这两个行业面临的形势完全不同。钢铁行业需要增加紧迫感，需要更明确的政策来倒逼企业加快工艺流程的转型；电力行业则需要多一些冷静，更加理性地看待新旧能源转换的复杂性，更加清醒地认识到只是新能源发电装机规模狂飙突进并不能解决所有重大问题。

我们还写了一个工业园区的案例——天津经济技术开发区（泰达）（详见《泰达：一座"重工业"园区的低碳之路》）。工业是碳排放的主力，工业企业集中在工业园区，泰达却成功地把一个产业结构偏重的园区打造为全国低碳工业园的典范。

采访调研是《财经》杂志记者的强项，把知识、经验和技能形成方法论则是中创碳投的优势。读者通过案例对如何做碳中和有了初步的感知之后，若再能有一个系统的方法论做参考，那么付诸行动就更加容易。这就是本书第二章《企业低碳发展路线图》的功能。

工作深入下去之后，我们还发现，如果想制作一本企业"双碳"行动指南，那么只盯着企业自己的业务是不够的。越是"双碳"先锋企业，越关心自己企业之外的事情，例如碳价与碳市场，绿电与绿证交易，碳汇与减排机制，气候谈判的进程和中国的立场、欧盟碳关税的走势、美国相关法案的影响等。这让我们意识到，本书应该给读者提供更广阔的视野。

于是就有了第一章《全球应对气候问题的由来、现状及中国的角色》。我们专访了国家应对气候变化战略研究和国际合作中心首任主任李俊峰，他也是我国最早参与应对全球气候变化的专家之一；对话了连续14次参加联合国气候变化大会的企业家王石，他正在致力于打造碳中和社区；并约请国家气候变化专家委员会副主任潘家华、波士顿咨询（BCG）气候和可持续发展专项全球领导委员会委员周园撰写专稿。

第五章《碳交易与绿电交易》主要由中创碳投的专家撰稿。碳市场、碳汇、碳交易、绿电和绿证交易，这些事情在我国是新领域，了解的人不多，实践的人就更少。但随着碳足迹成为全球贸易的硬约束，以及国内的相关市场和政策法规建设从无到有，这一领域会变得越来越重要。是否介入、是否擅长这一领域，将实质性地影响企业的竞争力。

第六章《碳中和政策汇编》也由中创碳投执笔，我们希望本章能提升本书的工具书属性，更好地成为相关读者的工作指南。

2020年9月，中国提出"双碳"目标，此后几年可谓多事之秋。俄乌冲突、能源危机、国家间的竞争、全球性经济衰退的阴影笼罩，以至于在《财经》杂志内部，"双碳"项目组外的同事也质疑：现在谁还会关心气候变化？

其实恰恰相反，越是动荡不安之际，应对气候变化作为利益攸关的人类共同议题，其纽带作用就越凸显。同时，短期经济波动、能源供需关系变化完全不会影响碳中和这个大势。

欧洲崛起并称霸于第一次和第二次工业革命，美国崛起于第二次工业革命、称霸于第三次工业革命。如今，全球正在从化石能源经济转向可再生能源经济，这不啻为一次新工业革命，而这次工业革命的主题词就是碳中和。

世界正在进入低碳经济时代，这是至关重要的转折期。一个国家和一个企业、一个人一样，决定其命运的就是几个关键节点，抓住了，就大国崛起；错过了，就一蹶不振。过去40多年，我国很好地抓住了全球工业经济结构调整的时机，一跃成为世界第二大经济体。但是，基于化石能源的工业经济，其红利已所剩无多，我国急需新的、原生的、更可持续的增长动力。低碳经济无疑就是这样的增长动力。

低碳经济立国应当成为我国的国策，而企业则是践行国策的主力军。我国要在2060年实现碳中和，那么至迟到2050年要完成低碳经济转型，距离现在还有20多年的时间。20多年前我刚大学毕业，回想起来，仿佛就在昨天。

马克

《财经》执行主编

2023年8月于北京

第一章 全球应对气候问题的由来、现状及中国的角色

专访李俊峰：全球气候问题的缘起、发展和未来 / 003

"双碳"拖累经济发展是严重的误读 / 014

气候变化是危机，也是低碳经济蓝海 / 020

对话王石：应对气候危机，中国从追随者到领导者 / 026

第二章 企业低碳发展路线图

企业低碳发展的推动力 / 033

企业气候战略与碳管理 / 036

企业碳排放盘查 / 042

企业碳资产管理 / 050

企业碳信息披露与品牌建设 / 057

第三章　企业案例

宁德时代：奔向零碳的四个台阶 / 065

博世：用技术、创新与合作应对碳中和深水区的挑战 / 072

宝洁：日化"黄埔军校"怎么做碳中和 / 081

一杯伊利零碳牛奶的诞生：从改善奶牛肠道开始 / 089

洋河领跑白酒行业碳中和 / 096

顺丰：快递龙头的低碳坚持 / 106

领跑平台企业碳中和：阿里巴巴的思考与实践 / 115

腾讯碳中和：三年实践、五个变化 / 129

远景，从自身碳中和到零碳技术伙伴 / 141

中信：超大型综合集团的碳中和实践 / 150

泰达：一座"重工业"园区的低碳之路 / 158

制造业第一碳排放大户钢铁行业脱碳的短、中、长期路径 / 168

头号碳排大户电力行业加速转型 / 177

第四章　企业项目案例

长沙黄花机场，低碳机场的先驱 / 187

如何减少飞机的碳排放 / 195

雀巢："再生农业"与零碳牧场 / 207

甲醇汽车，吉利碳中和的创新解 / 215

联想：标杆供应链的低碳密码 / 223

齐鲁石化—胜利油田 CCUS 项目率先商业化运营 / 233

"排碳大户"建筑业的三个碳中和标杆项目 / 239

第五章　碳交易与绿电交易

全球碳交易的现状与展望 / 251

中国碳交易的现状与展望 / 262

中国重构新能源绿色交易机制 / 273

全球自愿减排机制的现状和展望 / 288

第六章　碳中和政策汇编

《巴黎协定》概述 / 297

中国的碳中和政策法规 / 302

欧盟的碳中和政策法规 / 311

美国的环境及气候政策法规概述 / 318

第一章

全球应对气候问题的由来、现状及中国的角色

专访李俊峰：
全球气候问题的缘起、发展和未来[①]

人类对气候变化的关注可溯源至1972年举行的联合国人类环境会议，该会议提出了"一个地球"的理念，开启了地球气候变化的议题。

人类活动对全球气候变化的影响到底有多大，科学上对此仍未有定论，但越来越确定的是，全球升温速度正在加快，如不加以控制，人类将面临无法承受的灾难。

1992年《联合国气候变化框架公约》（以下简称"《气候公约》"）签署后，应对气候变化成为全球政治共识，迄今已逾30年。如今，制定与气候相关的经济发展政策和开展技术研发已成为全球性的竞赛，无论大国小国，都在积极行动。

在全球应对气候变化的政治谈判中，中国的角色始终是积极的参与者、重要的贡献者和实际的领导者。未来，中国要继续为包括中国在内的发展中国家争取发展权，并根据自身的发展水平，为全球迈向碳中和

---

① 本文由《财经》记者徐沛宇提供。

贡献更多力量。

我国公众对气候问题的关注正与日俱增，但是对全球气候问题的来龙去脉了解不多。为此，我们专访了国家应对气候变化战略研究和国际合作中心首任主任李俊峰，他也是我国最早参与应对全球气候变化的专家之一。

一、气候问题的缘起和发展

《财经》：气候变暖问题是什么时候提出来的，什么时候成为全球性话题的？

李俊峰：19世纪中叶，爱尔兰科学家廷德尔就发现，改变大气中二氧化碳的浓度可以改变大气层温室效应的强弱，进而导致地球表面温度变化。而人类自工业革命以来大量消耗化石能源，温室气体排放剧增。

1972年的第一次联合国人类环境会议上，科学家们提出了全球变暖问题。1979年的第一次世界气候大会上，气候变化的问题再次被提出来讨论。这两次会议都提出了气候变暖与二氧化碳浓度提高有直接关系。

1988年，世界气象组织和联合国环境规划署联合成立了政府间气候变化专门委员会（IPCC），研究气候变化问题的成因、影响和应对措施。

1990年，IPCC发布了第一次评估报告，结论是人类工业化以来大量排放各种温室气体，这是地球大气温度不断升高的主要原因。如果这种趋势不加以扭转，将会对人类赖以生存的地球生态系统造成不可挽回的损害。

后来IPCC又发布了五次评估报告，人类对气候变化的认识不断提高。在2018年发布的《IPCC全球升温1.5℃特别报告》显示：2006—2015年这十年间全球平均地表温度比工业化前的平均值升高了0.87℃。

尽管科学界还不能完全确定温室气体的增加是气候变化的主因，但基本达成共识：温度上升一旦到达一定程度，就可能危及人类生存。

《财经》：各国政府是怎样达成应对气候变化的政治共识的？

李俊峰：在提出气候变暖问题之前，全球各主要国家就已提出多个保护环境、可持续发展或者绿色发展的议题，包括臭氧空洞修复行动、生物多样性保护、荒漠化防治，等等。不过，这些议题虽然是全球性话题，但涉及的国家、企业和人群都有限。气候变化问题则是一个从资源依赖到技术依赖的发展转型问题，与全世界所有国家、所有企业，乃至每一个人都密切相关。

1972年的联合国人类环境会议首次提出一个地球的理念，后来逐步形成了可持续发展理念，即当代人的发展必须采用可持续的、不影响后代发展的模式。

1992年的《气候公约》中虽然没有碳中和这样的说法，但已经初步形成新的发展理念——从资源依赖走向技术依赖，减少化石能源等不可再生资源的消耗，减少二氧化碳的排放，确保大气层中温室气体的浓度维持在450ppm（ppm是温室气体的浓度单位，表示一百万体积的空气中所含温室气体的体积数），以实现到2100年全球平均气温与工业化初期相比升高不超过2℃的控制目标。

随着科学认知的不断深化和政治共识的不断提高，各国政府前后签署了三份具有全球约束力的文件：1992年的《气候公约》、1997年的《京都议定书》、2015年的《巴黎协定》，这是一个从科学认知到政治共识再到具体行动的不断深化的过程。

《气候公约》确立了共同但有区别的责任原则、公平原则和各自能力原则，即应对气候变化是全球共同的责任，世界各国应依据其发展历史、发展水平和各自能力担负起相应的责任。1994年该公约生效，截至2023年10月，共有198个缔约方加入。《气候公约》缔约方每年都要召开一次缔约方大会，即联合国气候变化大会（COP），讨论气候变化的应对之策。截至2023年，缔约方大会一共举办了28次。

在1997年的第3次缔约方大会（COP3）上通过《京都议定书》，规定发达国家都要制定2010年和2020年的减排目标，以及安排支持发展中国家减排的资金和技术援助。发展中国家在得到发达国家切实、额外的资金和技术援助的前提下，在不影响自身可持续发展的情况下实行自愿减排。

美国在克林顿政府时期，曾签订了《京都议定书》，但小布什总统上台后，又在2001年退出了该议定书，导致议定书"不少于55个《气候公约》缔约方、且这些缔约方的温室气体排放总量至少占全球排放总量55%以上"的生效条件一直没有满足，直到2004年俄罗斯签署后，《京都议定书》才于2005年正式生效。

由于美国的消极态度，2010年《京都议定书》生效5周年时，全球的温室气体排放量不仅没有下降，反而大幅增长，其中，二氧化碳排放量由1990年的213亿吨左右增加到2010年的321亿吨左右，大气中温室气体浓度超过了科学界认定的浓度阈值，即430—450ppm。

2014年IPCC发布第五次评估报告，认为单纯的减排措施已经无法满足全球应对气候变化的要求，碳中和成为应对气候变化的新目标。

在此背景下，2015年年底召开的COP21达成了《巴黎协定》。《巴黎协定》最重要的贡献在于提出了到21世纪末，与工业化初期相比较，全球将平均气温升高幅度控制在2℃之内，并为控制在1.5℃之内而努力的战略目标；把21世纪下半叶实现人类活动产生的温室气体排放量与大自然对温室气体的吸收量的平衡作为实现此目标的具体措施。

《巴黎协定》生效后，联合国要求各缔约方在2016年提交面向2030年的国家自主贡献文件，并要求每5年对其更新一次；同时要求各缔约方在2021年的COP26上，向公约秘书处提交面向21世纪中叶的国家温室气体低排放发展战略，即碳中和的政治愿景和行动方案。

由于新冠疫情的影响，COP26延迟到2021年举办。在这次会议上，几乎所有国家都提交了面向2030年的自主贡献更新文件，以及面向21世纪中叶的碳中和政治愿景。

现在，应对气候变化、实现碳中和已在全球范围内形成了政治共识，碳中和成了道义制高点，也成了一种政治信仰。从1972年到现在，50余年里气候变化问题得到了充分的验证，必须采取行动应对气候变化的观念已深入人心。

《财经》：发达国家和发展中国家在应对气候变化上的责任和义务有哪些异同？

李俊峰：发达国家在工业化进程中排放了大量温室气体，同时积累了大量财富，掌握了大量科学技术，有高超的教育水平和研究能力，所以它们有能力应对气候变化，有能力减排。发展中国家一无资金、二无技术、三无人才，几乎不可能自主实现减排。

于是，《气候公约》要求发达国家承担三个责任：一是率先减排，先把自己的作业做完；二是研发可持续的低排放技术，推动全球走低排放道路；三是对发展中国家提供额外的减排资金和技术援助。减排资金之所以被称为额外援助，是因为联合国在1972年形成了一个不成文的规定：发达国家必须拿出GDP的1%来帮助发展中国家发展，实现全球共同富裕。

2009年，在哥本哈根的气候变化大会上，时任美国国务卿希拉里提出：美国愿意与其他国家一起，每年筹集1000亿美元来帮助发展中国家实现减排。1000亿美元的提法，就成了发达国家向发展中国家提供减排援助的资金额度。到2022年，发达国家已经募集到800多亿美元，但与承诺额度还有差距。

在发达国家承担上述三个责任之后，在不影响自身可持续发展的前提下，发展中国家可自愿减排。

《财经》：当时全世界的光伏、风电都还没有大规模发展，减排主要靠哪些措施呢？

李俊峰：当时提出了三条减排措施：一是提高能源效率，二是发展可再生能源，三是增加森林碳汇。可再生能源当时起的作用不大，到2010年以后可再生能源才大规模发展起来。当时，发达国家在提高能源效率、研究替代化石能源的新能源技术方面都走在前面。发展中国家能做的主要是增加森林碳汇。

发达国家提出应对气候变化问题的初衷是好的，对全人类都是有益的。但其中也有发达国家的私心，因为发达国家尤其是欧洲的发达国家，在自然资源上不占优势，在技术上则占有优势。将全球的经济发展模式从资源依赖型转变为技术依赖型，发达国家就更有条件主导全球发展走向。

《财经》：目前科学界对气候问题的争议在变小吗？仍存较大争议的话，减碳意义何在？

李俊峰：争议一直都在，并没有显著变小。不过人们越来越意识到，气候变化对人类生活有巨大的影响，人类应当尽量不对地球的生态环境施加负面影响。减少二氧化碳排放，就是一种减少人为因素影响地球生态的做法。

减碳的背后是能源系统、发展方式、生活方式的转变。随着技术进步，能效在提高、可再生能源普及率在提高，这些都在推动减碳。同时，应对气候变化也已成为一场技术创新的竞赛，它关系到国家的命运前途，所有的国家都不甘落后。

二、我国应对气候变化的态度和行动演变

《财经》：我国刚开始参与应对气候变化问题时是怎样的态度？

李俊峰：我1990年参加了IPCC第一次评估报告的编写。当时我们研究气候变化的人非常少，很多人都觉得气候变化仅仅是一个科学问题，至多是一个环境问题。但领导层意识到气候变化问题不仅如此，本质上它是一个发展道路的选择问题，气候变化问题与发展问题必须通盘解决。

当时中央对气候谈判定的调子是要争取包括中国在内的所有发展中国家的发展权。也就是说，对发达国家温室气体的排放实施总量控制，但不能限制发展中国家的排放。当时我国经济还很落后，人均收入只有几百美元，排放的温室气体也比较少，人均碳排放量为1吨多一点，当时美国的人均碳排放量是15吨。

因此，中国1992年主张的是共同但有区别的责任原则，以及根据各自能力减排的原则。这两条原则的意思就是要分清责任主次，谁排放得多，谁就要承担减排的主要责任，排放少的承担次要责任。发达国家当时占世界人口的20%，但它们的累计碳排放量超过70%。

《财经》：后来我国的态度和行动发生了哪些变化？

李俊峰：从1992年到2023年，我国从落后的发展中国家成长为中等偏上收入水平的发展中国家。这30多年，我国在应对气候变化问题上的态度分为以下三个阶段：

第一阶段从1992年到2009年，按照联合国共同但有区别的责任原则，我们不承担、不承诺减排责任。

第二阶段从2009年开始，当时我国政府和美国政府发布了联合声明，美国承诺到2020年比2005年减排17%，我国承诺到2020年GDP的碳强度比2005年下降40%—45%。这个时候我们的减排还属于自愿

减排，只是我们承诺了减排。其他发展中国家参照中国的减排目标，也做出了一些自愿减排的承诺。2020 年，我国 GDP 的碳强度下降了 48%，超额完成任务。

第三阶段从 2015 年达成《巴黎协定》开始算，中国及所有国家都有减排义务。如今发展中国家和发达国家都要实现碳中和，只是实现的时间不同。

我国在这三个阶段里的政策措施是前后连贯的，先是于 1998 年施行了《节约能源法》，1999 年推行退耕还林工程，为应对气候变化做好了基础工作。2005 年，我国制定了《可再生能源法》，推动了可再生能源的高速发展；2006 年提出节能减排约束性指标，即 2010 年比 2005 年单位 GDP 能源消耗下降 20% 左右。2009 年提出到 2020 年碳强度比 2005 年下降 40%—45% 的目标。2014 年提出 2030 年左右实现二氧化碳排放达峰，并尽早达峰。这些政策为我们承诺 2030 年前实现碳达峰和 2060 年前实现碳中和奠定了基础。

《财经》：在应对气候变化上，我国在政策层面还有哪些需要完善的？

李俊峰：我国的政策方向是比较明确的，制度建设也已基本完成。《节约能源法》《可再生能源法》《森林法》是应对气候变化的基础法律，因为减排主要就是这三项措施：提高能源效率、发展可再生能源、增加森林碳汇。

在法规政策的具体落实上，的确有些领域和地方执行不到位，这是可以理解的，大家还需要时间。大家都需要加强学习，正确认识应对气候变化背后的社会变革与经济转型逻辑。

《财经》：就全球范围而言，中国在应对气候变化问题上的角色有何变化？

李俊峰：中国在全球的角色一直是积极的参与者、重要的贡献者和实际的领导者。

作为积极的参与者，有关气候问题的所有活动我们都参与了，不像美国一会儿退出，一会儿又加入，也不像日本时而积极时而消极。我们在气候问题上从没掉以轻心，一直都在争取自己的发展权和其他发展中国家的发展权。

所谓重要的贡献者，是指关于共同但有区别责任的达成、"巴厘路线图"的形成，以及《巴黎协定》的达成，在许多这样的关键节点上我国都做出了重要贡献。

所谓实际的领导者，这一点更多地体现在我们的实际行动上。《气候公约》把缔约方自然地划分为有量化减排责任的发达国家和没有量化减排责任的发展中国家，美国自觉不自觉地就成为发达国家的代表，中国也就成为发展中国家的领袖，七十七国集团和中国经常发出一个声音。许多问题的讨论都成了中美两国的对话，这种角色随着中国地位的提高被不断强化。

《巴黎协定》的基本框架就是中美两国元首多次磋商后形成的，2016年在杭州举办的G20峰会上，中美两国元首共同向联合国秘书长提交两国《巴黎协定》的批准文书，这是一个标志性事件。

三、全球气候问题的未来

《财经》：全球近几年越来越多的极端天气是气候变化造成的吗？

李俊峰：这是一个误区，极端天气与气候变化不是一回事。天气、气象，以及气候是三个层面的问题。这一周或者这一个月下雨刮风、是冷是热，这是天气。气候则是一个大平均的概念，比方说三亚以南叫作热带气候，热带气候没有冬天，只有雨季和旱季。比如，北京是四季分明的气候，但这不意味着不下暴雨，不意味着没有 40℃ 的高温。气候变化是长期事件，极端天气是短期事件。

气候变化是一种自然现象，人类活动对它的影响到底大不大，还有很多不确定的因素。我们为什么会研究人类活动对气候的影响？因为气候变化对人类有灾难性的影响。地球的生态平衡是非常脆弱的，人类活动不应该打破大自然的平衡。

《财经》：未来全球气候谈判的焦点和难点在哪里？

李俊峰：目前各主要国家都已经确定了碳达峰和碳中和的时间表，接下来就是督促各国为实现目标而努力，把目标转化为行动，这是当前也是未来的焦点所在。《气候公约》设立了每隔五年评估一次各缔约方减排情况的制度，如果发现减排目标无法实现，联合国气候变化大会就会讨论加大减排力度。评估结果和减排力度会成为今后谈判的焦点。

总的来说，各国的减排力度都将不断加强，我国也在不断提高减排力度。比方说过去我们不提降低煤炭使用量的问题，现在我们的提法是"十四五"（2021—2025 年）期间严控煤炭消费增长，"十五五"（2026—2030 年）期间煤炭消费量有所下降。

但全球减排、迈向碳中和不可能一蹴而就，目标不能定得太激进，要逐步增强减排力度。

《财经》：中国在联合国气候变化谈判上还面临什么挑战？

李俊峰：挑战主要是发展中国家地位问题。2023 年 3 月，美国国会把中国"踢出"了发展中国家行列，称中国不能再享受发展中国家待遇。在国际气候谈判上，如果一个国家由发展中国家变为发达国家，那么减排的责任就要加强，同时要对发展中国家提供援助。

我们倒是希望发展的速度能够更快一些，但目前还达不到发达国家的水平，我们不能提前履行发达国家的义务。我国到 2035 年方能基本实现现代化。但在力所能及的范围内，我们会向发展中国家提供援助。我国已成立国家国际发展合作署，帮助发展中国家应对气候变化、实现可持续发展就是该署的职责之一。

《财经》：欧盟和美国都出台了与气候问题相关的经济政策，未来我国的经济政策也会跟气候问题挂钩吗？

李俊峰：习近平总书记已经明确表示，实现碳达峰碳中和是一场广泛而深刻的经济社会系统性变革，是推动高质量发展和高水平保护的自主行动。这意味着中国的经济发展也将与气候问题关联。比如，产业结构调整、能源结构调整、绿色建筑的推广普及、交通领域的低碳发展等，都需要降低碳排放，都与气候问题相关。党的二十大报告提出的推动绿色发展的总方针就是：降碳、减污、扩绿、增长四位一体。新的形势要求各级领导干部认真学习绿色低碳知识，掌握绿色低碳发展本领。

应对气候变化归根结底是一个发展问题。尽管现在对我国来说转型仍面临困难，但这条路必须走。这就像当我们看到一份难度较大的考卷时，不要想着换一份考卷。考卷已不可能更换，这就是我们的必答题。

应对气候变化就是共建人类命运共同体，谁不做谁就无法融入这个世界。实施碳达峰、碳中和战略是中国融入世界，让世界接纳中国的重要机遇。

《财经》：以COP为核心的联合国气候变化谈判未来会发生变化吗？

李俊峰：这20多年来的COP见证了各方畅所欲言、共同讨论、消除分歧、取得共识的过程，会议积极有效。应对气候变化不能单边行动，必须是多边行动。任何国家采取措施，都应该经得起《气候公约》及《巴黎协定》的验证。COP就是验证各国措施成效的平台，未来还会继续下去。

"双碳"拖累经济发展是严重的误读[1]

新冠疫情之后，经济亟须复归正道，增长动能。于是，有一种论调称，"双碳"（碳达峰、碳中和）需要减缓实施，要以经济增长为优先事项，这是严重的误读。

产生这种误读的原因，在于许多人的思维定式——发展就需要投资，化石能源产业资本密集度高，投资需求大，能够拉动经济，促进增长；"双碳"是绿色环保工作，是一种纯粹的投入，需要面子时做做就行了。

不得不说，这种思维已经跟不上时代了。

经济发展有周期，有张有弛，经济增长不可能一路高歌猛进。三年疫情过去了，供应链要重新构建、政策要重新对接。在此情况下，全球包括中国推进《巴黎协定》目标的实现并迈向碳中和的实践表明：从高碳化石能源向零碳可再生能源转型，不是阻碍经济复苏的绊脚石，而是经济增长的内生动力。

---

[1] 本文作者为国家气候变化专家委员会副主任、中国社会科学院学部委员、北京工业大学生态文明研究院院长潘家华。

相比于不可再生的化石能源，零碳可再生能源技术发展迅猛，已经表现出日益增强的市场竞争力，比如风电、光伏在很多地方的发电成本已低于煤电。这意味着新旧动能的转换本身就是一种经济增长路径。可再生能源设备、储能、终端用能设备的生产，其产业链条比化石能源长，就业岗位多，增长动能大。

可再生能源已经步入规模化发展阶段。能源生产与消费的系统性变革，意味着垄断属性强的、大规模化生产的化石能源，其主角地位将逐步被有市场竞争力的可再生能源取代。同时，分布式能源的生产和消费可望成为主流，全社会电气化程度将大幅提高。

这一趋势是世界潮流。面对巨大的全球市场，中国企业要发挥产能、产量和市场竞争力优势，大踏步地走出去，为实现《巴黎协定》目标做出贡献。

一、能源转型就是推动经济发展

在过去的经济形态下，能源转型被认为是只增加成本、不产生额外效益的事情。对于能源产业来说，过去的思路是：经济环保和安全稳定不可兼得，因此，供能稳定、能量密度高的化石能源必须是主体。

可再生能源经过几十年的发展，已经既能保证经济环保，又能保障能源安全了。当然，这需要有一定的配套建设，比如储能设施、电网改造等。

可再生能源的环保性无须多言，这已是共识。从能源安全的角度来说，各种测算已表明，用我国万分之一的国土面积安装可再生能源发电设施，就可以满足全国的电力需求。那么，石油、天然气就不再需要进口了，能源安全就更有保障了。

总的来说，能源转型是能够推动经济发展的，只是发展的模式发生了变化。这体现在以下五个方面：

1. 可再生能源的产业链链条长，可容纳的就业人口更多。而传统的化石能源容纳就业人口较少。有就业才会有消费，才能拉动经济增长。

2. 可再生能源的竞争力正在逐渐提高，而化石能源的竞争力正在逐渐降低。风电、光伏发电的成本在很多地方已经比煤电、气电更低了，而且成本还在不断下降。从国际范围来看，中国的炼化、煤化工及燃气发电等行业并不领先，而中国的风电、光伏技术全球领先。

3. 碳中和已经是全球共识。因此，高碳排放的化石能源从长远看有较高的投资风险和产能过剩的风险。可再生能源是历史发展的趋势，不可阻挡。

4. 在能源安全问题上，中国的石油、天然气高度依赖进口，且在价格上没有话语权，运输上也存在风险。相比而言，国内发展的可再生能源使能源安全更有保障。

5. 可再生能源的发展将以分布式为主，这对能源生产和消费都是革命性变化，它孵化了新的经济发展模式。极端条件下，分布式能源设施更安全可靠。此次俄乌冲突下，大型电力设施往往是被轰炸的对象，一旦被破坏，受影响的范围非常大。分布式能源则可以避免一损俱损的后果。

这些都说明，能源转型促进了新的经济增长。只不过现实阻力较大，传统的化石能源产业经过几十年的发展，家大业大，很难接受自己的蛋糕被分走。这需要政策制定者看清方向，适时改革。

二、分布式与电气化是大势所趋

基于可再生能源自身的特点，零碳能源的生产和消费将以分布式为主，以电力作为主要用能方式，逐渐并市场化地替代化石能源。

我们先来算一笔账。以华北地区为例：8平方米的屋顶可安装1千瓦的光伏组件，1千瓦的装机容量一年大约可以发1300千瓦时(度)电。如果一个农村家庭的屋顶有80平方米，一年就可以发电13000千瓦时。普通家庭一个月用电量300千瓦时就够了，一年用电量不到4000千瓦时。如果家里有电动汽车，充电也绰绰有余。一辆电动汽车跑1万公里需要充电1200多千瓦时。那么这个家庭一年自用电量6000千瓦时就差不多了，还有7000千瓦时剩余。

同样是80平方米的屋顶，华北地区一年发电13000千瓦时，西北地区可发电15000千瓦时，在南方光照条件差的地方可发电11000千瓦时，据粗略计算，全国平均可发电12000千瓦时。

像这样的屋顶全国有多少个呢？估计全国农村居民房屋约有3亿个这样的屋顶单元，再加上医院、学校、城市郊区别墅等，总共大约有4亿个，一年可发电近5万亿千瓦时。这个数量对家庭自用电和电动汽车充电都足够了，而且还可对全国电网贡献一定量的电量。

当然，这要配备相应的储能设施。目前，可长时间储能的抽水蓄能、压缩空气储能在技术上和成本上都没有问题了，一些化学储能蓄电池也可以做到较长时间的储能。储能产业算是可再生能源的延伸产业，既是一个经济增长点，也可以拉动就业。

从上面的一系列数字可以看出，可再生能源的发展前景是没有问题的，现在最大的问题是量还不够。从量变到质变，需要时间。

从经济发展模式上讲，以分布式为主的可再生能源从一开始就处于竞争相对激烈的市场化环境，化石能源则具有垄断经济的属性。经过多年的发展，化石能源现在成为主流，守成者难创新——化石能源的垄断地位和垄断利润，使其可以"养尊处优，唯我独大"，且收入高、权威性强、话语地位重。

在未来，分布式能源、高度电气化的独立用电微单元、零碳能源合作社将是全社会的用能主流模式。这些新技术和商业模式还处于技术系统的集成和市场探索阶段，其规模化复制和推广需要一定时间。

这种新的用能模式对化石能源体系的冲击是巨大的、颠覆性的，对电网的影响也比较大，但这并不意味着电网将不复存在，只是对电网的调度和协调精细度的要求将更高。

居民和一些小型用能单位将以分布式用能为主，但一些大型的工业制造企业，比如钢铁厂及一些重要的公共设施仍然保持以接入电网电量为主的模式。

综上所述，能源体系正在发生生产方式上的颠覆性变革。我们需要认清形势，顺应历史发展的潮流。

三、中国光伏应更好地走向世界市场

中国的风电和光伏的产能、产品和市场竞争力在全球处于领先位置。尽管现在美国等国家开始力主打造本土供应链，但中国相关企业仍可以发挥优势，在全球开拓更广阔的市场。

世界要控制温度升高、实现碳中和，离不开中国的风电、光伏技术。中国企业要坦坦荡荡地走向世界，与更多的国家和地区积极合作，联手推进零碳经济的发展。

欧盟及一些国家对中国产品提出了更高的碳足迹要求，设置了一些绿色门槛。这看似是在给中国产品设置关卡、提高门槛，实际上是我们自己的工作没做到位。不是它们的标准太高，而是我们自己忽略了制定标准的重要性。

比如，中国的光伏产品在全球的市场占有率高达70%，但为何没有制定出自己的一套标准规范，并对外输出到其他国家呢？再比如，中国的可再生能源发电占比已经较高了，有关绿电交易、碳市场、绿证等一

系列政策为何迟迟没有更新完善？

因此，中国的产业界当务之急是要做好自己的事，制定好自己的标准规范、做好自主研发和创新，不用太担心其他国家的政策变化。做好基础工作之后，其他国家的所谓门槛就不是问题了。

欧盟将能源转型和经济发展紧密挂钩，着力通过能源转型推动经济转型增长。美国、日本等其他发达经济体明确不晚于2050年实现碳中和。中国的目标是在2060年前实现碳中和，我们不必操之过急，因为零碳能源转型是一个过程，不是一蹴而就的；但是，我们必须以净零碳目标的时间节点确立倒逼机制，发挥我们的优势，突破化石能源垄断供给的思维定式，迈开步子，走向净零碳。

能源转型的道路并不平坦，但我们要坚定信心，看准大势，顺势而为。

气候变化是危机，也是低碳经济蓝海[①]

近年来，全球每年的温室气体排放总量超过500亿吨，大气层中的温室气体浓度达到2500万年以来的最高值，全球变暖正以前所未有的速度发展。若不加以积极干预，到21世纪末，全球平均气温将上升4℃，导致75%的物种濒临灭绝、全球粮食产量下降50%，人类将面临巨大危机。

2016年签署的《巴黎协定》将全世界178个缔约方纳入应对气候变化这一共同事业，意义非凡。《巴黎协定》的目标是将全球平均气温较前工业化时期升幅控制在2.0℃以内，并努力争取将温升控制在1.5℃以内，为世界各国指明了未来数十年的发展方向。截至2023年，该协定的缔约方达198个。

在《巴黎协定》的框架基础上，各国政府纷纷制定碳中和目标。其中，芬兰和瑞典预计分别将在2035年和2045年实现碳中和，为全球首批实现碳中和的国家。其他发达国家均把目标设定为2050年达成碳中

[①] 本文作者为波士顿咨询（BCG）董事总经理、全球资深合伙人、BCG气候和可持续发展专项全球领导委员会委员兼中国区联席负责人周园。

和，中国则承诺力争在 2030 年前实现碳达峰、2060 年前实现碳中和。

截至 2021 年 4 月，全球有 33 个国家或地区为应对气候变化立法或出台相关政策，共代表全球排放总量的 66%。我们预测，到 2025 年，全球约有 75% 的排放总量有望通过立法或行政手段纳入严格监管。

一、鼓励低碳产业，欧美力度空前

欧盟分两步走实施进口碳关税。第一步，从 2023 年 10 月起，涉及行业的进口产品需按要求披露其生产过程中隐含的碳排放数据。第二步，从 2026 年 1 月起，涉及行业的进口产品需购买数字碳证书，证书价格将基于在欧盟境内生产这些商品所需支付的碳价制定。

欧盟碳关税的实施将对全球供应链产生深远影响，刺激钢铁等高碳产业实现跨越式转型或制造转移。以中国钢材行业为例，碳关税生效后，钢材企业出口欧盟将面临高额碳关税，平轧钢平均利润率下降 40% 左右。同时，决定碳关税高低的含碳量由钢铁生产工艺决定，中国主流的电炉长流程工艺比先进的短流程工艺碳排量高 70%。这一差异将导致拥有更先进低碳钢材制造技术的国家，如美国、土耳其获得更大的成本优势，相较于上述国家，中国出口欧洲的钢材每吨或将多缴 50% 的碳关税。

碳关税政策的出台也将利好欧盟自己的制造业和全球的绿色创新产业。欧洲是全球主要出口目的地之一，欧盟的碳排披露要求、核查与定价标准将因其碳关税的征收而在全球范围内得到推广。为避免碳关税带来的高额成本，部分产能可能因全球供应链重塑而回流欧洲，进而刺激欧盟的经济发展。

美国政府则采用政策补贴方式，加大对于绿色产业的支持力度。美国政府在 2021 年和 2022 年分别通过了《基础设施投资与就业法案》及《通胀削减法案》，两项法案叠加，未来 10 年美国在绿色可持续领域的政府支持资金将达4790亿美元，如果按照5—15倍放大，美国全社会在绿色发展领域的投资最高可达7万亿美元。

此笔投资未来将主要流向四大领域。第一，能源端：提升清洁能源装机量和普及率；第二，应用端：提高电动车在美国的渗透率，以及建设充电桩等配套基础设施；第三，技术端：聚焦氢能，碳捕集、利用与封存（CCUS）及直接空气捕捉（DAC）三大前沿技术的攻关，着力提升前沿绿色技术的经济性，降低生产成本；第四，生产端：用于核心部件、原材料制造厂房建设。

通过巨额资金扶持，美国政府预期实现跨越式能源结构转型，引领全球绿色技术创新，并带动制造业回流，进一步巩固其在全球范围内的影响力。

在能源端，政府主要向具备一定成熟度的新能源技术提供大额税收优惠政策，最高可达初始成本的60%。这一举措将大幅提升清洁能源的经济性，能源成本下降20%—60%不等，其中以陆上风电和太阳能降幅最大，获得政策补贴后，两者的平准化能源成本分别下降63%和50%。随着新能源成本下降，装机容量和利用普及率也会进一步提升，预计到2030年，美国新能源发电装机容量将由2020年的40%提升至2050年的65%—80%，真正实现能源转型。

在应用端，美国政府针对购买电动车的消费者提供最高7500美元税收抵免，商用车最高补贴4万美元。高额补贴将进一步提升电动车吸引力，燃油车、电动车等价进程将比原定目标缩短五年左右的时间。

在生产端，与电动车补贴挂钩，作为电动车补贴的前提条件，要求一定比例的核心电池零部件、原材料必须来自美国本土厂商或者已与美国签订"自由贸易协定"的国家。具体而言，40%电池原材料需要来自美国或与美国有"自由贸易协定"的国家，50%的电池零部件需采购自美国、墨西哥或加拿大，且这一比例必须每年提升1%。这将带动核心产业链回流美国。

在技术端，美国重点支持前沿绿色技术发展，以氢能、CCUS、DAC三大技术为核心，给予前所未有的高额补贴。其中，生产氢气可根据减排量获得高额补贴，建造区域性制氢厂可获得额外80亿美元扶持资金。在CCUS和DAC领域，对比现行政策，新法案补贴力度分别提高了1.7倍和3.6倍，力度空前。

在高额补贴的加持下，美国绿色技术的经济性大幅提升。以蓝氢、绿氢为例，其将从每年不足1000吨产量，大幅跃升至每年百万吨级产量。而CCUS的规模也将翻10倍，从每年2000万吨提升到每年2亿吨。

二、中国有望成为全球低碳经济的引领者

经济产业结构、能源结构、能源使用效率、能源强度这四个因素共同作用，决定了中国的碳排放体量。作为碳排放大国，中国主动达峰面临着多重压力。

第一，中国仍处于快速发展阶段，需要在推进发展的同时快速减排，难度之大史无前例。第二，大部分国家自然达峰时人均GDP约2万美元，中国2020年人均GDP仅略高于1万美元。第三，中国从碳达峰向碳中和过渡的时间短，发达国家的过渡时间普遍为40—70年，而中国力争用30年左右的时间完成，并将实现全球最高的温室气体排放降幅，时间压力和减排力度前所未有。

但纵观历史，每一次能源结构的大幅调整都会引起新科技爆发、产业重塑乃至世界格局重塑。积极把握碳中和机遇，中国就能实现新旧动能转换，获得以低碳经济为代表的可持续增长动力。

首先，进一步巩固国家可持续发展能力。践行"双碳"目标，将避

免经济发展对自然系统造成可预见的破坏，同步提升人民生活质量，最终带来75%—85%的减排量。

其次，对经济的直接促进作用。碳中和的相关举措将带动"绿色经济"蓬勃发展。根据波士顿咨询（BCG）的测算，在平均气温升幅不超过2℃的目标下，到2050年，相关举措将带动GDP 1%—2%的年增长，同时绿色经济将拉动相关就业。

最后，推动绿色技术突破创新。作为世界最大的油气进口国，中国将进一步发展绿色技术，减少对化石燃料的依赖，实现能源转型的同时，国家能源安全也更有保障。

事实上，在低碳经济领域，中国已是全球最大的投资者。

过去十几年，中国在各个维度均采取了切实有效的减排行动。能源方面，中国已成为世界光伏行业的领导者，占全球光伏装机量的45%，并持续引领光伏制造行业创新突破。工业方面，"十三五"以来中国致力于供给侧改革，清退大量低效产能。交通方面，政府通过"双积分"政策引导新能源汽车普及。建筑方面，中国出台了绿色建筑评价标准和认证。农业和土地利用方面，中国是近十年来全球森林面积净增加最多的国家。

2021年，中国已成为全球低碳能源技术投资第一大国，占全球总投资的35%，这一数据在2022年上半年更是攀升至43%，总投资规模超千亿美元。预计到2030年，中国将持续保持全球低碳能源投资领域的"领头羊"地位，年均投资规模将超1.5万亿美元。

中国将在2050年前累计投入至少250万亿元，力争实现1.5℃控温目标，这笔投资将占同期全国累计GDP的3%。其中投入最大的为能源、交通、建筑等高碳排领域。能源领域投资将聚焦供需两侧，重点推动供应端可再生能源发展，提升电力系统灵活性，推动CCUS的研发及应用。需求端则将进一步推广应用电气化。交通领域则将重点提高新能源汽车渗透率，发展可再生燃料，并推动公共交通基础设施建设。建筑领域将重点推动绿色基建，并推广建筑绿色升级改造项目。工业领域将发力于绿色产品设计、绿色材料开发、绿色生产工艺等细分赛道。

中国还有可能成为全球绿色科技的引领者和标准制定者。

"双碳"巨量投资带来的巨大国内市场将加速孵化绿色低碳相关的新技术、新场景和新模式。绿色经济将带来诸多绿色可持续领域的细分产业的发展机会，如在能源、工业、交通、建筑、生活方式等领域的减排，以及CCUS和DAC等前沿排放吸收技术。市场将涌现一批绿色低碳重点投资领域，包括能源领域的氢能、储能、智慧能源管理、CCUS，建筑领域的建筑光伏一体化，交通领域的智慧车路协同，以及新兴的绿色消费科技。

过去多年，中国的科技和绿色领军企业已得到了资本市场的极大支持，其中科技巨头，以及初代和二代的绿色领军企业的股东均获得丰厚回报。国家的重视将使绿色科技领域保持活力，并涌现大量新机遇。预计中国市场里的现有技术将快速规模化，储能、综合能源服务、充电桩等相关赛道将快速发展。而氢能、合成生物学、负碳等新兴技术也将实现突破性发展，产生颠覆性的影响。

对话王石：
应对气候危机，中国从追随者到领导者[①]

从 2009 年到 2022 年，王石连续十三次参加联合国气候变化大会，是我国参会次数最多的企业家。王石说，应对气候变化是全球最关注的事情之一，在这个问题上，世界需要听到中国企业的声音，知道它们在想什么、做什么、承担了什么责任。2009 年，王石代表 100 家中国企业在联合国气候大会上发声；2022 年，他又代表 100 万家中国企业发声。

2022 年，王石创办的深石集团投资成立深石零碳，在深圳大梅沙原万科总部打造碳中和社区，建筑节能效率提升 85%，绿电比提升至 85%，未来将实现运营期间 100% 绿电。下一步，王石计划在全国建设更多的碳中和社区。他的第二次创业投进了碳中和的浪潮中。

以下是王石和《财经》杂志的对话，他分享了自己历次参加联合国气候变化大会的所见所闻，以及对气候问题、碳中和社区、绿色建筑的思考和实践。

---

① 本文由《财经》记者韩舒淋提供。

第一章　全球应对气候问题的由来、现状及中国的角色

《财经》：您今年①还会去联合国气候变化大会吗？还记得第一次参会的情形吗？

王石：这是肯定的。自从2009年起我就一直有参与，今年将会是第十四次参与。

2003年，万科开始推广绿色低碳项目，试图减少木材、水、电、水泥、钢材的使用，2005年推出了相关产品，这引起联合国环境署的关注。2008年，联合国环境署邀请我作为特别代表参加2009年在哥本哈根举行的COP15。

第一次受邀参会，我组织了一个三人代表团，除我以外还有万通董事长冯仑和阿拉善协会秘书长杨鹏，我们代表阿拉善协会的百家企业参会，主题是《中国企业哥本哈根宣言》，内容主要关注环境变化，以及如何适应环境变化。

《财经》：从2009年第一次参会到2022年第十三次参会，您的参会经历有何不同？

王石：我是深圳的企业家，第一次是代表阿拉善协会介绍生态环保相关的内容。当时社会很关注北京的沙尘暴，这也是起因之一，我就动员深圳企业参与到阿拉善的公益基金项目中。

从2010年到2012年，我主要是动员深圳的企业家，从代表100位到代表5000位企业家。2013年是一个转折点，在华沙举行的气候大会上，解振华主任邀请万科来参加中国馆。中国馆有一个企业日，之前都是大型国有企业来赞助和参加，由于我那几年积极参加气候大会，解主任和中国代表团看到了我的积极性、我的影响力，就邀请我参加。这是对我本人和万科的一个肯定，那一年是一个真正的转折，我代表10万

---

① 指2023年。

027

家企业参会。

《财经》：这十几年下来，您感觉世界对中国的期待有哪些变化？

王石：有些微妙的变化。

2018年COP24、2019年COP25，由于特朗普宣布美国退出《巴黎协定》，而中国明确表态继续沿着《巴黎协定》设定的目标往前走并承担责任，因此中国无形当中成了旗手的角色。

2021年COP26的时候，应该说中国的压力非常大。那年拜登去了，美国回到气候大会后，由于技术和资金的影响，对欧盟的号召力还是很大的。而那年印度表现非常差，相比之下给我们减轻了压力。总的来讲过程是非常艰苦的，但结果还是不错的。

2022年的COP27比较精彩。主办国是埃及，对我们比较友好。由于俄乌冲突，整个欧盟有点自顾不暇，就不那么咄咄逼人。我国的策略也比较得体，收获相当不错。

《财经》：会上的争论焦点是什么？中国已经做出了"双碳"承诺，但仍然面临质疑吗？

王石：COP27的焦点议题，第一是温控目标。欧盟认为气温上升2℃会造成严重的不可逆后果，应该将目标提高到控制气温升高在1.5℃之内。中国认为《巴黎协定》中约定的是2℃，改成1.5℃是不合理的，因此美国的表态至关重要。直到COP27闭幕时，与会者都没有达成共识，不得不延长会议。最终结论是到本世纪末平均温度升高控制在2℃以内，力争接近1.5℃。前半句话说给中国听，后半句话说给欧盟听。

第二是2020年起发达国家每年给发展中国家援助1000亿美元的承诺如何落实。2015年《巴黎协定》中的这个承诺到现在也没有落实，也没有明确的时间表，这是很大的问题。我国的态度很明确，我们不拿这份援助，但我们要替发展中国家争取这份援助，而发达国家认为中国不仅不该拿，还应掏钱援助。

第三是如何适应气候变暖带来的灾害。气候变化已经造成了灾害，这不仅是预防的问题。比如肯尼亚这样自然资源丰富的地方，已经大旱四年了，原来的一年两季稻变成了一季稻。因此我们当前更应该关注适应性和怎么办。危害已经发生了，我们如何在危害中生存是现在的主题。

《财经》：据您观察，2009 年以来，我国政府代表团在气候变化大会中的立场发生了哪些变化？

王石：2009 年我认为是一个转折点，我国第一次有高层领导参加气候大会，并且做出了碳减排强度的承诺，承诺到 2020 年碳强度比 2005 年水平降低 40%—45%。

应该说当时外界并不满意，觉得我们的承诺不够。奥巴马和默克尔也去了，外界对他们的表现也不满意，那是一次让人悲观的大会。

但是我感觉我国会改变。中国要么不承诺，一旦承诺了，意味着政策会有非常大的变化。

作为中国企业家，我知道我国当时能做承诺属实不易。当时我和我国代表团住同一个酒店，一起吃早餐的时候，一位官员说："我们做过很多测算，对外的承诺已经做到极限了，我们也希望多承诺一点，但担心我们的企业受不了。"

他问我怎么看这个承诺，我说我举双手赞成。他好像松了一口气说，"有你这个表态我就放心了，我就担心企业说环保会增加成本，降低竞争力，这是要企业破产"。可见当时压力非常大。

2013 年我觉得又是一个转折点，"绿水青山就是金山银山"的口号提出之后，政府更加明确了对环境的要求。然后，2015 年的《巴黎协定》奠定了国际社会应对气候问题的法律基础，明确了国家自主贡献的减排方式和 21 世纪的控温目标。达成《巴黎协定》，中国发挥了关键性作用。到 2020 年，中国政府做出"双碳"的承诺，中国正式进入"双碳"时代。

很多人都问，面对俄乌冲突、能源价格上升等各种因素，德国也开始走回头路了，各方都不太讲绿色低碳了，未来会怎么样？

我认为未来碳中和经济是大势所趋，不可避免。因为气候变化给人类带来的威胁和危害没有消除，还在增加。但这个大势不是直线上升，而是波浪式上升。由于能源价格上升，我们还是离不开化石能源，但一些政策会调整。

《财经》：中国政府在气候谈判中的角色变化，是不是可以总结为从跟随者到领导者？

王石：这样说我是认可的，应该说从跟随者到领导者集团。

《财经》：碳中和也好，气候变化也好，听上去好像都是离普通人很远的"高大上"话题，怎样让普通人更多关注这些议题？

王石：首先中国人要更多地走出去发声，在大家关注的国际场合去发声，造成影响力，再转而影响国内。

在企业维度上，世界 500 强中 85% 的企业都有 ESG（环境、社会和公司治理）白皮书，绿色、低碳、环保是大势所趋、理所当然的事情，"双碳"对于大企业来说是责任，大企业可以带动供应链上下游减碳。

于国内而言，各地政府之间要形成竞争，就像他们曾经在招商引资上有过的竞争那样，将来也应该有绿色低碳方面的竞争，如建设绿色先进示范城市、碳中和试验城市，等等。

根据我的经历，我觉得短则三年，长则五年，局面就会大不相同。我国的政策是自上而下的，上面政策明确了，下面转型会很快。

《财经》：三五年之后，我们能看到碳中和经济蔚为大观吗？

王石：应该是可以的。

第二章 企业低碳发展路线图

企业低碳发展的推动力[①]

近年来，绿色低碳转型成为全球经济发展的主要驱动力之一。截至2022年年底，超过130个国家和地区提出了碳中和目标。中国政府提出在2030年前实现碳达峰、2060年前实现碳中和的"双碳"目标。在同行对标和产业链压力等因素共同推动下，国内外越来越多的企业开始了碳中和行动，企业绿色低碳发展的积极性快速提升。与此同时，"双碳"概念在社会公众间广泛传播，公众日常生活的消费理念正逐步成为促进企业绿色低碳转型的新力量。

随着全球气候变化问题日益严峻，一些国家或地区出台了碳边境调节机制等贸易政策，对进口商品征收碳关税或设定碳排放标准，形成了一种新型的贸易壁垒。这种贸易壁垒给出口型企业带来了直接压力。

欧盟碳边境调整机制（CBAM）已正式立法生效，覆盖了钢铁、铝、水泥、氢、化工、电力六大门类的多种产品。2023年10月1日起，进口企业需履行报告义务，提交进口产品隐含的碳排放数据。2026年起，

[①] 本文作者为中创碳投公司分析师张重吾。

企业将需要支付对应的碳排放费用。美国也在酝酿类似政策。2022年6月《清洁竞争法案》（CCA）草案公布，美国向外界展示了"碳关税"的雏形。相较于欧盟CBAM，CCA呈现了另一种"征税"形式，它以美国产品的平均碳排放水平为基准，对碳排放水平高于基准的进口产品和本国产品征收碳税。

不断涌现的国际贸易碳壁垒倒逼企业创新，促使其研发并应用低碳技术，从而降低碳排放，提高市场竞争力。

过去两年里，中国的"双碳"工作已经从顶层部署迈入实施阶段。2021年，《中共中央 国务院关于完整准确全面贯彻新发展理念做好碳达峰碳中和工作的意见》《2030年前碳达峰行动方案》两份顶层设计文件出台。目前碳达峰碳中和"1+N"[①]政策体系基本建立，各领域都有了落实"双碳"目标的行动纲领。

各领域的相关政策也在通过不同方式促进企业绿色低碳发展：通过设定能源消耗限额、能效基准值或阶段性减排目标等措施，淘汰行业能效水平落后的产能；通过价格机制推动企业降低碳排放，例如，电解铝企业的电价与铝液综合交流电耗、绿电消费比例相挂钩。为了降低生产成本，企业必须走绿色低碳发展道路，通过碳市场机制激励先进、倒逼落后。如果企业的碳排放超过其拥有的碳配额，将面临罚款或其他制裁措施。

公众对环保和可持续发展日益关注，不断被强化的绿色消费理念开始影响企业的市场营销手段和产品战略。越来越多的企业将绿色低碳作为核心价值观，并将其纳入公司发展战略。

消费者越来越倾向于选择那些与他们的环保理念相符合的产品和品

---

① "1+N"政策体系中的"1"指的是《推动大规模设备更新和消费品以旧换新行动方案》，"N"指的是各领域的具体实施方案。

牌。许多企业通过标示碳标签，推出碳中和航班等各类零碳、低碳产品，向消费者传递它们对环境保护的承诺。将绿色低碳作为核心战略，能够提升企业在消费者心目中的形象。

值得注意的是，面向消费者的企业通常会将自身的范围3（价值链排放）减排目标分解到供应链中的各个环节。通过与供应商合作，优化资源使用、减少传统能源使用和排放，企业可以实现更高的减排效益。这种整体链条的碳减排努力有助于构建可持续供应链。

在全球绿色经济复苏的潮流下，企业绿色低碳转型的动力正逐步由外部压力转为内生动力。社会经济系统在向碳中和转型的过程中，不仅存在挑战，同样蕴含机遇。

长期来看，许多企业意识到了积极应对气候变化所带来的巨大机遇。多家机构预测，中国的"双碳"目标将带来百万亿元的投资机会，企业向绿色低碳转型能够获得巨大的市场空间。例如，许多传统化石能源企业布局新能源赛道，主动研发减碳技术，从而为同行提供解决方案。这些企业认识到，绿色低碳转型不仅符合国内外政策和供应链客户要求，而且有助于提高企业的竞争力和促进企业可持续发展。

企业气候战略与碳管理[①]

无论是迫于外部压力,还是打造自身竞争力,如果企业决定将绿色低碳发展融入其发展战略,开展企业碳管理就成为一项重要工作。企业碳管理主要涵盖了三个方面:制定气候战略目标、搭建碳管理体系和实施气候战略。

一、制定气候战略目标

企业的气候战略目标,需要将外部要求与内在需求相结合,经过科学论证后制定。外部要求通常来自国家和地区的气候政策、所在行业的脱碳路线图、供应链传导的压力、公众的期待;内在需求则通常包括业务转型计划、降本增效、提升业内竞争力。

可行性是检验气候战略目标是否经过科学论证的有效标准,即目标的制定应当基于科学严谨的测算和推演评估,描绘出达成目标的具体路径,例如自主减排的比例和减排技术的实施、碳抵消的使用等。

---

① 本文作者为中创碳投公司高级分析师白文浩。

企业对外公布气候战略目标时应重视目标的透明度，以便为公众和利益相关方提供清晰明确的信息，并使之相信企业将付诸实际行动。首先，应明确气候目标的各种条件，如覆盖的排放范围、基准年和基准年数据、目标年等；其次，在长期目标之外，还应设定多个阶段性目标（如每5—10年设定一个减排目标）和减排路径目标（如能源强度目标、绿电消费目标），从而便于公众和利益相关方监督其目标的进展。

企业制定气候战略目标的方法如图2-1所示。

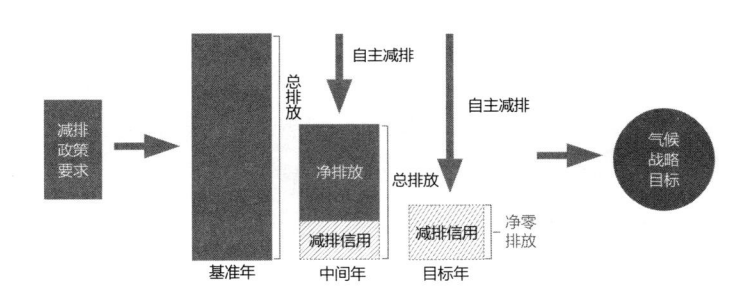

图2-1 企业制定气候战略目标的方法

资料来源：中创炭投

二、搭建碳管理体系

气候战略目标的顺利落实有赖于一套完善的碳管理体系支撑。企业碳管理体系，可以总结为一个基本框架——"SMART-ABC"。SMART是个缩略语，S指战略规划（Strategy）、M指管理机制（Management）、A指行动方案（Action）、R指规则制度（Regulation）、T指支撑工具（Tools），ABC分别指考核约束（Assessment）、品牌宣传（Brand）和能力建设（Capability）。

S，战略规划。首先要制定契合政策形势、内外部环境和公司愿景的低碳发展战略规划。通过气候相关风险和机遇等外部形势分析，以及公司内在发展要求，公司确定长期低碳发展目标和愿景，并以此制定公司的战略规划，提出总体目标、阶段目标、工作计划和实施路线图等。

M，管理机制。为完整、准确、全面落实企业的碳战略规划，企业需要建立与之相匹配的管理机制。设立或指定碳管理部门，建设碳管理工作团队，明确碳排放、碳转型、碳资产、碳中和等不同管理维度的决策机制与部门权责，并建立相关工作流程规范、信息沟通机制等。

A，行动方案。为积极助推碳管理行动落地，要根据战略规划，研究部署制定碳管理的具体行动方案，落实重点任务。方案包括开展企业碳排放盘查、核算产品碳足迹；开展业务转型的重点行动；评估技术减排潜力与成本，部署减排技术；预测配额盈亏情况、储备减排项目，研究制定碳资产经营策略，使碳资产保值增值；定期回顾进展、适时调整计划等。

R，规则制度。为支撑碳排放、碳转型、碳资产、碳交易、碳中和等各类工作有序开展，企业需要将碳管理过程中的各项要求与企业管理的现状、企业组织架构和战略规划、行动方案的具体内容相结合，形成规范的规则制度体系。通过碳排放数据管理制度，规范碳排放数据的监测、采集、计算、报送、配合第三方核查、存档、设备管理等工作；通过碳资产与碳交易管理制度，规范配额、交易履约、碳会计、投资风险等工作；通过碳减排与碳中和管理制度，规范减排项目开发与管理、减排技术创新与应用等工作。

T，支撑工具。企业碳管理环节会产生巨大的信息及数据流，根据企业特点采用信息化、数字化系统工具或者平台等支撑工具开展碳管理工作，将有助于企业提升碳排放数据质量，保障公司及时、准确掌握并分析碳排放情况，确保企业及时跟踪配额等碳资产水平并分析制定合理的履约策略，同时将能源管理与碳管理相融合，也将为企业碳中和目标的实现提供智能化、信息化管理工具或手段。

由战略规划、管理机制、行动方案、规则制度、支撑工具组成的"SMART"管理架构，是企业碳管理的基本框架。

在实际工作中，企业会结合自身特点与需要，应用"SMART"管理体系来梳理碳管理重点工作。所谓的 ABC 是指，为保障碳管理工作顺利落地，企业还需将碳管理工作纳入考核评价体系进行考核约束（Assessment），并面向相关人员开展能力建设（Capability）提升执行队伍专业素养与工作能力，同时也要通过排放信息披露、ESG 报告等方式进行企业品牌宣传（Brand），以此提升品牌价值。

"SMART-ABC"管理体系如图 2-2 所示。

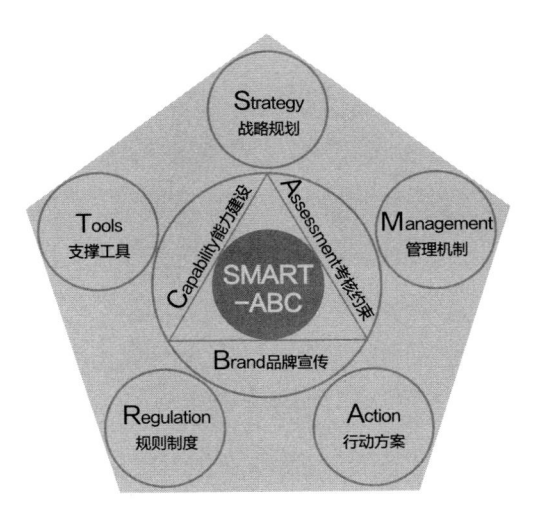

图 2-2　企业碳管理体系"SMART-ABC"

资料来源：中创碳投

三、实施气候战略

气候战略的实施是一个循环迭代的过程，企业可参考"5A 步骤法"开展。其中包含了气候战略目标的初次制定，落实战略，评估进度，以及可能的战略调整等内容。

摸清家底（Accounting）。开展碳排放核算、摸清排放家底是企业提出目标和制定规划的前提。企业应当对历史年份碳排放展开全面盘查，梳理碳排放来源、特征等信息，为后续工作奠定数据基础。

确立目标（Aim）。制定目标和规划需要分析企业碳排放的主要驱动因素，并结合未来发展规模（比如营收目标、产量目标等）所带来的碳排放增长，考虑产业升级转型、工艺革新、能源结构优化、碳汇等减排措施的贡献，分情景预测碳排放演变趋势，在此基础上论证提出碳达峰碳中和目标，以及阶段性减排目标。

规划减排（Abatement）。规划路径需要将中长期规划中的目标进行分解，确定分阶段的具体工作内容，如能源转型节奏、减排技术应用时序、各阶段产业布局规模等。

回顾评估（Assessment）。在"双碳"规划执行过程中，还应做好常态化的数据管理，评估企业实际减排进展与目标完成情况，结合企业绩效考核，对完成好的单位和个人予以奖励，对完成不好的采取一些考核中常见的手段和措施，确保碳管理工作部署落到实处。

动态调整（Adjustment）。根据评估和考核的结果，分析企业碳管理落实和进展情况与规划的目标或者路线图是否存在偏离，是否应该调整目标、路线图和行动方案等，尤其是当出现可应用的新技术或先前技术成本、应用潜力发生重大变化时，应该对减排路径进行修正，从而以较低成本如期实现目标。

企业实施气候战略的"5A 步骤法"如图 2-3 所示。

第二章 企业低碳发展路线图

Accounting 摸清家底
- 排放盘查
  - 碳排放核算模型 ⇄ 数据统计核算（数据识别／数据输入）

Aim 确立目标
- 趋势研判
  - 驱动因素识别 — 情景分析方法
  - 确定预测参数 → 碳排放预测模型 ← 提供模型输入

Abatement 规划减排
- 减排路径
  - 目标分解模型 — 减排成本模型
  - 各阶段任务 → 技术应用项目落地 ← 经济性评价

Assessment 回顾评估
- 评估考核
  - 评估减排进展 — 考核目标任务

Adjustment 动态调整
- 迭代优化
  - 迭代技术 — 修正路径

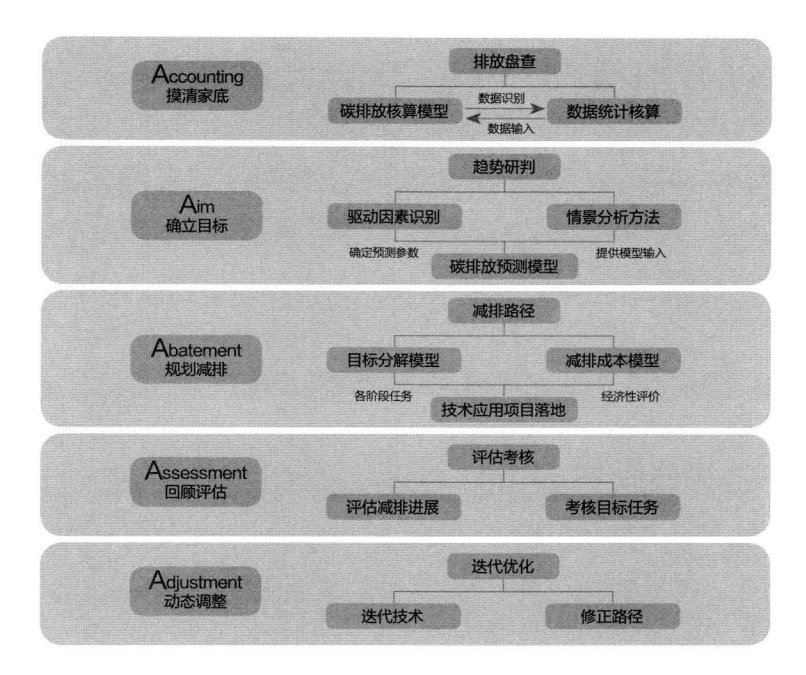

图 2-3 企业实施气候战略的"5A 步骤法"

资料来源：中创碳投

041

企业碳排放盘查[1]

企业碳排放盘查（以下简称"碳盘查"）是指企业自主核算其在社会和生产活动中各环节排放的温室气体含量。根据核算目的不同，可分为组织层面碳盘查和产品层面碳足迹。企业开展碳盘查有助于响应国家政策，建立企业低碳形象，提升品牌影响力。

碳盘查是企业应对政策管制的基础。控排企业为响应国家政策要求，需要提交真实、全面、准确的碳排放数据；贸易出口的企业为应对出口国对碳排放信息披露的法规，需要提供合规的碳排放信息，如企业碳排放、产品碳足迹、碳标签等。

碳盘查是企业制定碳管理战略的基础。碳盘查通过对企业能源结构和排放现状的全面梳理，帮助企业了解自身排放特征，摸清排放家底，发现高碳环节，为进一步研究企业低碳发展战略，制定低碳发展路线提供数据支撑。

碳盘查是企业实现可持续发展的基础。企业碳盘查和信息披露有助

---

[1] 本文作者为中创碳投分析师马亚龙。

于公众、投资者和其他利益相关方更好地了解企业碳排放现状，树立企业"绿色低碳"的品牌形象，吸引市场投资；产品碳足迹披露将助力绿色生产、引导低碳消费，从而推动全产业供应链绿色低碳可持续发展。

一、企业碳盘查的核算依据

不同国家和地区选择的碳盘查核算依据可能存在差异。一般来说，企业组织层面碳盘查和产品层面碳足迹对应的国际核算标准分别是《温室气体 第1部分：组织层次上对温室气体排放和清除的量化与报告的规范及指南》（ISO 14064-1:2018）和《温室气体—产品碳足迹—量化要求和指南》（ISO 14067:2018）。但是 ISO 标准系列的核算标准侧重于对核算总体架构提供指导，具体核算方法还需要参考其他的标准与资料。

企业组织层面碳排放核算指南可分为国际和国内两类核算标准，两者的核算方式均以 ISO 14064-1 为指导，总体上并无太大差别。国内标准主要以国家发展改革委发布的 24 个行业企业温室气体排放核算方法与报告指南（试行）系列文件为主。此外，发电行业由于纳入全国碳市场，发电企业碳排放核算采用生态环境部发布的《企业温室气体排放核算与报告指南 发电设施》，并根据核算要求选择对应报告年限的版本。国际标准主要以世界资源研究所（WRI）与世界可持续发展工商理事会（WBCSD）联合发布的《温室气体核算体系：企业核算与报告标准》为主，其应用场景主要为国际组织间碳排放信息披露和互认等，对国内标准未涵盖的行业的排放核算一般也参考国际标准。企业组织层面温室气体核算相关标准及异同点见表2-1。

企业产品层面的碳排放核算通常以 ISO 14067 为指导，核算方法可参考《商品和服务的生命周期温室气体排放评价规范》（PAS 2050：2011）和《温室气体核算体系：产品寿命周期核算与报告标准》。此外，

表 2-1 企业组织层面温室气体核算相关标准及异同点

分类			国内标准	国际标准
核算标准与指南		总体指导文件	《温室气体 第1部分：组织层次上对温室气体排放与清除的量化报告的规范及指南》	《温室气体核算与报告标准的规范及指南》(ISO 14064-1:2018)
		核算方法参考文件	24个行业企业温室气体排放核算方法与报告指南（试行）系列文件 《企业温室气体排放核算与报告指南 发电设施》	《温室气体核算体系：企业核算与报告标准》
核算方法异同点		适用范围	国内相应行业企业温室气体核算	国际温室气体信息披露
		组织边界	运营控制权法	股权比例法、运营控制权法、财务控制权法
		运营边界	范围1和范围2，范围3不涉及[1]	范围1和范围2，范围3选报
		活动水平数据	根据企业实际生产过程收集活动数据	
		排放因子数据	采用相应行业指南规定的排放因子	主要参考IPCC 2006和IPCC 2019[2]
		排放量计算方式	活动水平数据 × 排放因子数据	
		数据质量管理	数据质量控制	排放清单质量管理体系计划

注：本表系作者根据公开资料整理
[1] 关于范围1、范围2和范围3的相关解释可参考本书第47页表2-3。
[2] 即《IPCC 2006年国家温室气体清单指南》和《IPCC 2006年国家温室气体清单指南2019年修订》。

欧盟产品环境足迹（PEF）认证标识体系对产品碳足迹核算制定了严格的要求，出口欧盟的企业可参考 PEF 方法计算产品碳足迹。

由于不同种类产品在核算其碳足迹时存在较大差异，企业可以优先参考专门对应某类产品的产品类别规则（PCR）作为碳足迹计算依据。例如，国内有针对生物基塑料（GB/T41638.1）、浮法玻璃（GB/T29157）和金属复合装饰板（GB/T29156）等产品的生命周期评价技术规范；国外已发布多种产品种类规则。企业在核算碳足迹时应根据出口国和利益相关方的要求选用相应的核算指南。值得注意的是，碳足迹计算用到的排放因子数据通常来自专业的数据库，常用的数据库有中国生命周期基础数据库（CLCD）、欧盟 ELCD 数据库、瑞士 Ecoinvent 数据库和德国 GaBi 数据库。产品碳足迹核算参考的标准与数据库见表 2-2。

表 2-2　企业产品层面温室气体核算相关标准

分类	名称
总体指导文件	《温室气体—产品碳足迹—量化要求和指南》（ISO 14067：2018）
核算方法参考文件	《商品和服务的生命周期温室气体排放评价规范》（PAS 2050：2011）
	《温室气体核算体系：产品寿命周期核算与报告标准》
	欧盟产品环境足迹（PEF）认证标识体系
某类产品参考文件	对应产品类别规则（PCR）
碳足迹排放因子参考数据库	中国生命周期基础数据库（CLCD）
	欧盟ELCD数据库
	瑞士Ecoinvent数据库
	德国GaBi数据库

注：本表系作者根据公开资料整理

二、企业碳盘查的工作流程

企业开展组织和产品两个层面碳核算工作的方式和意义不尽相同。

组织层面的碳排放一般都是企业边界范围内一年的温室气体排放量，核算的时间维度和空间维度都很明确，核算所需数据企业自身统计即可；而产品层面的碳排放是指采用生命周期评价（LCA）方法核算某个产品从原材料开采到最终废弃或回收利用整个生命周期的碳排放量，是产品在时间维度上的延伸，准确的产品碳足迹需要供应链上下游企业的数据支撑。

企业开展组织层面的碳排放核算工作，内容包括评估项目可行性、设定核算边界、识别排放源、量化计算碳排放、数据质量管理、编写盘查报告、校核与认证、信息公开（组织层面碳盘查工作程序如图2-4所示）。

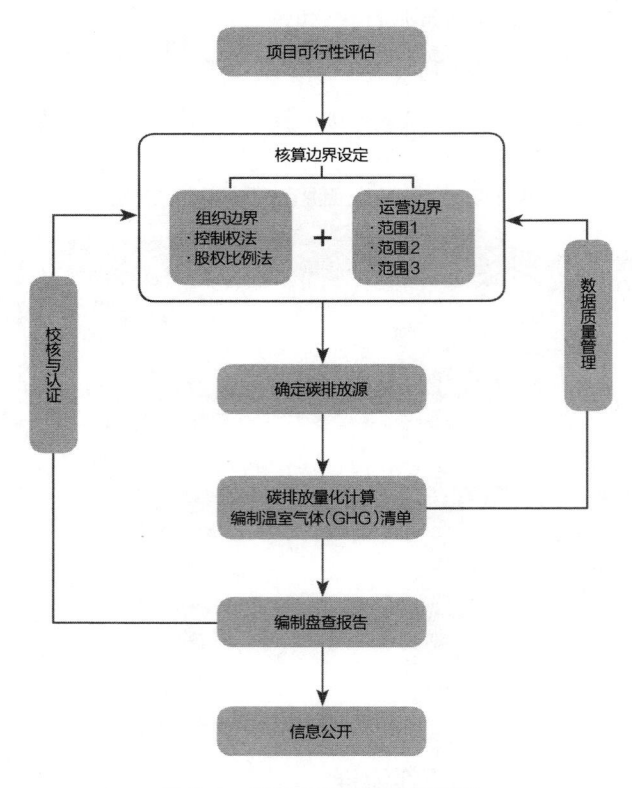

图2-4 组织层面碳盘查工作程序

注：本图系作者根据公开资料整理绘制

其中，核算边界设定步骤包括组织边界和运营边界的确定，组织边界可根据评估结果，视情况采用控制权法或股权比例法界定组织边界；根据温室气体管理方案和企业自身管理目标确定盘查的范围，设定运营边界（企业运营边界，详见表2-3）。

表2-3 企业运营边界

运营边界	描述	内容说明
范围1	直接排放	企业所有或控制的设备设施等的固定燃烧、移动燃烧、化学或生产过程，逸散源（非故意释放）等造成的温室气体排放。如燃煤锅炉、公司拥有的燃油车辆等
范围2	间接排放（外购电力、蒸汽、热力、制冷）	企业外购电力、蒸汽、热力或制冷产生的温室气体排放。间接排放是由报告企业的生产活动造成的，但发生在另一家企业拥有或控制的排放源
范围3	其他间接排放	企业外购商品和服务、资本商品、燃料和能源相关活动（未包括在范围1和范围2中的部分）、上游运输和配送、运营中产生的废弃物、商务旅行、雇员通勤、上游租赁资产、下游运输和配送、售出产品的加工、售出产品的使用、处理寿命终止的售出产品、下游租赁资产、特许经营权、投资

注：本表系作者根据公开资料整理

企业开展产品层面的碳排放核算工作内容包括项目可行性评估、目标与范围定义、单元过程数据收集、生命周期建模、生命周期清单分析（LCI）和生命周期影响评价（LCIA）、数据质量评估与改进、编制碳足迹报告、校核与认证、信息公开。产品层面碳足迹工作程序如图2-5所示。

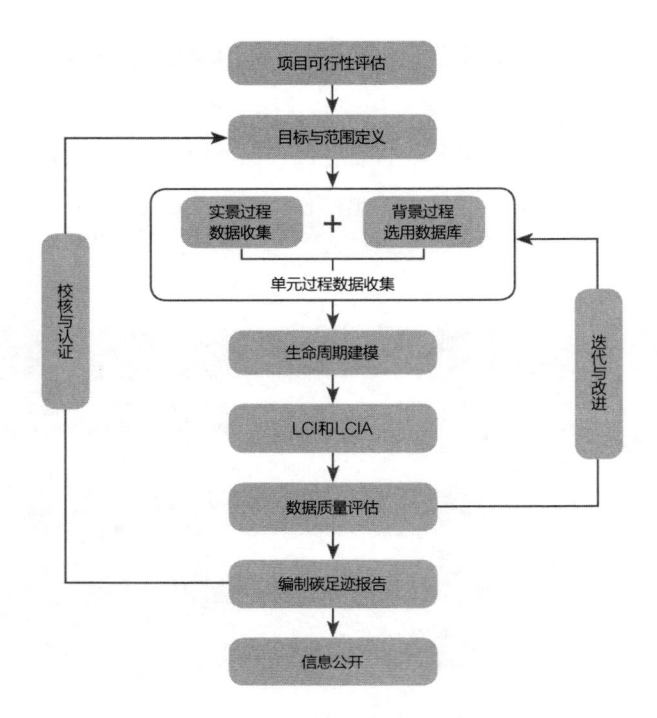

图 2-5 产品层面碳足迹工作程序

注：本图系作者根据公开资料整理绘制

三、电网排放因子选取使用

电力几乎是所有企业生产所必需的能源，计算用电排放的相关排放因子是非常重要的数据。但与电网相关的排放因子有多种，这些排放因子大多名称相近，在实践中对不同电网排放因子的误解误用屡见不鲜。表 2-4 梳理了中国基于核算排放量与减排量两种目的，适用于地区、企业、项目与产品四类主体的主要电网排放因子。

表2-4 电网排放因子汇总表

核算目的	排放因子名称	适用主体	适用场景	公开发布年份
碳排放量	全国电力平均二氧化碳排放因子	企业	全国碳市场企业核算履约边界电力间接排放	2015 2021 2022 2024
	试点碳市场电网平均排放因子	企业	碳市场试点地区企业核算电力间接排放	—
	区域电力平均二氧化碳排放因子	企业	企业计算法人边界电力间接排放 曾用于计算2013—2015年八大重点行业补充数据表边界电力间接排放	2010 2011 2012
		地区	地区编制温室气体清单时计算电力净调入(调出)排放,单独列出但不计入排放总量	
	省级电力平均二氧化碳排放因子	地区	地区编制温室气体清单时计算电力净调入(调出)排放,单独列出但不计入排放总量	2010 2012 2016
			在各级政府碳强度下降目标考核中计算电力净调入(调出)的排放	
	电力碳足迹因子	产品	计算产品全生命周期碳排放	—
碳减排量	区域电网基准线排放因子	项目	清洁发展机制(CDM)、中国核证自愿减排量(CCER)项目计算减排量	2006—2019

注:本表系作者根据公开资料整理

企业碳资产管理[①]

碳资产是指在碳市场交易机制下，企业拥有或控制的、可储存流通、预期能给企业带来碳排放权益的资产。碳资产可细分为碳配额和碳信用。碳配额是指控排企业免费或通过参与政府拍卖获得的碳排放权配额；碳信用是指企业通过投资开发自愿减排项目，经过第三方审定核查、国家主管机构备案签发的减排量。

为实现企业在碳市场中的利益最大化，就需要对碳资产进行管理。一方面企业通过创新研发减碳固碳技术，推进节能减排降耗，使碳资产处于相对盈余的状态；另一方面企业可通过碳信用开发、市场交易、金融投融资等方式降低成本、提高收益。

一、碳资产开发

碳资产开发通常是指具备减排效益的项目按要求通过主管机构注册备案并签发碳信用的过程。碳资产开发需要明确两个基本概念——基准线和额外性，二者在项目合格性问题上互相依存。

[①] 本文作者为中创碳投公司高级分析师马亚龙。

基准线是指当申请备案的减排项目不存在时，为了提供同样的服务而建设或运行的项目的温室气体排放。如果基准线场景产生的排放量大于申请项目产生的排放量，该项目就产生了减排量。

额外性是指减排项目所带来的减排量相对于基准线是额外的，即该项目及其减排量在没有碳资产收益支持情况下，存在具体财务效益指标、融资渠道、技术风险、市场普及和资源条件方面的障碍因素，靠本地条件难以实现。如果某项目在没有碳资产收益的情况下能够正常商业化运行，那么项目本身就是基准线的组成部分，此时相对该基准线就无额外性可言，也无减排量可言。

碳信用的类型有很多种，开发方式大同小异。国内碳市场可用的碳信用为中国核证自愿减排量（China Certified Emission Reduction，CCER）。CCER 项目开发需要满足主管部门制定的管理办法，符合国内备案的温室气体自愿减排方法学的适用条件。具体开发流程如图 2-6 所示。

项目备案阶段

项目材料公示
项目业主申请项目登记前，通过注册登记系统公示项目材料，公示期为20个工作日

项目审定与登记
审定与核查机构出具审定报告后，项目业主可申请项目登记，注册登记机构对项目业主提交材料的完整性、规范性进行审核，在15个工作日内对审核通过的项目进行登记

减排量备案阶段

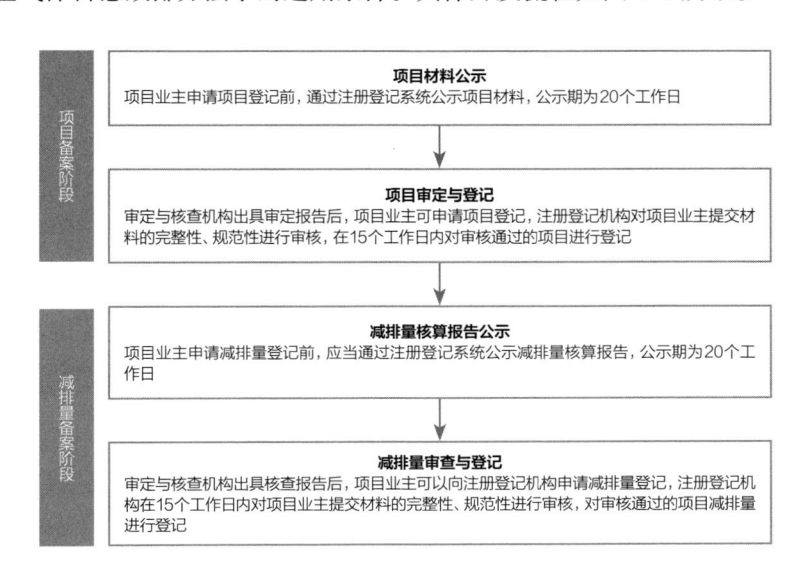

减排量核算报告公示
项目业主申请减排量登记前，应当通过注册登记系统公示减排量核算报告，公示期为20个工作日

减排量审查与登记
审定与核查机构出具核查报告后，项目业主可以向注册登记机构申请减排量登记，注册登记机构在15个工作日内对项目业主提交材料的完整性、规范性进行审核，对审核通过的项目减排量进行登记

图 2-6　CCER 开发流程图

注：本图系作者根据公开资料整理绘制

根据国家生态环境部、市场监管总局联合印发的《温室气体自愿减排交易管理办法（试行）》，碳资产开发过程包括项目备案和减排量备案两大阶段。项目备案阶段的相关申报材料准备通常由项目业主委托专业的咨询机构来完成。减排量备案阶段的核查报告编制由具备CCER审定与核证资质的第三方机构来完成。在全流程无障碍通过的前提下，理论上70个工作日可完成减排量登记。

二、碳资产管理与交易

随着碳市场的发展与完善，扩容增量成为主旋律，越来越多的企业将要面临付出额外碳成本的压力。良好的碳资产管理和碳交易策略不仅可以完成履约，而且可以实现企业碳资产效益最大化，让企业持续健康发展。

（一）碳资产管理主要包括碳配额管理、碳信用管理、碳资产调配管理等。

1. 碳配额管理

碳配额管理的核心是提高配额持有量、控制碳排放量，减小配额缺口，其管理目标是在确保配额量能够满足履约要求的前提下控制履约成本。企业应明确所属行业配额分配方法、履约工作流程与时间节点；针对企业排放情况进行配额盈缺测算、履约成本预算；明确履约不合规的相关处罚机制；并对企业新增设施统一管理，按需进行新增配额申请。

2. 碳信用管理

随着碳市场的正式交易和企业自愿落实碳中和社会责任，碳信用的价值逐渐被发现，陆续有金融机构、碳资产管理公司、控排企业成为碳信用的买家，用来抵消排放量或作为金融资产。企业应明确碳信用开发成本、流程与周期；明确碳信用履约规则、使用条件，并密切关注相关政策；掌握碳信用市场动态与价格区间；挖掘碳信用开发潜力，研发碳信用方法学等。

3.碳资产调配管理

对于大型企业，应将整个企业内所有控排主体所属的碳配额视为一个整体。企业应在每年履约前，对全企业范围所有控排主体当年的既有配额量、新增配额量、实际排放量进行统计汇总，并结合当年碳减排信用签发的情况，对企业整体的配额盈亏情况进行分析，统一进行碳资产的调配工作。

（二）碳交易策略主要包括CCER履约交易、配额置换交易、套期保值交易等。

1. CCER履约交易

根据国家生态环境部《碳排放权交易管理办法（试行）》规定，纳入全国碳市场的重点排放单位每年可以使用不超过应清缴碳配额的5%的CCER抵消碳配额清缴义务。通常情况下，CCER价格低于碳市场配额价格，因此，企业可以利用抵消规则，通过购买成本更低的CCER完成履约。但是，试点碳市场针对使用CCER抵消履约在使用比例、来源地区、年份、项目类型等方面做出了规定，并在不同年份对以上几方面进行动态调整。因此，企业应密切关注配额政策与抵消政策，把握市场价格趋势，充分运用灵活履约规则，降低履约成本。

2.配额置换交易

配额置换交易是指企业利用持有的碳配额与其他组织持有的CCER进行置换。企业一方面可以通过CCER抵消部分碳配额使用，灵活减少企业负担，适当降低企业履约成本；另一方面，也可以借配额置换交易规避配额作废或配额交易过程中供需不协调的风险。

3. 套期保值交易

套期保值交易是指某一时间点，在现货市场和期货市场对同一种类的商品同时进行数量相等但方向相反的买卖活动。当价格变动使现货交易出现亏损时，可由期货交易的盈利抵消或弥补。在现货与期货、近期与远期之间建立一种对冲机制，以使价格风险降到最低。碳资产具有天然的标准化属性，需求量大，交易周期长，十分适合作为套期保值的标的物开展交易。针对碳资产进行套期保值交易，可以实现盈亏相抵，从而降低碳资产现货交易中因价格变动而产生的风险。

三、碳金融产品

随着碳市场的建立与发展，碳金融产品层出不穷。依据中国证监会发布的《碳金融产品》（JR/T 0244—2022），现有碳金融产品分为3类12种，具体内容见表2-5。企业可以通过碳金融模式，利用碳资产获得金融机构贷款，开辟新的节能减排融资渠道，也可以通过金融市场来转移和分散碳价波动风险。

表2-5 碳金融产品

分类	碳金融产品	内容说明
碳市场融资工具	碳债券	发行人为筹集低碳项目资金向投资者发行并承诺按时还本付息，同时将低碳项目产生的碳信用收入与债券利率水平挂钩的有价证券
	碳配额抵质押融资	碳资产的持有者（即借方）将其拥有的碳资产作为质物/抵押物，向资金提供方（即贷方）进行抵押或质押以获得贷款，到期再通过还本付息解押的融资合约
	碳资产回购	碳资产的持有者（即借方）向资金提供机构（即贷方）出售碳资产，并约定在一定时限后按照约定价格购回所售碳资产以获得短期资金融通的合约
	碳资产托管	碳资产管理机构（托管人）与碳资产持有主体（委托人）约定相应碳资产委托管理、收益分成等权利义务的合约

（续表）

分类	碳金融产品	内容说明
碳市场交易工具	碳远期	交易双方约定未来某一时刻以确定的价格买入或者卖出相应的以碳配额或碳信用为标的的远期合约
	碳期货	期货交易场所统一制定的、规定在将来某一特定的时间和地点交割一定数量的碳配额或碳信用的标准化合约
	碳期权	期货交易场所统一制定的、规定买方有权在将来某一时间以特定价格买入或者卖出碳配额或碳信用（包括碳期货合约）的标准化合约
	碳掉期	交易双方以碳资产为标的，在未来的一定时期内交换现金流或现金流与碳资产的合约
	碳借贷	交易双方达成一致协议，其中一方（贷方）同意向另一方（借方）借出碳资产，借方可以担保品附加借贷费作为交换
碳市场支持工具	碳指数	反映整体碳市场或某类碳资产的价格变动及走势而编制的统计数据
	碳保险	为降低碳资产开发或交易过程中的违约风险而开发的保险产品
	碳基金	依法可投资碳资产的各类资产管理产品

注：本表系作者根据公开资料整理

当前，中国不少试点碳市场已尝试应用碳金融产品开展碳资产管理相关业务，以碳配额抵质押业务为例，具体流程如图2-7所示。

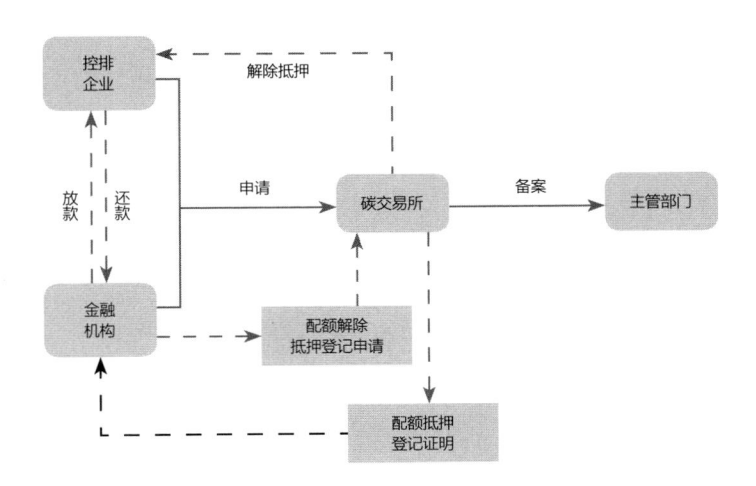

图2-7 碳配额抵质押业务流程

注：本图系作者根据公开资料整理绘制

控排企业向交易所提交融资申请及相关材料，控排企业和金融机构达成融资意向并签署融资合同后，双方向交易所提交抵押申请；交易所审核通过后将抵押登记申请相关资料提交主管部门进行备案，并向金融机构出具配额抵押登记证明；金融机构向控排企业发放融资款项；融资到期后，控排企业偿还融资款项及利息，金融机构向交易所提交配额解除抵押登记申请等材料，交易所审核通过后为控排企业办理解除抵押登记手续并在主管部门备案。

企业碳信息披露与品牌建设[1]

中国上市公司碳信息披露积极性较低。2022年中国上市公司碳排放总量和强度榜中仅有43%的企业主动披露了碳排放信息,提出明确的气候行动目标的企业不到30%。[2]

一、企业碳信息披露积极性的缺失

当前,气候行动失败和极端天气事件已经成为全球最严重的两大长期威胁。[3] 投资者和其他利益相关方对气候变化风险的关注逐步加强,并就"企业对环境造成的影响也将对企业的财务相关表现造成实质性影响"达成共识。包含碳排放在内的企业环境信息已经成为影响投资人价值判断和投资决策的关键内容。

政府也逐步规范企业环境信息依法披露的相关政策,推动企业落实减排责任、加强监管要求与社会监督。早在2015年,《中共中央　国务

---

[1] 本文作者为中创碳投研究院高级分析师陈梦梦。
[2] 《中国上市公司碳排放排行榜暨双碳领导力榜(2022)》。
[3] 2022年世界经济论坛《2022年全球风险报告》。

院关于加快推进生态文明建设的意见》中就提出完善公众参与制度，及时准确披露各类环境信息；2016年国务院印发的《"十三五"控制温室气体排放工作方案》中提出，要推动建立企业温室气体排放信息披露制度，鼓励企业主动公开温室气体排放信息；《"十三五"生态环境保护规划》中进一步提出建立上市公司环保信息强制性披露机制，对未尽披露义务的上市公司依法予以处罚。

2021年，国家生态环境部印发《企业环境信息依法披露管理办法》，明确了重点排污单位、实施强制性清洁生产审核的企业、符合规定情形的上市公司、发债企业及法律规定的其他企业事业单位须依法披露环境信息，并明确了披露形式、时限等要求。在省级层面，陕西、四川、江西、吉林和浙江五省"十三五"期间正式印发了关于温室气体排放信息披露的管理文件，对碳市场管控下的重点排放企业的碳信息披露的内容、覆盖范围等作了具体要求。

企业环境信息披露的部分政策如图2-8所示。

企业碳信息披露积极性的缺失，一方面源于企业对于碳信息披露的认知和碳排放管理能力的不足，选择通过不披露来规避所谓"不利影响"。 当前，部分企业自身数据统计基础及管理核算基础建设不足，难以支撑全面、翔实、准确的碳信息评估、核算与披露；部分企业还认为"业务流程复杂、核算标准不清晰"等原因会进一步使得内部核算数据不准确，叠加"企业碳排放相关信息涉及商业机密"等认知偏差，企业主动披露碳信息的积极性不强。**另一方面可以归因于体制机制和标准规范的缺乏。** 尽管有关披露要求不断完善、加强，但由于缺乏严格的激励、约束机制和统一的披露指引，国内企业碳信息披露仍以自愿披露为主。

第二章 企业低碳发展路线图

图 2-8 企业信息披露的部分政策

注：本图系作者根据公开资料整理绘制

2015

《生态文明体制改革总体方案》
提出建立上市公司环保信息强制性披露机制

《关于加快推动生活方式绿色化的实施意见》
提出督促促进政府有关部门和企业及时准确披露各类环境质量和环境污染信息

2016

《国家标准化体系建设发展规划（2016—2020年）》
提出开展信息披露的要求

《"十三五"控制温室气体排放工作方案》
提出推动建立企业温室气体排放信息披露制度，鼓励企业主动公开温室气体排放信息

《"十三五"生态环境保护规划》
进一步提出促进上市公司环保信息强制性披露机制，对未尽披露义务的上市公司依法予以处罚

2021

《企业环境信息依法披露格式准则》
规范企业年度环境信息依法披露报告和临时环境信息依法披露报告的编制

《企业环境信息依法披露管理办法》
明确了环境信息依法披露主体

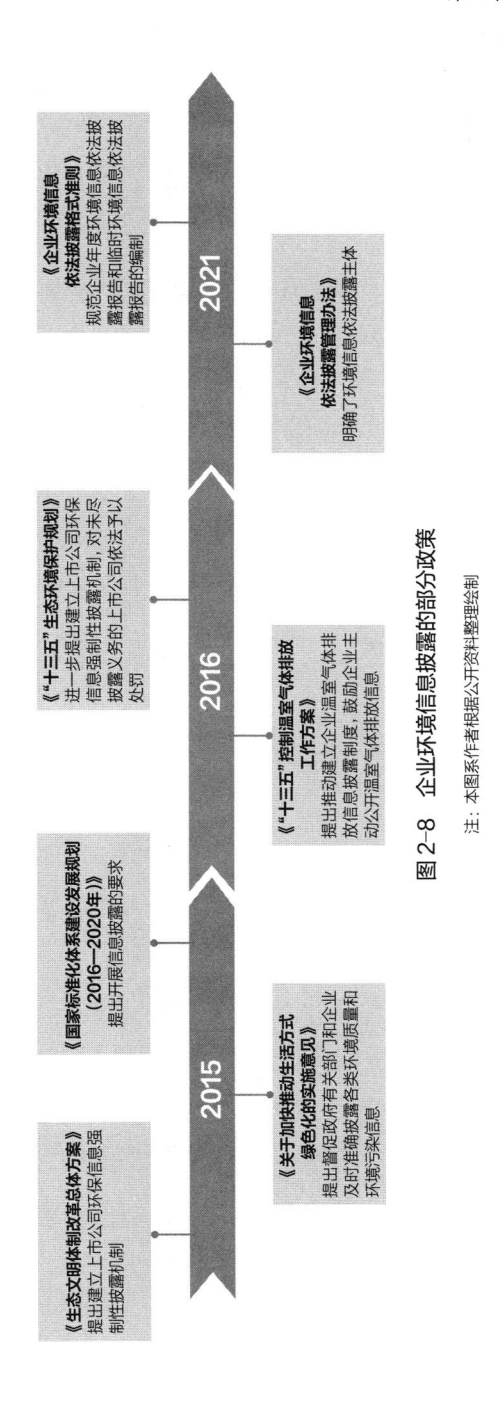

059

二、借势而为：高质量碳信息披露将成企业绿色发展加速器

气候相关财务信息披露工作组（TCFD）制定了目前全球影响力最大、获得支持最广泛的气候信息披露标准，为企业和金融机构提供了气候相关信息的披露框架，在全球已有超过2600家企业与机构支持，总市值超过25万亿美元，其中1069家金融机构管理资产规模达到194万亿美元[①]。TCFD受到全球监管与资本市场的广泛认可，中国香港联交所、美国证券交易委员会的有关规定中均加入、更新了TCFD建议的有关元素；国际可持续准则理事会（ISSB）发布的全球可持续发展披露标准中也采用了同TCFD一致的框架。[②]将气候相关财务信息披露报告（TCFD报告）作为一项企业策略，除帮助上市公司满足证交所有关企业环境信息披露要求外，也将为企业带来提升品牌价值、增加企业估值、积极的财务影响等切实效益。[③]因此，企业碳信息披露应至少包括以下四方面：

1. 分工明确、权责清晰的气候治理架构

围绕自身面临的气候相关风险、机遇，结合发展现状，从管理层和治理层两个维度公开企业气候风险与机遇的治理架构、机制，阐述有关责任方的权责与分工是企业碳信息披露的重要内容。董事会是企业治理机制的重要组成部分，因此，企业应在报告中清晰地描述如何将气候相关问题纳入董事会的战略审查与指导、风险管理与规划、目标管控等治理职能中；尽可能全面、翔实地描述各部门就气候相关问题向董事会的

---

① TCFD, 2021 Status Report: The Task Force on Climate-related Financial Disclosures, October 29, 2020.

② 《国际财务报告可持续披露准则第1号——可持续相关财务信息披露一般要求》《国际财务报告可持续披露准则第2号——气候相关披露》。

③ Carbon Trust, https://www.carbontrust.com/zh/our-work-and-impact/guides-reports-and-tools/briefing-tcfd-disclosures.

报告内容、频次、机制流程及董事会的评估、监督手段等，提高企业在披露气候相关问题治理的透明度，便于投资者和其他利益相关方发挥监管职责。而在管理层，企业应明确披露负责气候相关风险与机遇的管理层角色、职责、评估与管理流程及相应的组织架构，并描述如何就气候相关问题进行识别、评估、管理与监督。

2. 气候相关风险与机遇的识别、评估与管理

气候变化风险具有全局性、复杂性、深远性及级联效应等特征，会对企业造成直接或间接影响及财务损失，且不同地区、不同行业面临的气候风险类型、影响时间及程度存在差异。因此，将气候变化风险纳入现有风险管理框架将有助于企业在决策过程中正确考虑气候变化影响。企业应在报告中就如何考虑气候风险特征、如何将气候风险纳入现有风险管理流程（将气候风险设为独立风险或现有风险的驱动因素）进行披露。在有关报告中进一步描述气候相关风险重要性的确定过程，风险相应的价值链覆盖程度、评估流程、工作频率与机制等内容有利于增加信息的可信度，支撑企业科学合理决策及投资者和其他利益相关方开展评估与监督，并支撑实现一致、可比、可靠、清晰和高效披露的总体目标，协助各部门明确气候相关问题及其治理、战略、风险管理、指标和目标之间的关联关系。

3. 战略影响与韧性

企业依照 TCFD 的披露建议进行碳信息披露，可以帮助企业了解自身面临的气候相关风险与机遇，从而制定风险应对和绿色低碳转型战略。企业应在报告中描述气候风险与机遇识别的结果，并说明气候相关问题是如何影响企业业务、战略及财务规划的。同时，通过企业碳排放表现、企业战略韧性描述等信息和情景分析等工具，支撑并佐证企业已合理评估、考虑气候相关问题，科学评估影响，制定并采取有效的战略

以应对气候变化带来的影响。

此外，企业在描述气候相关问题对企业战略的影响时，应尽可能翔实地描述每个气候风险与机遇相应的时间范围、影响程度、价值链范围、可能性及具体的风险内容等，从而提高风险与机遇的一致性、可比性。

4. 清晰的气候行动计划与指标、目标

制定并开展气候行动，实现绿色高质量可持续发展是企业开展气候治理并公开碳信息的根本目的。作为企业整体战略的一部分，气候行动应同整体战略保持一致，清晰阐述企业低碳表现与发展目标，低碳转型对企业业务、战略和财务规划所产生的可能的影响，以及以低碳转型为目标，为减少风险或增加机遇开展的行动。

设定指标和目标则是跟踪气候相关战略进展、管理风险和衡量机遇影响的重要工具。为便于投资者和其他利益相关方更好地评估发展目标下企业面临的潜在风险、调整后回报，以及在管理或适应这些问题方面的进展等，企业应在战略、风险评估与管理，以及治理的信息披露中，使用客观清晰、连贯有序、可靠可验证的指标，包括但不限于气候相关风险和机遇的发生概率、影响程度、风险响应方式及资金投入等。不同时期内温室气体排放量、温室气体减排目标等则是气候相关指标和目标的重要组成部分。企业在披露有关信息时应描述清晰，定性与定量结合。如披露完整的细分种类的范围3、温室气体排放量、温室气体排放强度、其他碳绩效表现及减排子目标等。此外，披露过程中企业应尽量采用业内常见的标准、指标，描述核算方法、边界、关键参数等支持性内容，以增加数据的可靠性、一致性和可比性。

第三章 企业案例

宁德时代：奔向零碳的四个台阶[①]

2023年4月的上海车展，宁德时代用一场10分钟的发布会宣布了一项重磅承诺：宁德时代将在2025年实现核心运营（范围1和范围2）碳中和，2035年实现全价值链（范围3）碳中和。宁德时代是中国第一家正式承诺碳中和达成时间的大型电池企业，与LG新能源、三星SDI等韩国电池企业普遍在2050年达成全价值链碳中和的目标相比，宁德时代的目标是全球大型电池企业中最激进的。

宁德时代正在用行动证明自己有能力履行承诺。2022年3月，宁德时代最大的制造基地四川时代新能源科技有限公司获得国际权威认证机构SGS颁发的PAS2060碳中和认证，证明该工厂从2021年1月1日—12月31日达成碳中和，成为全球第一家碳中和电池工厂，并在2023年连续获得该认证。

宁德时代从2021年开始发布《环境、社会与公司治理（ESG）报告》（以下简称"《ESG报告》"），在2021年和2022年的两份报告中给出了

[①] 本文作者为《财经》杂志记者尹路。

详细的能耗和碳排放数据。从数据中不难发现，宁德时代的能耗和碳排放总量增速显著低于营收增速，单位营收能耗强度和碳排放强度都在下降，特别是碳排放强度，2022年下降超40%。

宁德时代定出如此激进的碳中和目标，并将最大的产能基地打造为零碳样本，体现了宁德时代在"奔向零碳"过程中跨跃了层层递进的四个台阶：应对合规压力、提升履约能力、改善管理水平、履行社会责任。

一、合规压力，碳中和是必答题

在推动宁德时代零碳进程所面临的众多因素中，合规压力是最不容回避的因素。

碳中和是目前少有的全球性共识，世界各国都在加紧制定相关的政策、法规以推动碳中和进程。其中对宁德时代影响比较大的有：《欧盟电池和废电池法规》（又称欧盟《新电池法》）、欧盟碳边境调整机制（CBAM），以及2023年7月11日中国审议通过的《关于推动能耗双控逐步转向碳排放双控的意见》。

在中欧两个关键市场，碳排放的管理和限制机制都在紧锣密鼓地上线，特别是欧盟，专门针对电池制定了严格的碳足迹追踪和限值要求，其中对车用动力电池的要求最为苛刻，对电池在碳排放方面的控制分为三个阶段：

第一阶段，在《欧盟电池和废电池法规》正式生效18个月后或实施细则颁布12个月后，所有在欧盟境内销售的电池都需要披露详细的碳足迹记录；在第一阶段实施18个月后，进入第二阶段，要求电池企业提供碳足迹等级声明；第二阶段实施18个月后，进入最终阶段，超出碳足迹最大限值的产品将被排除出欧盟市场。最迟54个月后，即到2027—

2028年，欧盟将以碳足迹限值作为电池进入欧盟市场的准入门槛。

欧盟对电池的碳足迹披露要求非常详细，其中包括电池的碳足迹总值、获取支持碳足迹声明的网络链接及与电池生产相关的其他信息。核算碳足迹数值必须包括全生命周期的四个阶段：原材料获取及前处理阶段、产品生产阶段、分销运输阶段、收集和回收阶段。

根据欧盟的合规要求，电池企业只要想进入欧盟市场，碳中和就不是可选项，而是必答题。企业必须实现电池的全生命周期碳中和，才能在未来的欧盟市场畅通无阻，而且留给电池企业的时间并不宽裕，等到欧盟《新电池法》正式生效，每个实施阶段之间仅有18个月过渡期，对于碳中和来说时间非常紧迫。

为了应对合规压力，宁德时代必须尽早实现碳中和，并向更高的脱碳目标发起冲击。在2023年世界动力电池大会上，宁德时代董事长助理孟祥峰表示，作为进入国际市场的企业，合规是必须达到的要求，这是门票。而且宁德时代不应该止步于合规，还要更进一步，参与研究制定与碳相关的标准和政策。作为行业领军企业，宁德时代有能力也有必要参与规则的制定。

当然，想要参与碳相关的标准规则的制定，企业本身的碳中和表现必须过硬，而不论是碳中和承诺还是碳中和表现，宁德时代都处于领先地位，这是其参与碳相关规则制定的有力筹码。

宁德时代碳中和相关数据见表3-1。

表3-1 宁德时代碳中和相关数据

项目	2021年	同比变化	2022年	同比变化
营业收入（亿元）	1303.56	159.06%	3285.94	152.07%
能耗总量（吉瓦时）	4599.85	—	9551.11	107.64%

（续表）

项目	2021年	同比变化	2022年	同比变化
能耗强度 （吉瓦时/亿元）	3.53	—	2.91	−17.56%
碳排放总量 （千吨二氧化碳当量）	2262.74	—	3408.28	50.63%
碳排放强度 （千吨二氧化碳当量/亿元）	1.74	—	1.04	−40.23%

资料来源：宁德时代《ESG报告》

二、履约能力：碳中和的加分项

在电池行业这样一个高速增长、巨头之间竞争激烈的市场，履约能力是客户选择供应商的首要考虑因素。宁德时代在过去几年市场份额持续增长，正是得益于履约能力得到了全球绝大多数重要客户的认可。同一时期，日韩电池企业却因为产品缺陷召回、延期交付等问题，使客户对其履约能力产生了质疑。

过去数年的高速增长中，履约能力主要看交付能力，能否将电池按期足额交付到位是客户主要考察的因素。**但是未来5—10年，能提供清晰且优秀的碳足迹的产品将成为电池企业履约能力的重要组成部分**，因为碳中和已经成为全球共识，不论是车企客户还是储能客户，都对电池供应商的碳中和表现有着更为具体且苛刻的要求。

以车企为例，目前中、美、欧、日四大主要汽车制造地的主要车企大多已公开承诺了碳中和的达成时间，承诺全价值链碳中和的时间大多在2040—2050年，而自体运营碳中和的时间多在2030—2035年。

车企达成碳中和最主要的方式就是转型电动化，动力电池是电动化转型中最关键的因素，其成本占到整车成本的40%左右，而碳排放量则占整车的一半以上，最高可以接近70%。因此车企想要达成碳中和，电池就是其中最重要的一环，所以车企客户对电池供应商的碳中和要求最为严格，普遍比自己的碳中和达成时间早5年左右，即不晚于2030年，主流车企就会要求电池供应商提供已达成碳中和的电池产品。

为了证明自己的履约能力，宁德时代不可能踩着最晚时间线提供碳中和产品，必须用碳中和方面的领先表现巩固自己在市场中的领导地位，因此承诺2025年达成自体运营碳中和就成了宁德时代在履约能力上增加的一个重重的砝码。

三、管理水平：奔向零碳的馈赠

在所有企业的碳中和实践中，公认最可靠的碳中和途径有四条：（1）提升能效，降低能耗；（2）扩大可再生能源使用量；（3）购买使用绿电；（4）减排量/碳汇交易。其中前三条是达成碳中和的主要途径，碳汇交易只是用来抵消无法通过前三种方法中和的碳排放。

短期来看，途径4能够快速帮助一个企业实现碳中和，但这一途径对外部资源依赖性极强，是不可持续的被动降碳。作为脱碳的长期主义者，实现碳中和只是宁德时代奔向零碳的第一站，自身做出改变，将温室气体排放量降至最低才是宁德时代的最终追求。这一目标要求宁德时代必须在前三种途径上"下苦功"，即全方位提高管理水平，特别是数字化水平。

为了提升企业的数字化和管理水平，宁德时代自主研发了宁德时代厂务设施管理系统CFMS，搭建了横跨六省、全国最大的5G专网，利用大数据、数字孪生等先进技术建立了极限制造平台。

数字化和管理水平的提升给宁德时代带来的效果立竿见影。2021年和2022年，宁德时代的福建宁德工厂和四川宜宾工厂相继入选世界经济论坛（WEF）"灯塔工厂"名单，使宁德时代成为全球锂电行业中仅有的拥有两家"灯塔工厂"的企业。宁德时代已经明确，今后的新建工厂和老厂的升级改造都将执行"零碳+灯塔"的标准。

相比于"碳中和"这一狭义上不增加碳排放并通过补偿实现碳减排的概念,"零碳"的任务则要复杂得多。与简单的"碳核算 + 碳抵消 = 碳中和"不同,零碳要求一个工厂针对其生产、能耗、设备等进行一系列的技术创新与管理提升,尽其所能将温室气体排放降至最低,而碳抵消只是最后的手段。

以四川宜宾工厂的零碳实践为例,工厂通过采用 CFMS 管理系统,实现设备主动化控制,节能约 8%,每年可节省 18973 吨标煤,减少温室气体排放 19792 吨二氧化碳当量。通过设备定量化运行及节能化排产,有效减少冗余的设备开启,每年可节省 12373 吨标煤,减少温室气体排放 15020 吨二氧化碳当量。涂布机因为有高温烘烤这一工序,是电池生产中的碳排放大户。宁德时代通过涂布机智能待机、烘箱运行频率平衡等技术达到节能降碳的目的,每年可节省 16107 吨标煤,减少温室气体排放 23337 吨二氧化碳当量。

四川时代总经理朱云峰在谈及宜宾工厂零碳实践时表示:"四川时代从筹备起就开始规划零碳工厂路径,通过在能源利用、交通物流、生产制造等环节不断地改造和创新,在减少碳排放的同时,用更少的原材料做出更多、更好的产品,零碳已经成为四川时代的核心竞争力之一。"

零碳成为核心竞争力,并不是指碳中和这一特性会给产品的竞争力带来多大实质性的提升,而是在奔向零碳的过程中必然要求提升生产管理水平,进而带来产品质量水平的改善和缺陷率的降低。一个工厂达成碳中和,在客户眼中就等同于管理高效、质量过硬、值得信赖。

四、零碳不只是社会责任

碳中和概念诞生之初,社会责任色彩很浓,但在碳中和的实践当中,越来越多社会责任之外的价值被挖掘出来,实现碳中和也随之变成履行社会责任中的一小步。比如，宁德时代作为电池这个庞大产业链的链主企业，除了实现自身的碳中和之外，带动全供应链脱碳也成为其必须承担的责任。

2022年是宁德时代开展全方位碳管理的第一年，全年推进节能减排项目超400项，累计减碳447230吨；绿电使用比例上升至26.60%；电池产品每千瓦时排放量下降24.89%，单位营收排放量下降40.25%。经过一年的实践，积累了大量经验后，2022年11月，宁德时代启动了"CREDIT"价值链可持续透明度审核计划，该计划是业内首创的一套针对锂电池供应链的可持续发展审核工具，2022年145家新准入的供应商全都接受了可持续影响评估。

在对供应链进行审核的同时，宁德时代也在对供应商进行培训，通过分享与传递宁德时代的减碳经验，帮助更多的上游企业增强与碳相关的竞争力。2022年，宁德时代共举行供应链可持续发展知识培训51场，比2021年多了30场，增加超过一倍。审核与培训并行，宁德时代在用自己的影响力和示范效应带动整个电池产业链脱碳进程的加速。

实现碳中和，奔向零碳是时代赋予中国电池企业的历史性机遇。依靠自身的努力，中国电池企业已经成为全球标杆，拥有了一流的国际竞争力，提供了全球最具竞争力的产品，未来如要确保自己的领先地位，就要看企业脱碳的努力与投入。宁德时代作为中国乃至全球电池行业的领军企业，在脱碳方面有能力也有必要树立新的标杆，成为带动整个电池产业链奔向零碳的强劲引擎。

博世：用技术、创新与合作应对碳中和深水区的挑战[1]

2020年，博世在全球400多个业务所在地实现了自体运营碳中和，经外部独立审计公司认证，成为全球首家实现生产和制造过程（范围1和范围2）碳中和的大型工业企业。

实现自体运营碳中和并不是博世碳中和的终点，在2020年的《可持续发展报告》中，博世发布了2020—2030年的碳中和行动目标：（1）提升能效，从2020—2030年通过提升能效累计节能1.7太瓦时[2]；（2）扩大可再生能源的使用，2020—2030年使用场内可再生能源400吉瓦时；（3）购买绿电，到2030年实现100%使用绿电；（4）用优质碳汇项目补偿不可避免的碳排放，以2018年碳排放为基准值，到2030年时，碳汇补偿的占比将不高于15%。该行动目标经过了科学碳目标倡议（SBTi）组织的审核认证。

---

[1] 本文作者为《财经》杂志记者尹路。
[2] 太瓦时为能量度量单位，1太瓦时=1000吉瓦时，1吉瓦时=1000兆瓦时，1兆瓦时=1000千瓦时，1千瓦时即日常所称的1度。

2020年公布行动目标之后，博世每年都会在《可持续发展报告》中公布各个目标的达成情况。博世一直在努力提升自体运营碳中和的质量，增加实际减排量，降低碳汇补偿在碳中和中的占比。

一些环保组织批评说，用碳汇对冲的办法来实现数字上的降碳不是真正的减碳，而是逃避自身减碳的责任。

在提升自身范围1和范围2碳中和质量的同时，博世也开始在范围3的碳中和上发力，即解决供应商的产品和服务、物流和运输，以及客户在使用博世产品过程中产生的碳排放。博世为范围3的碳减排设定了一个看起来比较保守的目标，即以2018年为基准年，到2030年时，在从供应商到客户的整个价值链中减少15%的碳排放量。虽然15%看似不多，但因为博世的业务非常广泛，所以范围3的碳排放总量很大。根据博世的测算，2022年博世范围3的温室气体排放与2018年相比减少了超过1亿吨二氧化碳当量，减排量惊人。

博世2020—2030年碳中和行动目标的达成情况如表3-2所示。

表3-2　博世2020—2030年碳中和行动目标的达成情况

行动项目	2030年目标值	2020年完成值	达成度	2021年完成值	达成度	2022年完成值	达成度
节能目标	1.7太瓦时	0.38太瓦时	22%	0.18太瓦时	33%	0.25太瓦时	48%
可再生能源目标	400吉瓦时	69吉瓦时	17%	25吉瓦时	24%	27吉瓦时	30%
绿电目标	100%	—	83%	—	89%	—	95%
碳汇补偿目标[①]	≤15%	938千吨二氧化碳当量	29%	907千吨二氧化碳当量	28%	717千吨二氧化碳当量	22%

资料来源：博世《可持续发展报告》

① 以2018年温室气体排放总量3259千吨二氧化碳当量为基准值，达成度为当年碳汇补偿总量/2018年总量，结果越接近15%越好。

在实现自体运营碳中和的过程中，博世形成了一套以技术、创新与合作为原则，以提升能效、增加可再生能源、采购使用绿电、碳汇补偿四管齐下的方法论，并在提升碳中和质量及推进范围3碳中和的过程中不断完善和发展这一方法论。

一、技术与创新是碳中和的支撑

博世中国前任总裁陈玉东博士多次强调："博世致力于成为气候行动的先行者，并相信科技创新对驱动低碳发展起到关键支撑作用。"

博世集团从2018年开始采取积极行动应对气候挑战，并在两年后实现自体运营碳中和。博世官方网站发布的可持续发展关键数据显示，博世进行碳中和实践的初期——2019年和2020年，其营收和税后利润的确有所下滑，虽然2020年有新冠疫情的影响，但同时博世也处在业务转型的关键阶段，研发投入巨大，这才是影响财务表现的主要原因。

达成碳中和之后，2021年和2022年，博世的营收重回增长轨道，每年都保持了两位数增长。在碳中和行动开始五年后，以2018年为基准年，2022年的营收增长达到12.36%，利润虽然有所下滑，但这并未动摇博世贯彻碳中和的决心。博世的传统是以长期利益为根本利益，而脱碳无疑是集团上下最为关切的长期利益。

所以我们看到，博世在过去五年时间里改善最显著的是能耗和碳排放表现，在营收保持增长的情况下，能耗总量和能耗强度都在下降，尤其是能耗强度下降更为显著。减碳方面效果也很突出，2022年与2018年相比，碳排放的总量和强度都下降80%左右。

表3-3为博世碳中和相关数据。

第三章 企业案例

表3-3 博世碳中和相关数据

项目	2018年 绝对值	2018年 同比变化	2019年 绝对值	2019年 同比变化	2020年 绝对值	2020年 同比变化	2021年 绝对值	2021年 同比变化	2022年 绝对值	2022年 同比变化	2022年与2018年相比
营业收入（亿欧元）	785	—	777	-1.02%	715	-7.98%	787	10.07%	882	12.07%	12.36%
税后利润（亿欧元）	36	—	21	-41.67%	7	-66.67%	25	257.14%	18	-28.00%	-50.00%
能耗总量（吉瓦时）	7844	—	7762	-1.05%	7497	-3.41%	8042	7.27%	7696	-4.30%	-1.89%
能耗强度（吉瓦时/亿欧元）	9.99	—	9.99	-0.03%	10.49	5.00%	10.22	-2.57%	8.73	-14.58%	-12.61%
温室气体排放总量（千吨二氧化碳当量）	3259	—	2198	-32.56%	938	-57.32%	907	-3.30%	717	-20.95%	-78.00%
温室气体排放强度（千吨二氧化碳当量/亿欧元）	4.15	—	2.83	-31.81%	1.31	-53.71%	1.15	-12.21%	0.81	-29.57%	-80.48%

资料来源：博世官方网站

博世碳排放强度能够在短短五年内下降80%，主要得益于大规模的绿电采购。根据2018—2022年博世的能源结构，博世早在2018年之前就已经完成了比较彻底的电气化改造，整个企业的能源结构中，电能占比在70%左右，且较为稳定。

博世从2019年开始大幅扩大有原产地保证的绿电采购量，所以2020年，博世的碳排放总量猛降到百万吨以下，同比降幅超过一半。博世的绿电采购主要来自电力直接交易或者具有原产地保证的绿电证书交易，随着全球绿电市场的逐步完善，博世将更多地通过直接交易，而非绿证形式采购绿电。2030年前博世集团要实现100%绿电全覆盖，而博世中国在2021年已提前实现100%绿电全覆盖。

采购绿电对工业制造业企业来说，无疑是达成碳中和的重要办法，但这有赖于绿电市场和相关交易规则的支持。对于碳中和，更加根本且有效的做法是节能，在博世2020—2030年碳中和行动目标中，设定的节能目标是1.7太瓦时，为此博世将每年提供1亿欧元的节能基金，支持博世旗下所有业务部门的节能举措。截至2022年，博世已经达成48%的节能目标。

博世2018—2022年能耗结构如表3-4所示。

表3-4 博世2018—2022年能耗结构（单位：吉瓦时）

项目	2018年	2019年	2020年	2021年	2022年
总能耗	7844	7762	7497	8042	7696
液化气	40	34	39	39	34
可再生能源	54	69	76	102	128
燃油	86	89	53	55	49
煤炭/焦炭	141	123	85	98	100
蒸汽、冷却用能	199	193	245	273	244
其他	258	313	452	451	482

（续表）

项目	2018年	2019年	2020年	2021年	2022年
天然气	1512	1511	1445	1587	1325
电能	5554	5431	5103	5437	5334
电能占比	70.81%	69.97%	68.07%	67.61%	69.31%
绿电	—	—	4253	4817	5049
电能中绿电占比	—	—	83.34%	88.60%	94.66%
总能耗中绿电占比	—	—	56.73%	59.90%	65.61%

资料来源：博世官方网站

博世实现节能目标的主要方法是数字化创新，博世自主研发的能源管理平台已经在旗下多个生产基地完成部署。利用人工智能算法，结合客户需求及预测、生产计划、天气情况、温湿度等多项业务及环境因素，系统根据不同的制造业类别需要，可以给出未来数小时至数天的产线级的能源使用预测及生产排产。此外，该系统还提供优化的停机管理和精确的能耗异常监测，让节能减排深入各个环节。此外还有智能物流中台、智能设备维护管理和智能易耗品管理等采用数字化和智能技术的工业数字化创新，对提升企业运营效率、节能减排起到重要作用。

以2022年3月获得世界经济论坛"灯塔工厂"的博世汽车长沙工厂为例，其通过能源管理平台，耗电量降低18%，碳排放减少14%；通过智能物流中台，物流成本节省30%，库存周转时间减少15%；通过智能易耗品管理，焊接电极、车削刀具等易耗品寿命提升30%，更换时间节省50%；通过智能设备维护管理，节约19%的设备维护时间，降低25%的维护成本和17%的缺陷成本。

博世在旗下企业的数字化创新实践，除了提升自身碳中和的质量，还对客户及供应商起到了示范效应。目前博世开发的能源管理平台已经在全球 80 个客户项目中投入使用，在为客户提升能源成本效益的同时，也对博世实现全价值链碳中和起到了至关重要的推动作用。

在全价值链减碳方面，技术与创新的作用更加关键。以博世为例，在范围 3 的碳排放中，客户使用博世产品产生的碳排放占比最大，超过 90%。而且供应商及物流运输产生的碳排放受业务成长和转型的影响，较容易产生波动。比如，近几年由于电动化转型和芯片短缺的影响，新加入的供应商数量较多，其碳排放的改善需要一定时间才能产生效果。而客户使用博世产品产生的碳排放则完全可以依靠博世产品本身的技术进步加以改善。在表 3-5 当中，只有这个类别的碳排放数据在过去五年持续下降。

表 3-5 博世范围 3 碳排放构成（单位：百万吨二氧化碳当量）

项目	2018 数值	2018 同比	2019 数值	2019 同比	2020 数值	2020 同比	2021 数值	2021 同比	2022 数值	2022 同比
范围3碳排放总量	458.1	—	420.1	-8.30%	380.4	-9.45%	383.0	0.68%	352.5	-7.96%
采购供应商的产品和服务产生的碳排放量	34.1	—	31.7	-7.04%	28.4	-10.41%	33.8	19.01%	35.7	5.62%
物流和运输产生的碳排放量	2.6	—	2.4	-7.69%	2.2	-8.33%	2.7	22.73%	2.4	-11.11%
客户使用博世产品产生的碳排放量	421.4	—	386.0	-8.40%	349.9	-9.35%	346.5	-0.97%	314.5	-9.24%

资料来源：博世官方网站

为了帮助客户在使用博世产品和服务时可以更轻松地脱碳，博世投入大量研发力量，开发了汽车电气化相关的各类关键零部件、商用车氢动力总成等高技术产品，支持交通脱碳进程。同时，博世还将天然沸石矿物应用于洗碗机这类节能型电器中，相比于传统电器，其能耗降低 20%。此外，博世的氢能采暖系统可在天然气中掺氢 20%，从而减少 7% 的碳排放。

技术与创新是碳中和的关键支撑，博世用自己的实际行动和实践成果印证了这一说法，并且还在利用自身碳中和的示范案例向供应商和客户展示碳中和的积极作用，加速推动全价值链碳中和。

二、以合作应对全价值链碳中和的挑战

技术与创新提供了碳中和的技术手段，但这两者能起到显著作用的范围主要还是限于博世集团内部，即范围1和范围2的碳中和。对于博世的上下游而言，使用新技术总会带来附加的切换成本，因此单纯依靠技术与创新无法应对全价值链碳中和的挑战。为了应对全价值链碳中和的挑战，博世必须在合作方面做出更多努力，使得在价值链上从供应商到客户的各个环节都与博世形成碳中和的共识。

在价值链上游的供应商方面，2020年博世遴选了为博世提供最多产品、服务和产生最多碳排放的供应商。2021年起，博世开展了与其他组织的合作，包括碳信息披露项目（CDP），共同支持博世全球业务合作伙伴的碳披露和碳减排行动。这能够帮助博世清楚地认识供应商的碳计算和相应活动。

在摸清供应商的碳排放情况后，博世开始推动与关键供应商签署碳减排协议。当前，业务合作伙伴的碳排放和气候活动已成为与博世签订业务合同的重要考量。**博世也向中国的供应商发布了可持续发展指南，从减碳意识培训、碳数据披露、碳目标设立、碳数据库建立、供应商碳意识成熟度评估和最佳亚太区供应商可持续发展评奖六个维度在供应链中推动碳中和的具体行动。**2023年，博世邀请全球范围内2200多家供应商加入碳信息披露项目，其中中国供应商约400家。

一边通过合同条款促使供应商加速碳中和转型，一边通过培训、评估、评奖等积极方式赋予供应商碳中和的能力。博世通过合作，在推动

全价值链碳中和的同时，也帮助供应商逐步形成自身的脱碳能力，提升其未来在碳中和经济中的竞争力。

客户使用博世产品产生的碳排放占了范围3碳排放中的绝大部分，通过自身产品的技术创新，降低设计、生产、运输和使用过程中的碳排放，无疑是降低这部分碳排放的最有效手段。此外，推动消费者增强减碳意识、形成低碳生活方式同样是必不可少的一环。而这就需要博世产品的减碳是"隐形"的，不会对现有生活质量产生负面影响。

这方面目前最成功的就是汽车电气化领域的实践。博世的电驱动产品、第十代车辆稳定行驶系统（ESP）、碳化硅芯片、制动系统、氢动力总成等都在减碳的同时，还大幅改善了交通工具的使用体验，降低了全寿命使用成本。对消费者来说，博世汽车的电气化产品在操控上几乎不存在任何障碍。

另外，博世还在家用电器和舒适科技领域启动了多个项目，旨在提供节能高效的家电产品。家用电器是消费者日常生活中最常用的产品，这类产品的使用体验对于改变消费者生活方式的作用最为直接，如果带有低碳标签的博世家电比同类产品的使用体验更好，能耗成本更低，普通消费者形成低碳生活方式的过程就会更快更自然。

博世作为全球第一家实现自体运营碳中和的大型工业企业，是碳中和领域毋庸置疑的优等生，特别是其涉及汽车工业、电子工业、消费品工业等多个工业门类，在碳中和实践中形成的经验、方法论和碳中和工具对绝大多数工业企业都有参考价值。

博世目前正在将自己的经验、方法论和碳中和工具分享给自己的供应商与客户，帮助它们加快脱碳进程，同时也推动自身范围3的碳中和。博世还启动了碳中和咨询服务，将自己的碳中和方法分享给更多有需求的企业，为全社会的碳中和进程做出更大的贡献。

宝洁：日化"黄埔军校"怎么做碳中和[1]

宝洁，大多数人的生活中都会用到它的产品：海飞丝的洗发露、潘婷的护发素、汰渍的洗衣液、佳洁士的牙膏、帮宝适的纸尿裤、玉兰油的润肤露……1988年，宝洁在广州建厂，正式进入中国。

数十年以来，宝洁都是日化行业的"黄埔军校"，在中国的日化发展史上占有举足轻重的地位。如今，宝洁碳中和工作怎么做？它的可持续发展理念能给日化行业哪些借鉴？

"36年前，宝洁刚进中国的时候，核心竞争力在于品牌。今时今日，光有品牌、技术是不够的，还必须拥有非常具竞争力的供应链能力。在碳中和工作上也是如此。"宝洁大中华区供应链副总裁周宇鸣说。他在宝洁供应链设计、可持续发展等多个领域主持工作。

宝洁已经宣布了一个具体的净零排放目标：到2040年，在全球范围内，从原材料到零售的全链路实现温室气体净零排放。

宝洁到2030年的阶段性目标是：与2010年相比，将范围1和范围

---

[1] 本文作者为《财经》杂志记者杨立赟、胡耀丹。

2 的排放量减少 50%。范围 1 指的是宝洁工厂产生的直接温室气体排放，范围 2 指的是与宝洁工厂能源采购相关的排放。

周宇鸣说："净零排放目标覆盖公司整体运营及供应链。"有了明确的整体目标，日常工作就是拆解目标，落实到每一个地区、品类、运营部门。"**可持续发展，不是放一两个专家就行，而是要改变运营方式，责任落实到业务单元，目标拆解到每一家工厂。**"他说。

在宝洁，包括工厂、生产线、产品在内的所有新项目在立项时，都必须进行可持续发展的论证，内容涉及耗电量、耗水量、废弃物、可持续的材料、消费端的碳排放等。"听起来很愉快，做起来很痛苦。"周宇鸣说。这对每个团队都提出了更高的要求，有些项目的确需要在源头上反复论证和整改。

2010—2020 年，宝洁已通过提高能源效率和使用可再生电力等手段，把整个公司的绝对排放量减少了 52%。在持续减排的同时，宝洁也在通过保护森林和野生动物等项目，抵消 2030 年之前公司整体运营中无法消除的剩余排放。

宝洁还制定了在 2030 年之前实现全球使用 100% 可再生电力的目标，这一目标已实现了 97%。2021 年，宝洁占据了美国环境保护署"全美绿色电力用户百强"榜单的第五名及全国现场可再生能源发电 30 强榜单的第二名，在消费品行业名列前茅。

一、灵感源于苏州园林的花园工厂

时任宝洁太仓工厂总经理的谭慧明在一间会议室接受《财经》记者采访时，非常自豪地提醒记者抬头看看屋顶——办公室白天几乎不需要开灯，靠日光就足够明亮。这样的节能环保举措，工厂在十多年前的设计阶段就已经考虑到了。

太仓工厂是宝洁在亚洲最大的生产基地和物流基地之一。这家工厂主要生产洗发液、洗衣液等，包括海飞丝、飘柔、潘婷等品牌产品。自2012年工厂投产以来，总投资近15亿元。

这家工厂是宝洁在可持续发展方面最先锋的一家工厂。它是江苏省及日化行业内第一个100%使用可再生能源的工厂，也是宝洁中国第一个实现零填埋的工厂。在2019年世界经济论坛（WEF）评选中，它获得了"灯塔工厂"称号。

这里的行政楼和厂房的设计获得了LEED认证。LEED认证即绿色建筑认证，由美国绿色建筑委员会（USGBC）主持，是全球范围内被广泛应用的绿色建筑认证体系，已经被应用在全球185个国家及地区、超11万个商业项目上。

中国已经是美国以外LEED认证最大的市场。美国绿色建筑委员会数据显示，截至2023年5月底，中国获得LEED认证的项目总数超6000个，总认证面积已近1.6亿平方米。

日化行业内，不少外资巨头的办公室和园区都获得了LEED认证，比如欧莱雅在上海静华大厦和越洋广场办公室的所有设计、欧莱雅中国研发中心、雅诗兰黛中国创新研发中心、联合利华中国合肥物流园，等等。

在宝洁的太仓工厂，除了办公区域的节能设计，更让人印象深刻的还有两点：一是熄灯车间，二是花园式厂区。

在通过自然照明保持明亮的行政楼背后，有一个几乎全黑的"熄灯车间"。这个车间生产的是织物护理产品，车间里空无一人，只有一些阀门和仪表指示灯发出绿色的光，表示一切处于正常状态。这是宝洁在亚洲建立的第一个熄灯运营系统，通过自动化和大数据，车间实现了从生产到质量管理的一系列运作。

随着数字化技术的发展和可持续理念的深化，中国各行各业的"熄灯车间"不断涌现。日化行业内，联合利华合肥工业园内，就建成了一个熄灯的灌装包装车间。此外，联合利华太仓食品生产基地、天津食品工厂、位于海南的华熙生物科技产业园、强生的苏州医疗产业园也能够实现"黑灯生产"。

"所谓熄灯车间，熄灯不是目标，它的核心是无人车间、数字车间，生产的灵活性和生产效率很高，工厂在这方面的投入很大。"谭慧明说。

在太仓工厂，除了传统厂房，更多的土地用来建造湿地、花园和小桥流水的景观。厂区种植了梨、桃、无花果、桂花、合欢等多种花果树木，并且不定期向员工和消费者开放植物认领。

"可持续发展不仅是减碳，而且要考虑到员工和自然的和谐相处。"谭慧明介绍。这里的工人午休时常常到园区的花园里散步，在开满了花的凉亭里休息，也有员工特意在这个红色的小桥上拍摄婚纱照。

"工厂建在苏州太仓，是因为12年前设计师被苏州园林的美感打动，从中获得了灵感，设计了这个花园工厂。这在行业里是少有的。"谭慧明说。

周宇鸣也表示："这块土地一年365天的日照、风向、雨向都在设计理念中，人和工业生产、大自然要融为一体，而不是向大自然索取。"

这些设计也打动了员工。谭慧明说："宝洁每年都有员工调查，大家对可持续发展的认知很高。我们鼓励大家成为'大侦碳'，留心观察、发现工作和生活中有没有机会消除浪费。"很多人误以为可持续发展就是要投入更多钱，但以上这些措施实际上也能提高能效。不过，这些工作目前没有财务指标去衡量。

在人员配备上，太仓工厂有专人负责可持续发展工作，工厂的每个品类都有可持续发展工作的负责人，整个团队一共有六人。谭慧明作为工厂总经理，有25%左右的精力放在可持续发展工作上。

他介绍，这家工厂的减碳工作比"双碳"政策早了十多年——2010年建厂时，宝洁就得到了江苏各级政府的支持，协调采购了十年绿电。所以这个工厂从2012年投产时起，就100%采用风力绿电。2021年，工厂采用的磁悬浮冷冻机比传统空调系统提高了15%的能效；2022年年底，厂区的货车全部换成新能源车。目前，园区里正在安装光伏面板。

按计划，再经过18个月左右的时间，它将成为一家净零碳工厂。

除了生产，这个先锋工厂还承担了许多参观考察的职责。"我们也希望通过宣传交流，影响上下游企业。"谭慧明说，"'双碳'不只是单个企业的努力，还是整个生态系统的目标。目前各大企业对'双碳'工作的投入很大。就算同行过来考察，我也不认为这是竞争行为，而是大家想一起做好（减碳）这件事。"

二、可持续绿色供应链网络

2019年，中国化工生产部门产生的碳排放量约5.88亿吨，约占工业领域总排放的16.7%，占全国碳排放的6%。《日化行业推动可持续消费行动指南》提出，在环境污染方面，日化行业并不属于强相关行业，但也存在高度依赖自然资源、包装废弃物循环利用体系不完善、供应链管理难度大等问题。

产品出厂之后，运送到消费者手中，其间的物流环节就存在许多减碳的空间。

周宇鸣表示，日化行业的物流碳排放颇高，因为日化产品在电商渠道的销售比例越来越高。电商配送虽然大幅提高了消费者购买的便捷性，但是过度包装导致相当多不环保的情况发生。比如日化产品出厂时有一个纸盒包装，到了菜鸟裹裹等物流平台，标准动作是把出厂包装拆掉，再重新套上统一的纸盒，这就造成了不必要的浪费。

宝洁定下目标，到2030年实现包装100%可回收或再利用，80%的电商业务（从工厂到消费者端）无须二次包装。同时，宝洁会将包装中的原生石油基塑料使用量减少50%，增加可回收材料的使用，减少原生化石原料的使用。

为了减少二次包装，宝洁一方面要与菜鸟裹裹这样的平台方合作协同，另一方面也将积极采取从工厂到终端的直发模式。2020年，宝洁重构物流网络，提升长途运输的效率，去节点、去中介。全新的物流网络将宝洁与客户的距离缩短了35%，每年二氧化碳排放量减少约1700吨，相当于植树近9万棵。

今年的"618"购物节，周宇鸣在广州的家里下了一单，买了宝洁的洗护发产品，当天就收到了快递包裹，而且是从宝洁的工厂里直接发到自己手里的。"作为一个普通的消费者，我感到收货体验很好。作为宝洁的一员，我为我们可以出色地完成这样大量的信息中枢调度而感到自豪。"他说。

目前，宝洁采用联合运输方式，调整运输结构，减少公路货运量，增加铁路货运量，2020年减少了800吨的二氧化碳排放，相当于减少了1200辆从广州开往武汉（大约1000公里）的货车的行驶。

除了改变运输路线和方式，在包装本身，宝洁也采用了新的办法。

2021年，宝洁自主研发了新型绿色电商包装——空气胶囊。它100%采用单一可回收材料PE聚乙烯制成，一体化封口及撕拉线结构设计使其无须填充、无须套纸箱、无须胶带，核心技术就是填充空气来缓冲快递运输中的撞击，替代了传统纸箱加填充保护的组合。缓冲性能增强的同时，重量也轻了40%，还能有效防止雨水或液体渗漏对包裹造成的损坏。消费者拆空气胶囊时，只需沿着撕拉线一撕即开，无需工具，包装待空气自动释放后可以卷起做回收处理。

谈到这个项目，周宇鸣再次表达自豪之感："空气胶囊是宝洁的两个年轻员工自己折腾出来的。他们对可持续发展工作非常感兴趣，自发研究了这个东西。这个设计并不是公司管理层推动的。后来公司看这个项目做得有模有样，就专门给了他们一个实验室。"

为推动"空气胶囊"回收再利用，宝洁邀请各地回收企业参与共建回收再利用网络，促进单一材质可回收塑料包装在日常生活中正确地回收、分类、投放和再利用。

整体而言，宝洁的供应链和物流涵盖了从原材料到零售的各个环节，碳排放量约为宝洁自身运营碳排放量的10倍。为此，宝洁设定了到2030年将整个供应链的碳排放量减少40%的目标。此外，宝洁还计划到2030年将出口成品的运输效率提高50%。

在宝洁的碳足迹中，有83.3%来自消费环节。因此，下游使用环节的减排是一项重要工作。

在产品上，宝洁通过升级配方、改善产品包装等方式来减少碳排放。近年来，包括宝洁在内的日化企业纷纷推出免洗护发素，这不仅是为了消费者的便利，也有节能减排的考虑。比如，宝洁旗下的飘柔免洗护发素可以使消费者减少每次冲洗护发素的用水。

洗涤品牌汰渍正与硅谷初创企业Twelve携手合作，探索碳捕捉技术，将从二氧化碳中提取的成分纳入汰渍系列产品的生产过程中。Twelve的技术可以通过水和可再生能源，将捕捉的二氧化碳排放物转化为化学品，从而为取代化石原料开辟了一条新路。

宝洁旗下的日常清洗剂品牌EC30包含洗衣剂、洗发香波、沐浴露等产品，不添加水、填料和液体稳定剂，由机织纤维组成，无须使用塑料瓶，较传统清洁剂而言，在生产和运输环节减排50%。

在包装材料上，宝洁旗下的海飞丝、潘婷、碧浪、汰渍、帮宝适等品牌正在进行可再生材料、生物基材料和可回收碳材料领域的创新。比如帮宝适的电商直发包装收缩膜使用回收再生材料（PCR）替代100%原生PE收缩膜，并开发出性价比高，且性能符合要求的PCR热收缩膜。

欧乐B电动牙刷包装用绿色可持续的纸质内衬材料代替塑料EPS，不但降低了成本，而且设计出可以应用于多款产品的模块化纸托，提升了组合的灵活性。

洗涤产品碳足迹中最大的一部分来自冲洗时使用热水产生的能耗，宝洁利用创新技术和对消费者的节能教育来减少碳足迹。汰渍和碧浪一直在改进洗涤配方，提高低温洗涤效率，已将碳排放量减少了约1500万吨。

宝洁倡导的冷水洗涤预计到2030年将使碳排放量再减少3000万吨，这个数量已超过宝洁每年全球业务产生的碳排放量的10倍。

一杯伊利零碳牛奶的诞生：
从改善奶牛肠道开始[①]

当苗条主义者还在追捧"零糖零脂"的时候，环保主义者已经在追求"零碳"了。继零碳出行、零碳时尚、零碳婚礼等新概念出现之后，零碳食品也成了消费者和品牌方竞相探索的对象。

2022年，伊利在业界首次推出了零碳牛奶、零碳冰激凌等五款产品，价格比同类产品略贵。每一款产品的包装上都标注了对"碳中和"的贡献，例如伊利零碳牛奶——金典A2β-酪蛋白有机纯牛奶的包装上显示：每一提产品中和了约7.7千克碳排放量，相当于一棵树一年的碳吸收值。此后，雀巢也在中国市场推出了"零碳奶粉"，并表示每罐奶粉可以抵消14.2千克碳排放。

除伊利和雀巢之外，目前还没有其他乳企推出零碳产品，不过伊利的零碳牛奶也尚未公开各个环节的碳足迹抵消细节，消费者只能通过伊利整体的减碳改造推想零碳牛奶的生产过程。

---

① 本文作者为《财经》杂志记者辛晓彤。

消费者在好奇的同时也不免有些疑问——中和碳排放量是如何做到的？零碳牛奶是如何生产的？是真环保还是商业噱头？

需要说明的是，所谓"零碳"，并不是在生产过程中不排放二氧化碳，而是通过各种手段将碳排放降到最低，剩下的那些不可避免的碳排放则用其他方式抵消，例如自然植被种植或其他固碳项目。

一杯牛奶要做到零碳，需要经过很长的生产链条，因为乳制品行业横跨一、二、三产业，从饲草种植、奶牛养殖、产品加工到终端销售等各个环节都会涉及碳排放。无论是上游牧场奶源的生产运输、中游工厂的加工制造，还是下游的产品包装、物流、废弃物回收等，都需要用不同手段减碳。

伊利是国内最早踏上低碳之路的乳品企业之一。根据伊利发布的《零碳未来计划》和《零碳未来计划路线图》，这家公司已经在2012年实现碳达峰，并计划于2050年前实现全产业链碳中和。本文就以伊利为例，一探乳品行业碳中和的虚实。

一、建立碳排放管理体系，追踪碳足迹

为了完成碳中和计划，伊利成立了碳中和委员会，对碳中和工作进行统一规划管理，明确工作内容。委员会采用主任/副主任—执行办公室—各事业部及职能部门三级管理模式，委员会主任由董事长潘刚担任。

图3-1为伊利碳中和委员会示意图。

委员会的首要工作是对全产业链的碳排放数据进行核查，对各个环节引起的温室气体排放——"碳足迹"进行计算和评估。依照结果，委员会建立起了量化目标：以降低碳排放量为一级目标，以降低综合能耗，减少水、电、气、汽等的使用量为二、三级目标。

第三章　企业案例

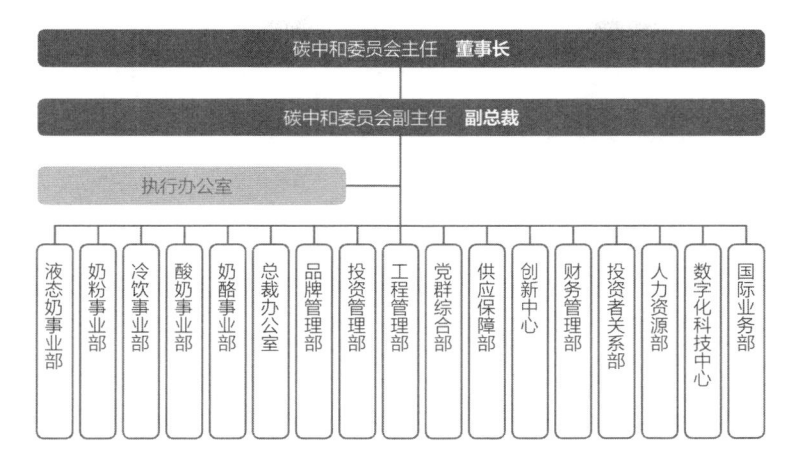

图 3-1　伊利碳中和委员会示意图

资料来源：伊利《2022可持续发展报告》。

围绕既定目标，伊利做了一系列节能降碳改造。2013年开始的工厂锅炉"煤改气"项目每年减排约58万吨二氧化碳当量。此外，伊利还增加了绿电的使用。所谓绿电，即区别于火力发电等对环境冲击影响较大的发电方式，在国内主要以太阳能发电和风能发电为主，二氧化碳排放量趋近于零。2022年，伊利使用绿电77兆瓦时，绿电使用比例达到6.5%。

据伊利《2022可持续发展报告》，2022年，伊利开展各类节能项目1049项，共计节约用电7083万千瓦时，回收沼气98万立方米，节约天然气287万立方米、蒸汽5.5万吨、标煤1.77万吨，减少碳排放6万吨。

除了自我规范，企业更重要的责任是带动行业共同减碳。伊利对供应商开展了碳摸底工作，制定有针对性的减碳目标，对达成目标的供应商匹配激励机制，例如增加合作份额、优先参与新品等，并定期组织培训，引导供应商实现低碳转型。

碳足迹的排查及规范的建立，为企业碳中和目标的达成建立了良好的机制，使得产品可以从源头开始，步步减碳，直到进入市场。

二、上游：绿色牧场，种养一体双线并行

夏日清晨的内蒙古阿鲁科尔沁旗牧场，太阳刚刚升起，装满日粮的车子就已经匆匆往牛棚驶去，给奶牛们送去早餐。牧场负责人介绍，奶牛每天什么时间喂食、一次喂多少，都有详细的计划和引导。

奶牛日粮的主要原料来自周围草原的紫花苜蓿、燕麦，饲料中含有促消化的添加剂，以此来提升饲料的转化率，降低奶牛患消化道疾病的风险，同时减少奶牛对二氧化碳的"制造"。

提起节能减碳，很多人都会想到重工业，但实际上，畜牧业才是碳排放大户。据2014年伊普索莫利调查机构（Ipsos MORI）进行的多国调查的结果：畜牧业在全球温室气体排放总量中的占比接近15%，超过了全球所有汽车、卡车、飞机、火车和船舶的排放总量，也超过了世界最大经济体美国的排放总量。

联合国粮农组织也曾在报告《牲畜的巨大阴影：环境问题与选择》中指出，全球10.5亿头牛排放的二氧化碳占全球温室气体总排放量的18%，是导致全球变暖的最主要元凶之一。食草性反刍动物的肠道发酵会产生大量的甲烷，全球各地的奶牛每年会产生超过1.5亿吨的甲烷，是农业中温室气体的主要排放源。

比尔·盖茨的书《气候经济与人类未来》中提出，假如全球养殖的牛组成一个国家，它们将在所有国家碳排放中名列第三，仅次于美国和中国，比世界上所有使用燃油的交通工具的碳排放总量还高。

因此，通过各种技术降低奶牛日常生活的碳排放，是每一家乳业集团都要解决的问题。

目前全球大型乳企品牌普遍选择种植业和养殖业互相反哺、增产降

碳的模式：在牧场周围种植奶牛饲料植物，一边靠广泛植被固碳，解决草场沙化的问题；一边通过种植的精选饲料帮助奶牛消化、减少奶牛因肠道发酵而产生的甲烷排放来减碳。同时，奶牛排泄的粪污还可以循环利用，成为饲草的天然养料。这种方式被伊利称为"种养一体化"。截至2022年年底，伊利"种养一体化"项目已经覆盖了近300座合作牧场。

阿鲁科尔沁旗牧场选择种植紫花苜蓿和燕麦。截至2022年年底，草原核心区的植被覆盖率已经从2008年的不足10%提高到了95%以上，降雨也明显增多。

类似的情况也发生在山东。青岛绿草源牧场分析当地土壤成分，选择玉米、小麦、旱稻、花生秧作为饲料的种植品种，种植面积从几百亩扩大到2300亩。牧场场长高冠俊表示，牧场自主种植饲料，每千克奶的饲料成本从原来的2.2元降到现在的1.9元；使用牛粪作为有机肥，每年的肥料钱也能节省20多万元，算下来年营收多了100多万元。

伊利也作为全球唯一一家农业食品领域的企业入选《企业碳中和路径图》，这是第一份由联合国机构发布的全面指导企业实现碳中和的报告。

三、中游：零碳工厂，追踪碳足迹针对性减排

上游牧场可以通过扩大草场面积固碳，中游工厂则通过科技化、数字化手段减碳，零碳工厂也应运而生。

零碳工厂是指工厂在生产过程中达到净零排放。源头上，零碳工厂采用清洁能源系统。以伊利第四家零碳工厂——浙江伊利乳业有限公司为例，相关负责人表示：生产用能基本为风能、太阳能等清洁能源。2022年年底，工厂建设完成光伏发电项目，实现电力自发自用，余电上网。

零碳工厂需要更高的生产效率和能源利用率，减少能源消耗和资源

浪费，因此，"自动化程度高"是零碳工厂的主要特点。浙江伊利乳业的负责人表示，工厂通过科技化、数字化手段提升设备运转效率，降低能源消耗率。

第五家零碳工厂——长春伊利冷冻食品有限责任公司通过一系列节能项目减排。工厂从2014年起开始碳盘查，通过强化能源管理、淘汰高耗能设备、调整产品结构和开展节能技术改造等工作，减排温室气体。

例如热泵系统项目通过回收制冷废热，减少工厂天然气使用，可以每年减少碳排放782.41吨；开展车间闪蒸蒸汽[①]回收改造项目，对闪蒸蒸汽热量进行回收，每年减少碳排放267.98吨。工厂全年共计减少碳排放1050.39吨，相当于种植了5.67万棵树。

除了五家零碳工厂，截至2022年年底，伊利共有31家分公司、子公司获得国家级绿色工厂认证。《绿色工厂评价通则》的相关标准显示：绿色工厂是实现了用地集约化、原料无害化、生产洁净化、废物资源化、能源低碳化的工厂。从国家工信部公布的2022年度绿色制造名单来看，全国共有874家绿色工厂，伊利占了3.5%。

2022年4月，伊利和43家全球战略合作伙伴组成行业首个"零碳联盟"。伊利集团副总裁张轶鹏表示："乳业是国际化程度较高的行业，加速绿色低碳进程离不开全球合作。"

四、下游：产品全链减碳，引领绿色消费

上游和中游承载着产品从无到有的过程，下游则是面向市场、走近消费者的关键一步。在这个环节中，运输、包装、废料回收产生的碳排

[①] 当一定压力下的热凝结水或锅炉水被降压，部分水会二次蒸发，所得到的蒸汽即为闪蒸蒸汽。

放，同样需要被削减。

在物流减碳领域，运输工具和运输线路是主要考虑的对象。运输工具的减碳包括提高"国五"车和铁路运输的比重——2022年伊利减少4900台车辆的使用；运输线路减碳则是尽量缩短路程——伊利优化了物流网络，减少运输总里程172万公里。

此外还有一些细节的改进，例如优化工作流程，降低车辆的等待时间，减少汽车原地发动带来的碳排放等。再就是伊利全程采用无纸化操作，减少纸张带来的能耗。

在产品包装方面，伊利启用了可回收、可降解的环保材料，同时研发新材料，替代传统的碳排放量高的PVC材质。2021年，伊利在金典产品中推出了国内首款甘蔗瓶盖产品。甘蔗在成长的过程中可吸收二氧化碳，同时可通过现有的回收系统再次利用。2023年1月，金典0铝箔无菌砖包装上市。这种包装复合结构采用的原材料趋向于单一材质化，更易于材质的分离与回收，提高了包装的循环利用率。

以2019年为基准，2022年伊利在包装材料上节约用纸和塑料分别是1.4万多吨和4000多吨，其中包装箱100%来自回收的废纸浆。

在废弃物管理方面，伊利加强了对各类废弃物的分类管理，对危险废弃物、一般固体废弃物、污泥等的处置、贮存、转移建立台账、跟踪并实时记录。2022年，伊利共产生一般固体废物8.29万吨，较去年同期减少3万吨；通过污泥减量化项目，年度减少污泥2.1万吨；推动27套污水处理系统完成生物膜法转换，其中25套系统实现污泥零化运行，节约收益达645万元。

总体来说，上、中、下游哪个环节做得不到位，都会影响零碳牛奶的诞生。即使目前来看颇为"极致"的产品，在未来"碳中和"的世界中，或许只是作为一种"标准品"而存在。

洋河领跑白酒行业碳中和[①]

传统白酒的生产以作坊为生产主体，原料使用谷物等自然物质，发酵利用自然界微生物，蒸粮蒸酒使用生物质燃料，产生的少量废弃物均无害、可还田，本是绿色有机、天人合一的典范。

进入大工业时代后，白酒公司体量大规模膨胀，大量谷物原料依靠化肥农药支撑的现代农业提供，蒸粮蒸酒依靠化石能源提供蒸汽，原料成品运输依靠化石能源驱动的火车汽车……总之，工业化酿酒的一切已面目全非。

从全国大规模调集原料、粉碎、蒸粮、糊化，到酒醅蒸馏提纯，再到灌装、包装，随后成品在全国，甚至全球运输，白酒生产流通的每一个环节都需要消耗大量能源，产生数量不等的碳排放。

另外，白酒工业产生的大量气味冲鼻的酒糟、黄水、高浓度锅底水，如在某一区域密集处置、排放，也令环境不堪重负。

经过大规模环保整治和清洁生产的推广，截至目前，中国大规模

[①] 本文作者为《财经》杂志研究员李廷祯。

的白酒企业已极少出现环境违法案件。但更棘手的"双碳"挑战却接踵而至。

2021年4月,《中国酒业"十四五"发展指导意见》明确提出,酒业要向绿色生态发展全面转型,首次将"零碳产区""零碳工厂"作为建设目标。

2022年,中国酒业协会完成了白酒、啤酒绿色工厂的行业标准制定工作,并启动了零碳示范产区、零碳示范工厂的团体标准制定;2023年,开展了白酒企业温室气体核算方法及报告标准的研究工作。

部分先进酒企,如白酒产能、储能规模全国第一的江苏洋河酒厂股份有限公司(以下简称"洋河股份")已经先行一步,在"双碳"领域领跑行业。

一、率先搞清碳家底

在2021年的《环境、社会和公司治理报告》(以下简称《ESG报告》)中,洋河股份公布了范围1和范围2的温室气体排放量,总和为38.2521万吨二氧化碳当量。2022年10月,洋河股份邀请中国节能环保集团有限公司全面盘查洋河股份的温室气体排放情况。在2022年的《ESG报告》中,洋河股份将2021年度温室气体排放总量调整为47.3772万吨二氧化碳当量;2022年,这一数值为50.7758万吨二氧化碳当量,见表3-6。

表3-6 洋河股份2021—2022年温室气体排放变化

项目	2021年(调整前)	2021年(调整后)	2022年
温室气体排放总量(万吨二氧化碳当量)	38.2521	47.3772	50.7758
单位营收温室气体排放强度(吨二氧化碳当量/万元)	0.15	0.19	0.17

资料来源:洋河股份2022年《ESG报告》

2022年，洋河股份共生产19.76万吨成品白酒。按原酒成品酒1∶1.5的勾调比例，约合原酒13万吨。在原酒生产中，二氧化碳的最大排放来源有两方面：一是来自蒸煮、蒸馏工序的化石能源燃烧；二是来自范围1的"过程排放"——酒精发酵时二氧化碳的理论产率，是酒精理论产率的95.6%。

根据江苏省2015年发布的单位产品能耗限额，浓香型白酒企业每千升原酒的综合能耗不能超过1.345吨标煤。表3-7为我国部分省份白酒能耗限额。

表3-7 部分省份白酒能耗限额（≤吨标煤/千升65vol原酒）

省份	清香型	浓香型	酱香型	芝麻等其他香型
江苏	—	1.345	—	1.545
四川	—	2.05	2.10	—
山东	1.20	1.30	1.80	—
湖南	—	1.25	1.80	1.50

资料来源：全国标准信息公共服务公共平台

在白酒行业的头部企业之中，除了洋河股份，五粮液也在2022年的《ESG报告》中发布了温室气体排放情况。经核查，五粮液范围1的温室气体排放量为38.11万吨二氧化碳当量，范围2的温室气体排放量为10.30万吨二氧化碳当量，范围3上游原料运输间接产生的温室气体排放量为1.35万吨二氧化碳当量，范围1、范围2的温室气体排放量合计为48.41万吨二氧化碳当量，低于洋河股份。

但从温室气体排放强度来看，洋河股份的指标则优于五粮液，见表3-8。

表 3-8　2022 年洋河股份、五粮液碳排放强度对比

项目	洋河股份	五粮液
成品白酒生产量（吨）	197591	129328
范围1、范围2温室气体排放总量（万吨二氧化碳当量）	50.78	48.41
温室气体排放强度	2.56	3.74

资料来源：五粮液2022年年报、五粮液2022年《ESG报告》、洋河股份2022年年报、洋河股份2022年《ESG报告》

二、碳达峰目标下的营收翻番

目前，洋河股份已完成《洋河股份温室气体盘查报告》《洋河股份低碳工厂实施方案》《洋河股份白酒碳足迹核算报告》《洋河股份零碳产品与绿色供应链发展研究报告》等报告的编制工作。

针对"双碳"，洋河股份提出了"1+2+3+4"发展战略。"1"是打造国内一流的零碳白酒生产企业；"2"是对内建造绿色低碳白酒工厂，对外打造绿色零碳供应体系；"3"是秉持"排放底数清楚、降碳路径清楚、供应链信息清楚"三大总要求；"4"是践行"能源低碳化、生产循环化、酿造智慧化、链条绿色化"四大发展路径。

中国的白酒产量自 2016 年达到 1358 万吨后就开始快速下跌，2022 年已经萎缩至 671 万吨。而洋河股份的成品酒年产量，从 2015 年开始一直在 20 万吨的量级徘徊，其间仅在 2019 年、2020 年因渠道调整发生过产量缩减，2015—2022 年洋河股份和中国白酒产量变化见表 3-9。

表 3-9　2015—2022 年洋河股份和中国白酒产量变化

年份	中国白酒产量（万吨）	洋河股份成品酒产量（万吨）	洋河产量占比（%）
2015	1313	21.51	1.64%
2016	1358	20.45	1.51%
2017	1198	22.01	1.84%
2018	871	21.16	2.43%

（续表）

年份	中国白酒产量（万吨）	洋河股份成品酒产量（万吨）	洋河产量占比（%）
2019	786	17.93	2.28%
2020	746	16.15	2.16%
2021	716	20.43	2.85%
2022	671	19.76	2.94%

资料来源：中国酒业协会公开数据，洋河股份历年年报

洋河股份拥有酿造规模世界第一的固态酒发酵基地，1000多个酿酒班组，7万多个名优酒窖池，原酒产能16万吨，成品酒设计产能30余万吨，储酒能力100万吨。目前，洋河股份的白酒年生产量、年销售量及基酒存量均是行业之冠。

受制于白酒销售总量的见顶，洋河股份的生产量也已基本见顶，这意味着洋河股份的能耗及温室气体排放值已基本达峰。

碳达峰是好事，但若其背后是发展停滞，那便得不偿失。洋河股份并非如此。

表3-10是2015—2022年洋河股份成品白酒吨酒售价的变化情况。从中可以看出，八年间洋河股份成品白酒的吨酒售价从7.68万元提升至15.41万元，实现翻番。而这又得益于其产品的结构升级。

表3-10　2015—2022年洋河股份成品白酒吨酒售价变化

年份/科目	营收（亿元）	白酒生产量（万吨）	销售量（万吨）	吨售价（万元）
2015	160.52	21.51	20.91	7.68
2016	171.83	20.45	19.82	8.67
2017	199.18	22.01	21.60	9.22
2018	241.60	21.16	21.41	11.28
2019	231.26	17.93	18.60	12.43

（续表）

年份/科目	营收（亿元）	白酒生产量（万吨）	销售量（万吨）	吨售价（万元）
2020	211.01	16.15	15.58	13.54
2021	253.50	20.43	18.40	13.78
2022	301.05	19.76	19.53	15.41
八年合计	1769.95	159.40	155.85	—

注：本表系作者根据洋河股份历年年报整理和计算

驱动洋河股份产品结构升级的主因，是成品酒中优质基酒比例的提高、白酒存放年份的增长、勾调水平的提升，以及销售费用的投入。而这一切，基本不增加能耗和温室气体排放量。

三、能源使用的绿色化、智能化

白酒行业是一个高毛利和强大现金流的特殊行业，白酒头部公司的节能减排水平一直是各行各业的佼佼者。洋河股份早就获得了"国家级绿色工厂"的称号。

2007年，原国家环境保护总局（现生态环境部）发布了《清洁生产标准 白酒制造业》（HJ/T 402—2007），该标准成为白酒企业的"环保宪法"。其在资源能源利用指标（如原辅材料的使用原则、电耗、取水量、综合能耗等）、污染物指标［如废水产生量、化学需氧量（COD）和生化需氧量（BOD）、固态酒糟产生量］、废物回收利用指标（如废水、酒糟的资源化处理方式）等多个方面，为白酒公司规划了清洁生产的方向。

洋河股份则在此基础上走得更远。在全国生态环境信息平台上，有一篇题为《江苏洋河酒厂：生态立企，绿色酿造》的文章，详细介绍了洋河股份的做法。

洋河股份在厂区持续不断地、大规模建设光伏发电项目。早在2012年，洋河就投资近6000万元，在面积3.4万平方米的屋顶建设了光伏项目，年均可发电175万千瓦时。

2019年9月，洋河股份双沟酒厂屋顶分布式光伏发电项目成功并网发电，年发电量500万千瓦时，占双沟酒业总用电量的31.25%。

2022年5月19日，"国家能源集团江苏公司宿迁电厂洋河酒厂6MWp[①]光伏项目EPC工程"项目招标公告发布，项目利用洋河股份3万吨陶坛库及酿酒车间屋顶建设光伏电站，拟安装545Wp太阳能光伏组件，总装机容量6MWp，自发自用，余电上网。

2022年9月，洋河股份泗阳分公司2.78兆瓦屋顶分布式光伏项目发布环评报告，称该项目利用泗阳分公司厂房屋顶面积3.39万平方米，本期项目规划的峰值功率为2.78兆瓦，年均发电量约为303.7万千瓦时，自发自用，余电上网。

2023年4月28日，"洋河股份总部大楼太阳能热水及光伏发电设备及相关服务"采购项目，发布了中标候选人名单。

目前，洋河、双沟、泗阳等酿酒生产基地均已建成屋顶光伏发电项目，并还在见缝插针地不断增加装机容量，装机容量已经超过33兆瓦。2022年，洋河股份共使用光伏发电2514.29万千瓦时，占到公司用电总量的28.17%，可减排二氧化碳2.2万吨。

洋河股份2010年A股挂牌上市后，连续数年大规模投资基建。洋河早年完成的窖池、厂房、酒储等固定资产日益成为巨大的"浓香护城河"。而且，这部分资产使得洋河股份近年投资的屋顶光伏项目没有任

---

① MWp为太阳能电池的峰值功率，即兆瓦峰值，常用于描述大型光伏发电站的装机容量。下文中的Wp为瓦特峰值。

何征地拆迁成本，发电、酿酒两不误，盈利水平大幅提升。

白酒制造过程中的蒸粮蒸酒需要消耗大量蒸汽。但从 2017 年开始，洋河股份官网上再也找不到集中采购煤炭的招标公告。当年洋河股份主动关停了两台 35 吨燃煤锅炉，开始将接入国家能源集团宿迁电厂的管道蒸汽用于生产和集中供热。

火电企业热电联产，可做到高品质热能用于发电，中品质热能用于工业生产，低品质热能用于供暖，热能梯次利用，热效率可以提高到 80%。洋河股份此举，可年减排二氧化碳 5.5 万吨、二氧化硫 40.7 吨、氮氧化物 44 吨。

另外，洋河股份还投资 2000 多万元建设了沼气锅炉系统。这套系统可对污水处理厌氧环节产生的沼气全部收集，然后进入沼气锅炉燃烧产生蒸汽，蒸汽再回用于酿酒生产和污水加热。这套系统全年蒸汽产量为 24 万吨，可减排二氧化碳 6.3 万吨。

在白酒行业，洋河股份是较早采用"智能化能源管理系统"的公司。这种智慧能源管理系统可实现远程操作、无人值守、实时监控、平衡供能、节能降耗、管理升级六大效果，并可利用此系统加大实施能源定额考核力度，年产生效益 1574 万元。

在上述各种措施下，洋河股份近年的公司吨酒耗能等数据持续下降。"人人争做低碳达人"的公司文化也在洋河股份 2 万余名员工中推广开来。

洋河股份党委书记、董事长张联东在多个公共场合表示，要全力推动洋河股份生产方式向绿色、节能、低碳、循环等方向转型升级。

除了自身减碳，洋河低碳管理的触角正在伸向范围 3，即公司价值链上的温室气体排放。

目前，洋河股份已建成酿酒原粮生产基地，全面实施"公司＋基地"

双重管理模式,从酿酒源头粮食及育种上把控绿色食品品质。公司正与江苏农垦等公司合作,在洪泽湖湿地生态圈建立原粮基地,定向种植小麦、高粱、大米、糯米等粮食。数字赋能下,洋河正在逐步建立供应商碳排放信息数据库,构建绿色低碳产业链。

同时,洋河股份也在将其管理供应链的绿色经验在行业内进行推广复制。在中国酒业协会的牵头下,洋河股份正积极参与《白酒企业绿色供应链管理评价标准》团体标准的立项和制定。

四、"天人合一、向善向美"

目前常见的企业减碳方式,主要有企业内部使用节能设施、优化和改善生产制造环节、内部资源回收再利用、使用清洁能源、植树造林等,这些都需要扎实的资金投入。如果上述手段都无法达到"双碳"目标,企业还可以通过碳交易来实现碳中和。

2021年年初,洋河股份董事长张联东开启了洋河二次创业的新征程。洋河股份明确提出了"双名酒、多品牌"的发展战略,明确"洋河、双沟、贵酒是公司三大核心增长极",欲打造"精彩洋河,多彩双沟,光彩贵酒"。

"2023中国品牌价值评价信息"显示,洋河股份品牌价值再创新高,以品牌价值773.17亿元荣登轻工领域第三、白酒行业第二;同时,双沟酒业以201.39亿元品牌价值,名列轻工领域第九。

2023年7月15日,在"2023品牌强国论坛暨中国品牌500强发布会"上,洋河股份的品牌价值被评估为1530.26亿元,整体排名第49位。

唯有业绩优秀,才有实力投入更多成本,用于ESG体系的完善,用于节能减排降碳。多年来,洋河股份一直是中国资本市场的优等生,其 2015—2023 年一季度业绩见表 3-11。这些都是洋河股份在行业"双碳"赛道领跑的底气。

表 3-11　洋河股份 2015—2023 年业绩一览表

年份	营收（亿元）	扣非净利（亿元）	经营现金流净额（亿元）	销售毛利率（%）	扣非净资产收益率（%）
2015	160.52	49.16	58.36	61.91	21.43
2016	171.83	54.07	74.05	63.90	20.75
2017	199.18	61.36	68.83	66.46	20.79
2018	241.60	73.69	90.57	73.70	21.90
2019	231.26	65.56	67.98	71.55	17.96
2020	211.01	56.52	39.79	72.27	14.69
2021	253.50	73.73	153.18	75.32	17.35
2022	301.05	92.77	36.48	74.60	19.54
2023	331.26	98.43	61.30	75.25	20.72
合计	2101.21	625.29	650.54		

注：本表系作者根据洋河股份历年年报整理和计算

张联东董事长在洋河产品欧洲推介会上称，洋河股份的生产观是"天地同酿"、生态观是"天人共生"、生命观是"天人合一"、价值观是"向善向美"。

顺丰：快递龙头的低碳坚持[①]

吕熙君在物流行业工作18年了，但"气候友好型快递""减排""低碳"这些词语，他直到2020年才开始了解。

当时，他被任命为顺丰绿色低碳项目组负责人，带领从各业务部门抽调的30余人组成的团队，制定低碳转型路径，推动顺丰在收、转、运、派等全流程实现减排。

经过近三年的实践，2023年6月28日，在深圳接受《财经》记者采访时，吕熙君已经对碳排放的来源、计算标准、减排方案等如数家珍。

他还记得十年前，不少物流园区采用光伏、风电等低碳技术，目的只是省电、省钱。而十年后在顺丰，低碳被提升至战略高度，集团愿意用经营收入予以支持。

2020年，中国提出"3060"目标（二氧化碳排放力争2030年前达到峰值，力争2060年前实现碳中和）后，顺丰开始筹建项目组，系

---

① 本文记者为《财经》杂志记者郑可书。

统推进低碳工作，并于 2021 年 6 月发布《碳目标白皮书》（以下简称"白皮书"），将减碳目标融入企业发展与转型的战略规划之中，希望能在新的潮流中抢占先机。

吕熙君同时从事顺丰集团的战略工作。"绿色低碳包含了业务、运营、数据，也包含了客户关系与社会责任，所以它肯定属于集团战略层面。"他解释道。

低碳并不是"立竿见影"的速成事业。到目前为止，顺丰的低碳工作还需要用经营收入支持。有客户因为绿色产业链建设需要投入的成本更高，不理解顺丰的工作，转而选择其他合作方，但吕熙君说，顺丰会持续投入。这家成立于 1993 年的老牌物流公司相信，低碳是行业未来的趋势，终有一天会助力公司的经营发展。正如顺丰董事长王卫在《2022 顺丰控股可持续发展报告》的致辞中提到的，"社会价值的持续创造，将反哺企业价值和业务发展"。

管理学家迈克尔·波特曾经提出，企业有三种竞争战略：成本领先战略（即低价）、产品差异化战略、集中战略（即专注）。顺丰此前面临通达系、极兔等后来者的低价挑战，而低碳战略的推行，或许能带来差异化的机会。

一、一件快递的低碳之旅

图 3-2 是一个灰色的快递箱，采用更易回收的单一化材料 PP 蜂

图 3-2 顺丰可循环使用快递箱

窝板材制成，易清理、抗破损。箱体为自锁底折叠结构，封箱用魔术贴粘合，不再使用胶纸、拉链等易耗品，可以循环使用几十次。

2021年，顺丰包装研发创新负责人路鹏第一次看到了循环箱的最终版样品。箱子采用无墨印刷等多项环保技术，单一材质的比例超95%，更容易被回收再生。他们将它取名为"丰多宝 π-Box"，"π"代表无限、闭环。

路鹏自包装工程专业毕业，曾经在日企工作，2014年加入顺丰。当时，包装团队刚成立一年，只有一两位员工；十年过去，他们的部门已更名为"顺丰科技可持续包装解决方案中心（SPS）"，向内外部客户提供可持续包装解决方案服务。

快递包装看似简单，实际上全是细节。位于深圳的SPS实验室内有几台大型仪器，分别用于模拟不同温湿度、斜面、振动、跌落、挤压等物流情境，以测试新型包装的可靠性。仪器一旁恒温、恒湿的实验室里，有团队成员在试验快递箱体可承受的压力、包装袋的可延展性，甚至是封箱胶带的黏性。

"丰多宝 π-Box"同样经历了多次试验，从开始研发到投入试点，迭代了几十个版本。重量、成本、环保、制造工艺、清洗难度等都是团队要考虑的问题。这款快递箱于2021年投入使用，截至2022年年底，其累计投放量达到125.8万个，实现1798万次的循环使用，减少碳排放约5219吨。

路鹏介绍，SPS在研发绿色包装时，除了技术也会从商业化角度考虑，计算投入产出比。由于运营管理难度大、企业一次性投入的成本高、用户自觉归还回收的习惯尚未形成，"丰多宝 π-Box"目前的成本仍高于普通一次性纸箱。他希望未来能有更多的企业、用户加入低碳行动，推动形成规模化效应，进而降低成本。"只有经济可持续的环保，才是真正的环保。"

2018 年，SPS 启动"丰景计划"，遵循通行的"4R1D"原则，即减量（Reduce）、重复使用（Reuse）、循环再生（Recycle）、能量回收（Recover）、可降解（Degradable），优化快递网络的纸箱、胶袋、文件封、填充物等传统包装。"丰多宝 π-Box"之外，可降解胶袋"丰小袋"、纸塑包装等绿色包装也在这间实验室诞生，然后流入物流网络末端。

在网络中，顺丰快递员收件时，使用 SPS 建立的"智慧包装服务系统"，在手持终端 App 上输入寄送物品名称，系统即可给出适度包装的最佳方案。之后，"π-Box""丰小袋"们会搭上新能源车辆与应用节能技术的飞机。截至 2022 年，顺丰累计投放新能源车辆超过 2.6 万辆，并引进了相较于传统货机油耗更低的大型货机。

顺着经过优化、截弯取直的运输路线，快递进入绿色产业园进行中转。顺丰改造了至少 24 个园区的水电表，实现用电、用水数据的智能监管。2022 年，顺丰还在杭州、南宁产业园区进行透水混凝土工艺建设，试点开展雨水收集工作，将其循环再利用为绿化用水。义乌、合肥、香港等九个产业园则正在发展光伏发电系统。

当快递到达目的地、用户取走货品后，快递员会把循环箱取回。"丰多宝 π-Box"将由顺丰统一入库维养，在下一次的配送中再次使用。为了更好地回收与管理，每个"丰多宝 π-Box"都拥有唯一的编码，在这场低碳之旅中的使用轨迹会被记录、上传至顺丰搭建的"循环包装管理平台"。顺丰的快递包装回收、再生循环体系如图 3-3 所示。

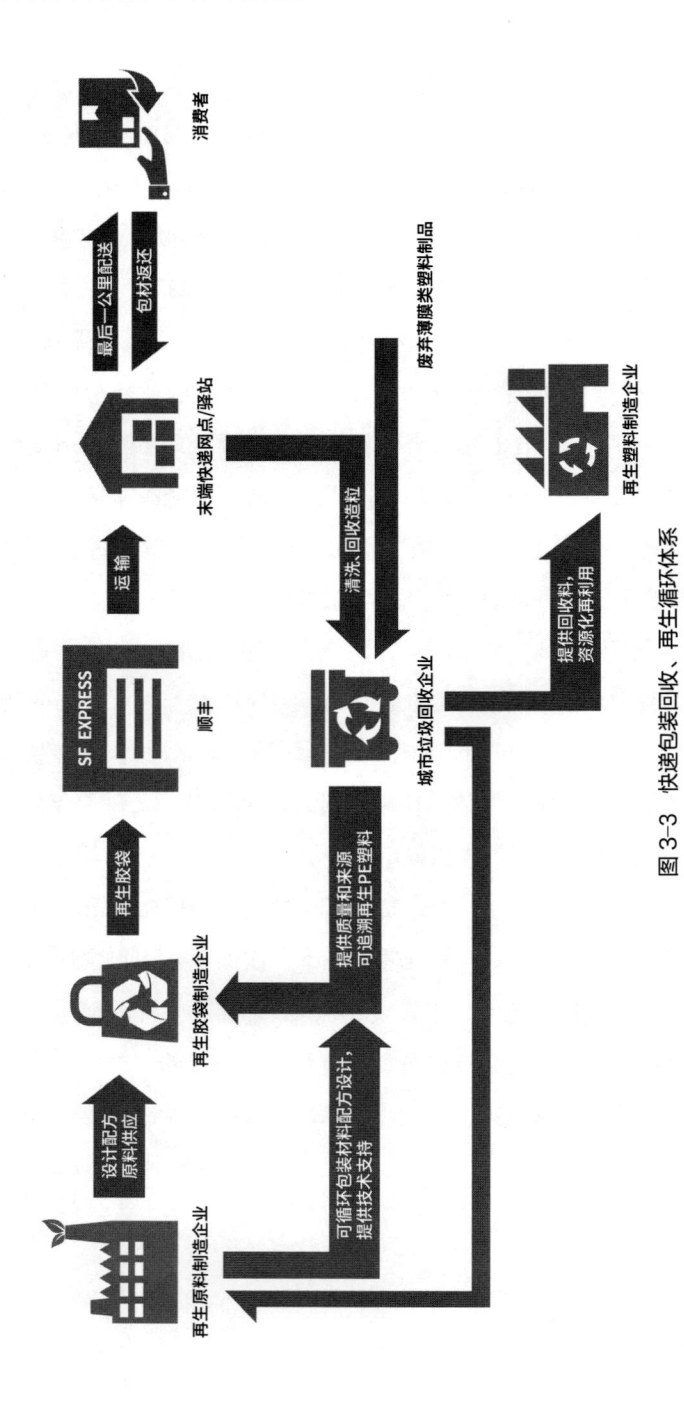

图 3-3　快递包装回收、再生循环体系

资料来源：《2022顺丰控股可持续发展报告》

二、搭建碳数据监测和模拟减碳决策系统

顺丰在白皮书中承诺，到 2030 年，相较于 2021 年，公司自身碳效率提升 55%、每个快递包裹的碳足迹降低 70%。当"绿色"变成一项系统工程，仅仅记录循环箱的轨迹已经不够。快递流转的每个环节及其产生的碳排放量都需要监控。这是摆在吕熙君面前的难题。

他所领导的绿色低碳项目组于 2020 年年底组建，作为集团的一级项目，直接向集团最高层汇报。项目组根据工作需要，抽调各业务部门人员加入。整个团队规模稳定在 36 人左右，成员编制仍属运营、科技等各个业务部门，承担所属部门与项目组的双重 KPI。项目由数字化技术驱动，因此，团队中技术人员占多数，约 20 人。另外，项目组长期与外部智库合作，由后者提供指导，确保方向正确。

顺丰已将绿色低碳提升至集团战略层面。白皮书中显示，顺丰将减碳目标"作为董事会重点关注议题持续跟进，并将年度目标回顾与管理层绩效结合"。

接到任务后，吕熙君和团队的第一步是盘点碳数据。顺丰这类物流企业的碳排放主要来自"三张网"：天网、地网、信息网。"天网"包括飞机、无人机等运输工具的碳排放；"地网"包括物流园区办公用电、货车等陆地运输工具，以及快递包装生产等环节的碳排放；"信息网"则包括数据库散热等过程的碳排放。

"三张网"的构成看似清晰、简单，但统计起来并不容易。项目组首先尝试使用公司已有的 OA 系统，但系统内没有现成的计算模型，数据导出后，需要根据货量、车型构成、线路等细节数据手动计算碳排放情况，效率较低。

吕熙君举了一个例子：同一件快递在不同阶段，会使用不同运输工具，比如快递员取件使用三轮车，转运使用小面包车，长途运输使用卡

车，而不同载具的碳排放量不同，快递在不同载具中所占体积比例及相应的碳排放比例也不同。单个环节的碳排放量不难计算，但当不同环节串联成完整的链条时，公式就变得很复杂。

减碳的过程也是同理。单个环节的减碳逻辑相对清晰：陆地运输，换新能源车即可；航空运输，给飞机添加相关燃料剂或应用无人机即可；园区中转，屋顶加光伏板即可。但要在各环节综合使用此类技术，确保不影响整体的运输效率，并实现减碳的整体目标，并不容易。

因此，建立一个能够科学监测各环节碳数据、进行模拟减碳决策的系统尤为重要。这一领域并不热门，市场上没有现成服务可供采购，项目组只能自己搭建。

2021年9月，经过半年的开发，"丰和可持续发展平台"（以下简称"丰和平台"）上线，可以实时核算碳排放量、监控碳目标达成情况。丰和平台采用的碳数据测算方法，与国际通行标准一致；没有现成标准的部分，顺丰就联合相关机构，进行申报和制定。

借助AI、大数据等技术，丰和平台能模拟决策，对高排放环节进行分析和优化，与顺丰原有OA系统对接，使相关数据回流，为业务部门决策提供指引。2022年，顺丰减少温室气体排放量超155万吨二氧化碳当量，每百万营收排放强度较2021年降低2.1%，单票快件碳足迹较2021年降低4.2%。

三、低碳工作何时能助力经营？

系统只是工具。搭建完成后，低碳目标还需要员工一环环落实。吕熙君调动员工积极性的方法是"以实际结果为导向，而不是空泛地宣讲"。他说，要让大家"自觉自愿"地做这件事。

具体来说，项目组与外部机构、客户交流时，会带上相关的业务同事。比如，项目组会与董事会办公室成员一起参与关于碳金融、碳变现的会议。当董事会办公室同事了解到减少的碳排放能够变现，有利于企业经营，也有利于获取投资人认可时，自然会愿意合作推进减碳工作。

反过来，当客户想交流低碳话题时，项目组也鼓励业务同事带他们一起沟通。当业务组发现与绿色低碳项目组合作有利于业务拓展时，也就愿意参与减碳工作了。

客户也是如此。借助丰和平台的碳排放计算模型，顺丰能够帮助客户了解运输过程中的温室气体排放量，提供定制化低碳供应链解决方案。但方案不能为了绿色牺牲经营与效率，吕熙君举例说，运输环节碳排放量最大的是飞机，要想减排，降低飞机比重是最简单的办法，但若降得过低，又会影响运输效率，因此需要综合考量、规划。

"做绿色工作，要去考虑它能不能帮助企业实现经营上的发展。"吕熙君总结道，"它是易于落地的，而不是喊口号。"

然而目前，绿色产业链的成本总体高于传统供应链。吕熙君透露，有客户因此不理解顺丰的尝试，转而选择其他合作方。顺丰只能进行精准营销，希望通过与行业头部、链主企业的合作，辐射整条供应链。

至今，顺丰已经在3C（计算机类、通信类、消费类电子产品）、服饰、生鲜等多个行业为多家企业提供了绿色解决方案，绝对数量增速很快，但在客户总数中的占比仍然较小。

"到目前为止，我们投入了很多成本，还在通过企业自身的经营收入支持绿色工作。"吕熙君称。

早在2015年，顺丰就尝试推广过一款循环箱，即食品冷链"EPP循环保温箱"。EPP是一种易回收再利用的新型材料，用它制成的箱子，单个成本高达几十元，而且重复使用需要增加入库、清洁、出库等环节，比直接丢弃的一次性泡沫箱麻烦得多，成本也相应增加，因此，普通客户还是愿意选用后者。

丢失率高也是大问题。用户要使用循环箱，需要支付与标准快递纸箱相同的费用；但有用户认为，我付了款，箱子就是我的，因此不愿归还。还有派件时用户不在家，或者不愿意当面拆箱、当面归还，导致快递员派送、回收耗时耗力，还要承担包裹遗失风险，因此，快递员使用体验也不太好。

EPP箱的尝试足以说明，绿色与环保是一个系统，无法仅靠企业完成，需要全社会的共同努力。"比如，循环箱若想多次使用，需要用户主动归还；循环再生，需要垃圾分类、回收体系的完善。"路鹏说。他与吕熙君都提到了政策引导的重要性。

收、转、运、派几个基础环节减碳之外，顺丰还在线下种植碳中和林。参加植树活动时，吕熙君发现也有其他企业植树造林，结果对方拍个照、剪个彩就离开了。那些缺乏管理的树苗都逐渐枯萎。他感慨，减碳工作就像植树，周期很长，而且一旦中断，就会造成巨大影响。减碳工作"需要耐心"。

树木何时能成材，绿色低碳工作何时能助力经营发展？吕熙君对此也没有答案。但他确定，顺丰能够坚持到实现的那一刻。

领跑平台企业碳中和：
阿里巴巴的思考与实践[①]

数字平台，尤其是中国的互联网平台经济及其特有的商业模式，与生产、消费和生活广泛连接，成为中国碳减排的一个独特场景。

但数字平台不分层次、不设限的延展性，也给实践中的碳减排工作带来了诸多难题。比如，平台上所有产品是否均应纳入自身减碳的范畴？边界在哪里？平台责任到底有多大？在实现碳中和目标的初期阶段，应该先鼓励平台企业行动起来，还是要以严格的标尺来鞭策企业？

本文以阿里巴巴碳中和实践为例，介绍阿里巴巴作为一家数字平台企业所采取的行动、对碳排放范围的界定和其对于减碳底层逻辑的思考。

作为中国数字平台企业代表的阿里巴巴，首创"范围3+"概念，承担起了规定减排之外的额度，分别在行业端和消费者端推出"能耗宝"和"88碳账户"，力图让中小微企业以更低的成本实现有效减碳，让消

---

① 本文作者为《财经》杂志研究员郑慧、刘建中。

费者的减碳行动更加可知可感。

数字平台企业挖掘的商业生态减碳潜力，远远大于自身减碳，真正体现了平台企业的社会责任。数字平台企业自身碳排放量较少，然而其带动的上下游减碳却潜力巨大，具有很强的生态属性、行业自发属性和首倡意义，正在成为减碳的重要连接器和放大器。

一些专家认为，在国际上尚无统一边界界定之时，不宜对平台责任界定过严、泛化平台责任，应该聚焦中国国情和特色，结合发展情况，在制定标准的同时鼓励更多企业先跑起来，发挥平台优势，引导更多社会力量加入碳中和事业。

一、中国数字平台企业的碳中和选择

联合国政府间气候变化专门委员会（IPCC）最新发布的评估报告显示，预计在2040年前全球温升幅度可能达到1.5℃，进而导致更严重的极端灾害多发、并发。人类迫切需要能快速、大量减少碳排放且不影响人民基本福祉的方案和行动。

在中国，碳达峰碳中和已经成为国家战略，但还远远没有转化为每一家企业、每一个人的自觉意识和行动。互联网企业因其独特的运营方式，产生的碳排放相对于生产类企业而言明显更低，同时，互联网平台企业密切联系着社会生产、生活，其平台化、数字化、重视科技与商业创新的特征，可以让减碳变得可参与、可衡量、更高效。

当前，绝大多数互联网企业的减碳目标都只局限于自身，仅少数企业关注到其潜在的价值链减碳影响力，但也有一些平台企业正在主动承担相应责任，甚至更多的责任。

根据公开信息披露，目前阿里巴巴、腾讯、百度、字节跳动均已提出自身运营（范围1、范围2）碳中和目标，阿里巴巴、腾讯、京东物流提出了价值链上下游（范围3）碳中和目标。

国内部分互联网公司"双碳"目标如表3-12所示。

表3-12 国内部分互联网公司"双碳"目标

公司	温室气体排放情况	减碳相关目标
阿里巴巴	1324.9万吨二氧化碳当量（2021年4月—2022年3月；范围1、范围2、范围3）	范围1和范围2：不晚于2030年，实现自身运营碳中和；范围3：不晚于2030年，协同上下游价值链实现碳排放强度比2020年降低50%,其中云计算作为数字化基础设施，率先实现范围3的碳中和，成为绿色云；范围3+：用平台的方式，通过助力消费者和企业，激发更大的社会参与度，到2035年，带动生态累计减碳15亿吨
腾讯	511.1万吨二氧化碳当量（2021年，范围1、范围2、范围3）	不晚于2030年，实现自身运营及供应链的全面碳中和（范围1、范围2和范围3）
百度	179.16万吨二氧化碳当量（2021年，范围1、范围2、范围3）	2030年实现集团运营层面碳中和（范围1和范围2）
京东	241.64万吨二氧化碳当量（2021年，范围1、范围2、范围3）	京东物流2030年较2019年减排50%
字节跳动	未披露	2030年实现自身运营层面碳中和（范围1和范围2）
拼多多	未披露	未披露

注：本表系作者根据各企业《ESG报告》、公司官网数据整理

比较来看，只有阿里巴巴将自身价值链（范围1、范围2、范围3）之外的碳排放列入了减排目标。作为头部企业，其在减碳领域的探索具有标杆作用。阿里巴巴的业态丰富多元，包括电商、云计算、物流等，可以在不同行业的企业找到对标对象。

2021年，阿里巴巴发布国内首个互联网企业碳中和行动报告。过去两年，阿里巴巴在碳中和领域进行了诸多探索：数字化节能减排；积极采购绿电，交易量和使用量均为互联网行业首位；首创"范围3+"概念，为平台企业的减碳提供思路和方法；推出助力中小企业算碳降碳的云端应用工具"能耗宝"，以及培养个人减碳意识的"88碳账户"；协助制定相关标准，发起减碳行动联盟……

对于阿里巴巴积极减碳的目的，阿里巴巴集团ESG和"双碳"业务部总经理杨灵叶表示，减碳这件事本质上与阿里巴巴自身的使命深度相关。

从"让天下没有难做的生意"开始，阿里巴巴始终延续的逻辑就是在解决社会问题的过程中得到企业自身的发展。减碳表面上是在解决人类共同面临的环境问题，但背后蕴含着数字化、技术变革、能源变革等新机会。"以绿色低碳为导向的技术和商业，代表着先进生产力和未来的方向，是可以成为核心竞争力的。"杨灵叶说。

二、首创"范围3+"：平台的有限责任与无限期待

计算碳排放、制定减碳方案，需要以企业自身的商业模式为基础。2021年，阿里巴巴首次开展碳盘查，花费了大量时间与盘查机构沟通自身商业模式，但有一个问题始终困扰着双方——作为平台企业，阿里巴巴通过信息服务为大量商家、消费者撮合交易，数以亿计的商品在此成交，生产和运输这些商品所产生的碳排放，该如何纳入阿里巴巴的减碳责任？

当前，核算企业碳家底普遍采用的标准是《温室气体核算体系》提出的三个"范围"，即碳中和报告中经常被提到的范围1、范围2和范围3。

其中，范围1是指企业的直接排放，比如发电厂烧煤或天然气、物流企业汽车驾驶等过程中会直接产生温室气体的排放；范围2是指企业购买能源产生的间接排放，比如办公区耗电、取暖所需能源产生的排放。范围1、范围2属于自身运营排放，范围3则容纳了采购商品及原材料、商品使用、废弃物处理、员工商旅通勤等15类其他间接碳排放，被称为价值链排放。

如图 3-4 所示，将上述三个范围能算清的部分都计算出来，2020 年阿里巴巴首次盘查的结果是 951.4 万吨二氧化碳当量。据阿里巴巴 ESG 策略负责人、罗汉堂可持续发展科学家刘伟回忆，当他们把这个数字汇报给集团高层领导时，得到的反馈是：仅仅围绕不到 1000 万吨的排放量降碳，似乎与阿里巴巴自身的能力、影响力都不匹配。

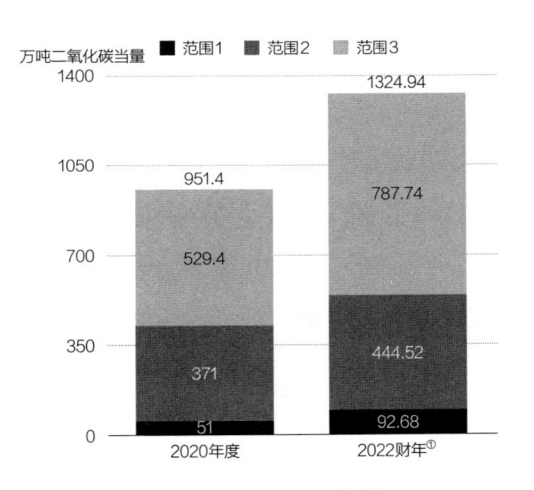

图 3-4 阿里巴巴碳排放数据

注：本图系作者根据《阿里巴巴碳中和行动报告》及《2022阿里巴巴环境、社会和治理报告》整理绘制
①阿里巴巴2022财年时间跨度为2021年4月1日至2022年3月31日；2022财年，阿里巴巴根据业务变化扩大了范围3的核算边界

所谓"与能力、影响力都不匹配"，是指阿里巴巴作为平台运营方的社会责任重大。为此，阿里巴巴创造了"范围 3+"概念，借此梳理平台企业超越自身运营价值链，在整个业务生态系统中推动减排的行动。

为了保证科学、透明，在碳信托（Carbon Trust，一家在低碳领域的咨询机构）的技术支持下，2022 年 8 月，阿里巴巴与中环联合认证中心联合发布《范围 3+ 减排：超越价值链的企业气候行动方法学》（以下简称《范围 3+ 方法学》）。

"范围3+"是指在范围1、范围2、范围3以外，企业将生态系统中参与者或相关方产生的温室气体排放也纳入盘查范围。

以零售行业为例，传统零售商从供应商处购买产品，获得产品的所有权，再卖给消费者，在这种模式下，商品的生命周期碳排放属于零售商的范围3。而电子商务平台对于非自营店铺销售的产品并无所有权，只具有展示、促进交易的功能，因此这些产品的碳排放不属于企业的直接价值链，但是可以被纳入该平台更广泛的生态系统，即纳入"范围3+"。

某种碳排放在不同类型企业中所属范围的区别如表3-13和表3-14所示。

表3-13 产品生命周期碳排放在不同类型企业中所属范围对比

排放源	普通零售商	电商平台独立卖家	电商平台企业
产品生命周期碳排放	范围3	范围3	范围3+

注：本表系作者根据《范围3+减排：超越价值链的企业气候行动方法学》整理

表3-14 办公楼供热、制冷所产生的碳排放在不同企业中所属范围对比[①]

排放源	办公楼的地产开发商	办公楼所安装玻璃的制造商
办公楼的供热、制冷所产生的碳排放	范围3	范围3+

注：本表系作者根据《范围3+减排：超越价值链的企业气候行动方法学》整理
① 建筑所需供热和供冷量很大程度上会受到透过玻璃的太阳光和热辐射量的影响。窗户隔热性能越好，维持舒适室温所需的供热和供冷就越少。办公楼的供暖、制冷所产生的排放并不属于玻璃制造商的范围1、范围2、范围3，但会受到办公楼玻璃性能的影响（如高性能玻璃），因此可以算作玻璃制造商的范围3+。

这一概念的提出，有助于厘清平台企业的减碳范围、责任及能力，并帮助更多企业了解自己在价值链以外的气候影响，促使企业思考其在生态系统的位置和影响力，从而开发出更多具有创新性和可持续性的产品及服务。

从碳排放的范围1、范围2和范围3这一等级分类上可知，对于碳排放边界的设定，是从直接排放到间接排放，从一次能源到二次能源的外延拓展。阿里巴巴提出的范围3+排放正是在既定范围1、范围2和范围3之外，根据数字平台特色，为企业碳排放赋予了新的内涵与外延。

不过，对于平台企业而言，第三方卖家的碳排放究竟应该算作传统运营边界中的范围3，还是属于阿里巴巴和专业机构共同定义的范围3+仍处于早期探索阶段，具体实践中还有很多排放处于界定的模糊地带，业界对此仍存争议。

上海交通大学上海高级金融学院教授邱慈观表示，第三方卖家的碳排放可以纳入电商平台的范围3，但亚马逊、阿里巴巴都未披露数据。她认为，这并非蓄意，而是相关数据很难获得。阿里巴巴平台上商品种类庞杂，且大多来自没有碳核算意识及能力的小厂商，导致阿里巴巴在数据获取上面临先天不足的问题。碳测算并非易事，邱慈观指出，获取这部分的数据需要长时间的努力。以金融行业的花旗集团为例，花旗从2002年开始收集，花费十年才获得了比较完整的数据。

中财绿指首席经济学家施懿宸则认为，不应将第三方卖家的碳排放全部纳入电商平台的范围3。由于阿里巴巴并未购买这些产品，只是赚取渠道费和广告费，不宜将第三方卖家定义为阿里巴巴的供应商，也无法将其纳入代表价值链排放的范围3中。

综合专家们公开发表的意见，无论如何归类，短时间内都很难将电商平台第三方卖家相关的碳排放算清楚，也很难实质性地要求所有第三方卖家都全力参与到减碳行动中来。

平台从其诞生之初，就有着与其他商业主体不同的能力与使命。这份能力和使命让平台在资本市场等不同场景下有不同的价值衡量标准。如今面临新的减碳挑战和机遇，平台企业也不宜削足适履地使用惯常计算方式。

刘伟介绍，在短期内盘不清的现状下，阿里巴巴的碳中和工作设立了主次优先级。与其埋头苦算平台上数以亿计的商品碳足迹，不如关注如何减碳，放大平台连接器的作用，先联合各品牌、行业将减碳相关的基础能力建立起来，并培养公众的低碳意识。在这一过程中，如果能更快提升基础能力，核算困难的问题也会迎刃而解。

于是，针对"范围3+"，阿里巴巴启动了"1.5 Gigatons for 1.5℃"项目，致力于在2021—2035年的15年间，携手专业机构制定严谨的衡量方法，从一些明确有减碳潜力和方法的场景入手，带动"范围3+"生态各方减少15亿吨碳排放，助力实现《巴黎协定》设定的1.5℃的控温目标（详见图3-5）。

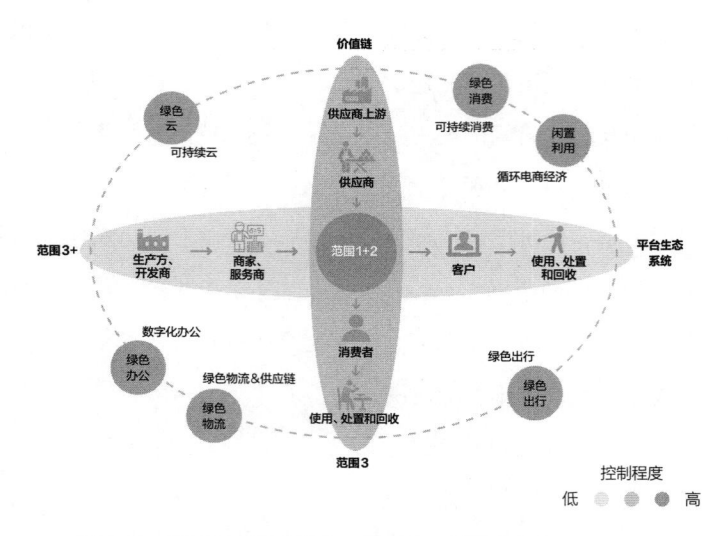

图3-5 阿里巴巴的"范围3+"目标：带动生态减碳15亿吨

资料来源：《阿里巴巴碳中和行动报告》

这是一个颇具雄心的目标。根据国际能源署《2022年二氧化碳排放报告》（*CO₂ Emissions in 2022*），2022年中国能源相关的二氧化碳排放量约为 121 亿吨，比 2021 年下降了 0.23 亿吨。

三、15 年减碳 15 亿吨：倒逼技术和商业创新

阿里巴巴提出：以能源转型、科技创新、参与者经济为三大支柱，来构建更可持续的绿色低碳循环经济框架。而《范围 3+ 方法学》中给出的两种减排方式——赋能减排和带动减排，则分别对应了其中的科技创新和参与者经济。

其中，赋能减排是指企业通过提供具有显著替代性的解决方案，在实现相同功能的前提下，与基准场景相比，产生更少的温室气体排放。一个典型的例子是采用云数据服务。埃森哲的一份统计报告显示，从企业本地部署的 IT 基础设施转向云数据服务，平均可以使碳排放降低 84%。而国际数据公司（IDC）于 2021 年发布的一份报告估算，云计算技术将推动中国的数据中心在未来四年减少近 50% 的二氧化碳排放量。

带动减排则是指企业通过积极的干预措施，如资源支持、主动倡议、能力建设等，带动其生态系统中的伙伴及其他参与方采取减排行动。比如，外卖平台在用户下单时设置"无餐具外卖"选项、电商平台给予高效能电器更多的产品曝光机会，等等。在这些场景中，企业通过创造相关条件，给减排行为提供催化剂。

赋能减排和带动减排的比较如表 3-15 所示。

表 3-15 赋能减排和带动减排的比较

减排方式	具体行动	行动覆盖面	是否能够直接减排
赋能减排	提供替代性解决方案	解决方案的使用者	能
带动减排	出台积极的干预措施	包含多个相关方	不能，需要相关方进一步采取减排行动

注：本表系作者根据《范围 3+ 减排：超越价值的企业气候行动方法学》整理

奔向零碳：中国企业"双碳"实践指南

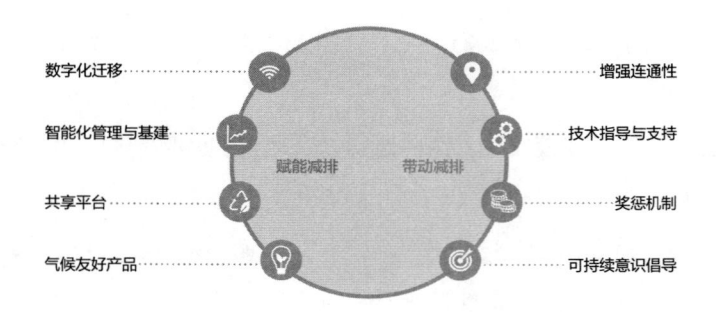

图3-6　赋能减排与带动减排示意图

资料来源：《范围3+减排：超越价值链的企业气候行动方法学》

其实，团队在设计《范围3+方法学》时还面临一个更具诱惑的"捷径"——投资减排，即通过投资与减碳相关的新兴行业，间接产生减排。考虑到阿里巴巴雄厚的资金实力，投资减排更容易实现目标，但最后这种方式并没有被采用。

刘伟清晰地记得，阿里巴巴前CEO张勇在内部讨论时明确提出，希望这15亿吨是"做出来的，而不是算出来的"。"阿里巴巴制定这一套目标和方法体系的最终目的，并不是纯粹从合规角度算出来一个数，而是希望以此激励创新。我们相信创新能够解决重要的问题，并给企业带来新的商业机会。"刘伟说。

过去两年，围绕范围3+减排，阿里巴巴在B端、C端都展开了创新性尝试。杨灵叶表示，阿里巴巴正在同步推进范围1、范围2、范围3及范围3+的减碳行动，但针对范围3+，阿里巴巴当前的思路并不是拆解15亿吨的目标，然后像完成KPI一样一点点去做，而是希望在起步阶段做得更扎实，先把各种基础设施和关键能力建立起来。

四、能耗宝：帮万千中小企业迈出减碳第一步

实现碳中和需要举全社会之力。但一方面，作为社会经济运行的"毛细血管"，广大中小企业维持生计已是不易，在低碳方面更是缺钱、缺人，意识和能力几乎为零；另一方面，随着国内外对碳排放重视程度的提高，与碳相关的贸易壁垒、资本市场对碳排放披露的要求，大品牌对自身供应链的碳足迹管理都在逐渐加码，这些压力最终将传导至中小企业。

2021年，阿里云在ESG和碳中和战略大背景下推出了碳管理＋能耗优化的应用服务产品——能耗宝，帮助这些中小企业迈出减碳第一步。能耗宝有两个主要功能：算碳和减碳。

算碳，就是为企业计算组织碳排放、产品碳足迹提供一站式服务。通过云上调用的模式，企业可以通过能耗宝实现全线上的数据收集、建模、计算、认证。据产品负责人周文闻介绍，能耗宝汇集了各行业的计算模型，在认证方面连通了德国莱茵、中国赛宝等专业机构，可以自动生成第三方认证报告。如果做一个普通的碳足迹盘查，费用已从传统的数万元下降至几千元；与传统人力手工盘查的模式相比，可以节省约75%的时间、90%的费用。"碳核算"不再是"贵族活动"，而变成了中小企业都能低成本获取的服务。

排放因子库是计算碳足迹的"基础设施"。以使用1千瓦时电为例，不同国家，甚至同一国家的不同地区，对应的碳排放量都是不一样的。丰富全面的因子库是算碳产品的竞争力所在。周文闻表示，能耗宝沉淀了团队在国内外能找到的所有因子库，并协助国家有关部门一起建设因子库，对于跨国经营的主体，能耗宝可以实现不同国家的因子交叉比对。

阿里巴巴的生态系统则是能耗宝成长的沃土。供给端，阿里巴巴的电商平台上聚集着大量出口企业，能耗宝的碳足迹认证可以为其提升产品附加值。一些做完碳足迹认证的商家还会将此作为差异化竞争力，在

招投标时将其列入控标项。需求端，阿里巴巴可以向消费者推广绿色低碳认证的产品，利用市场化机制反哺企业，让绿色生产消费形成良性循环。比如，2022年"双11"，天猫联动能耗宝为立白、吉列、香飘飘等品牌测算碳足迹，符合标准的商品可获得"低碳友好"标签；能耗宝还为盒马鲜生完成了几十款"零碳蔬菜"的认证，支持盒马低碳运营。

除了算碳，能耗宝还能减碳。通过数字化节能，对接循环材料、负碳材料供应商等方式，能耗宝可以给企业提供具体的减碳指导，甚至直接帮助其减碳。

以亚运吉祥物毛绒玩具（低碳版）的生产为例，生产工厂接入能耗宝后，可针对吉祥物生产制造的工艺流程构建碳排放模型，并通过AI算法帮助节能减耗，全程追踪碳足迹。工厂根据能耗宝的减排优化建议，通过光伏发电、优化填充原料、省去外包装等方式进行主动减碳，一只玩具的主动减排量约为0.15千克二氧化碳当量。

节能降耗不仅对环境友好，而且更能为企业降低能耗支出。通过数字化的手段，能耗宝可以帮助企业实现降本增效与低碳发展的统一。

位于杭州的专精特新企业华正新材，其旗下一家复合材料子企业的整条生产线已全部接入能耗宝。该企业厂区利用能耗宝进行用能比对分析、异常用能识别、节能措施推荐，识别如重点能耗设备关停不及时、尖峰用电占比过高等问题。据悉，该厂区通过能耗优化算法，可实现年度节电17万千瓦时，减碳量120多吨。同时，通过厂区内的光伏发电，年发绿电221万千瓦时，减碳1500多吨。

阿里巴巴提供的数据显示，自能耗宝推出以来，已通过光伏装机和算法优化等技术手段帮助企业节省4.3亿千瓦时煤电，相当于减少44万吨碳排放。据悉，目前国内外已有2500多家企业在使用能耗宝。周文闻表示，计划用三年左右的时间，将其推广至10万家企业。

五、88碳账户：让减碳更简单，降低公众参与门槛

提升公众低碳意识，搭建绿色品牌与消费者的沟通桥梁，是当前形成良性绿色消费闭环的重要前提。杨灵叶对此深有体会。自从2022年阿里巴巴推出88碳账户（如图3-7所示），只要她在消费相关论坛上提到这个产品，就很难走出会议室。因为品牌方们都十分关心，自己在做的减碳行动，该如何被消费者感知？

88碳账户是阿里巴巴在消费端践行范围3+减碳的重要载体。这是一款面向个人的碳账户体系，汇集用户在饿了么、菜鸟裹裹、闲鱼、天猫等阿里巴巴系平台上产生的减碳量，涵盖吃、穿、住、用等70多个生活场景。

国家生态环境部发布的《中国消费方式转型和低碳社会建设的对策与途径研究技术报告》指出，家庭生活消费所引发的二氧化碳等温室气体排放，占中国温室气体排放总量的40%以上。国务院发展研究中心资源与环境政策研究所副所长常纪文表示，碳达峰碳中和主要涉及生产、生活两个方面，在生产方面现在抓得很紧，在生活碳减排方面，未来在政策法规上应该也会有所规范和调整。

个人减碳看似简单，但要真正提升公众意识、培养习惯，并非易事。不知道该怎么做、时间

图3-7　88碳账户用户界面截图

成本高、看不到成果、缺乏短期激励等都会成为用户低碳生活的阻碍。此外，个人减碳行为具有随机性且十分碎片化，难以计量，需要探索并不断完善计量方法。

阿里巴巴集团 ESG 和"双碳"业务部"双碳"运营负责人王小乔表示，设计 88 碳账户的初衷是让低碳这件事更可知可感，并且更加简单，降低用户参与门槛。比如，外卖选择无餐具，每次可以减碳 52.7 克；在菜鸟驿站归还一个纸箱，可以减碳 37 克；利用闲鱼买卖闲置物品，可以减碳 28.1—62.8 千克；购买节能家电，可以减碳 5—300 千克，等等。88 碳账户还为促进低碳行为设计了丰富的激励机制。

个人减碳在国内尚在起步阶段，相关标准和计量方法都还有待完善。据杨灵叶介绍，阿里巴巴花了很多力气探索相关基础设施的建设，主要分为几块：（1）探索建立、完善碳排放的计量方法学；（2）寻找并不断丰富真正减碳的生活场景；（3）组建专家委员会，围绕场景和计量展开充分论证；（4）基于上述成果，设计商业机制，带动用户、品牌积极参与。

2022 年 7 月，阿里巴巴联合百事、宝洁、联合利华、博世、欧莱雅等 19 个消费领域的企业共同发起"低碳友好行动"，在低碳商品、低碳物流等场景开展合作，参与其中的品牌还在不断增加中。

杨灵叶认为，对于企业而言，ESG 和"双碳"工作都要融入商业设计，用商业上可持续的方式去做，既不能将其变成一项独立的事业，也不宜靠纯投入、纯成本的方式去做。她认为，88 碳账户是一个机制产品，当越来越多的用户、品牌方都能感受到减碳是一个更潮流的趋势后，低碳才会更加可持续，进而推动更多同行者加入，让企业的减碳行动更具社会性。

杨灵叶表示，"双碳"是一个新兴领域，阿里巴巴对于各方的评论和讨论，始终保持开放的心态，也希望能有更多同行者加入进来。

腾讯碳中和：三年实践、五个变化[①]

平台型科技企业的"双碳"战略一直备受外界关注。这主要有两方面原因：一方面，科技企业正在成为潜在的碳排放大户，是未来几年少数电力消耗占社会总用电量比例持续增长的行业；另一方面，平台企业数字化技术应用带动的商业生态减碳潜力巨大，意义又远远大于自身减碳。

科技企业需要自建、租赁大量数据中心，这是公认的"电老虎"。国家生态环境部数据显示，2021年全国数据中心耗电量达2166亿千瓦时，约占全国总耗电量的2.6%，碳排放量占全国碳排放量的1.14%左右。国网能源研究院预测，2030年数据中心用电量将突破4000亿千瓦时，占全社会用电量的比重将升至3.7%。如果不加控制，随着各行业数字化转型的推进，科技企业就是下一个高碳排放行业。

在国家提出"双碳"目标之后，腾讯很快启动碳中和规划，成为中国首批启动碳中和规划的科技企业。2022年2月，腾讯正式发布《腾

[①] 本文作者为《财经》杂志记者吴俊宇。

讯碳中和目标及行动路线报告》，提出不晚于2030年，实现自身运营及供应链的全面碳中和；不晚于2030年，实现100%使用绿电。腾讯成为国内第一家对范围1、范围2、范围3做出100%碳中和承诺的科技企业。值得注意的是，国内科技企业通常只会对范围1和范围2做出承诺，不对范围3做出承诺。

范围1、范围2涉及的碳排放与企业自身运营直接相关，对企业而言相对可控，而范围3涉及上下游供应链的碳排放，相对不可控。

在碳中和这件事情上，腾讯这类平台企业的独特性在于，它们既会影响C端的用户，又可以影响B端的企业。腾讯的微信、QQ、游戏覆盖了10亿以上用户，可以通过其广大的用户鼓励公众的低碳生活方式。腾讯云具备数字化技术底座和算力，能够为客户提供碳监测、核查、报告服务，可以帮助企业低碳转型。换句话说，腾讯在碳中和上所能发挥的影响力，远超腾讯自身减碳带来的影响。

亚洲开发银行前首席能源专家翟永平2021年加入腾讯集团，任腾讯集团战略发展部高级顾问，他的工作是支持腾讯各个部门和团队开展碳中和相关业务，对接并推动腾讯进入节能减排的"碳圈儿"。

他说，目前腾讯的碳排放量表面看来不算高，但考虑到中国社会经济发展、数字化转型需要越来越大的算力支撑，腾讯的数据中心要支持全社会的数字化发展，其能源消费和相关的碳排放量会持续增长，因此需要提出明确的减排目标。考虑到数字化技术应用还在快速发展，腾讯没有设立一个固化的碳达峰时间表。同时，腾讯承诺的2030年碳中和目标涵盖了范围3的排放，这是腾讯给自己制定的高标准的碳中和目标。

碳中和既要对内，也要对外。对内，腾讯制定了自身运营及供应链碳中和的路线图；对外，腾讯的碳中和工作主要围绕消费互联网、产业互联网、可持续社会价值创新三方面展开。

腾讯自 2022 年启动碳中和战略，对于中国众多的平台型科技企业，腾讯可以给出一些先行经验。

一、对内：自身运营及供应链减碳

为贯彻实施碳中和战略，腾讯新设立了一系列相关团队，其中包括：战略发展部的"碳中和战略发展组"，可持续社会价值事业部的"碳中和实验室"，技术工程事业群的"数据中心绿色能源组""碳中和绿色金融探索组"等。同时，腾讯云的智慧能源行业也是实施碳中和战略的中坚力量。

翟永平介绍，上述团队是腾讯碳中和战略的业务核心，向管理层定期汇报互动，形成决策和跟进机制，同时与企业其他部门（微信、投资、腾讯研究院、腾讯青藤等）协同并进。

政策落地和实施的关键是"一把手工程"，低碳转型和数字化转型也是一样。一位腾讯员工表示，腾讯碳中和战略的实施不仅得到了马化腾、刘炽平等高层管理者的支持，而且向下覆盖了各个部门的中层干部和普通员工，确保碳中和理念在腾讯内部得到充分重视和贯彻。

腾讯自身运营及供应链碳中和的路线主要通过三种手段展开，分别是：数据中心和楼宇节能提效、使用可再生能源、碳抵消。使用这三种手段的原则是：节能减排和绿电优先，碳抵消为辅。

腾讯《2022 年 ESG 报告》显示，2022 年其碳排放量为 574 万吨。其中范围 1 占比为 3.00%，范围 2 占比为 46.17%，范围 3 占比为 50.83%（详见表 3-16）。按照腾讯温室气体盘查分类方法（详见表 3-17），腾讯的碳排放大约 90% 来自其自建和租赁数据中心的用电以及服务器等设备采购。

表 3-16 2022 年腾讯温室气体排放分布

项目	分类	排放量（万吨二氧化碳当量）	占比
年度温室气体排放	范围1	17.2	3.00%
	范围2	265	46.17%
	范围3	291.7	50.83%
范围3内温室气体排放	外购商品和服务	—	0.05%
	资本商品	—	13.53%
	燃料和能源相关活动（非范围1、范围2）	—	24.40%
	上游运输和配送	—	0.29%
	运营中产生的废物	—	0.03%
	商务旅行	—	1.73%
	雇员通勤	—	1.33%
	上游租赁资产	—	58.59%
	下游租赁资产	—	0.05%

注：本表系作者根据腾讯《2022年ESG报告》整理

表 3-17 腾讯温室气体盘查分类方法

范围	定义	主要排放活动
范围1	腾讯拥有或控制的温室气体排放源所产生的直接排放量	1.发电机及发电设备燃料 2.公司自有车辆燃油 3.制冷剂逃逸
范围2	腾讯购买的电力或其他能源所产生的温室气体间接排放量	1.自有及合建数据中心用电 2.自有及租用楼宇用电 3.自有及合建数据中心外部采购供暖 4.自有及租用楼宇外部采购供暖
范围3	腾讯供应链中所产生的所有其他间接排放量	1.租赁的数据中心用电 2.服务器、建筑材料上游生产 3.商务旅行 4.员工通勤 5.上游原材料、办公用品的生产 6.燃料的运输、输电损耗 7.运营废物、垃圾处理 8.原材料和商品的运输

注：本表系作者根据《腾讯碳中和目标及行动路线报告》整理

范围1通常核算企业自有排放源产生的直接排放，范围2用于核算外购电力等产生的间接排放，范围3是企业供应链中产生的间接排放量。范围1和范围2的排放通常被认为相对可控，范围3排放的数据收集、管控则相对困难。

在翟永平看来，腾讯在范围 1、范围 2 和范围 3 三者的排放量比例虽然不同，但三者的减碳同样重要，这反映了企业上下对碳中和战略是否充分理解并实施到位。范围 1 的减碳反映了企业自身的管理能力和水准；范围 2 的减碳主要依靠节能提效和绿电替代，这也是腾讯自身实现碳中和过程中最关键的手段；范围 3 的减碳意味着要与诸多供应商协同减排，这将是腾讯未来几年控排的难点。

在节能提效方面，腾讯一方面在降低数据中心的 PUE（电力使用效率，是数据中心消耗的所有能源与 IT 负载消耗的能源的比值。其值一般大于 1，越接近 1 表明能效水平越好），另一方面则在改善办公环境的管理、流程和措施。

数据中心是腾讯最大的碳排放点。腾讯将第四代数据中心（T-block）的建设模块化，有效缩短了建设周期，减少了建设过程的碳排放。T-block 可实现 PUE 不高于 1.2，极限 PUE 降至 1.06，与传统数据中心相比可节约能源约 30%。

目前腾讯位于扬州仪征东升村的云计算数据中心已经采取了这一方案。以一个拥有 30 万台服务器的园区为例，此方案一年可使园区节电约 2.5 亿千瓦时。此外，腾讯数据中心还尝试了许多新兴节能技术，如自然冷却技术、液冷技术、三联供、余热回收等。腾讯数据中心部门还成立了绿色循环再利用中心，主要负责服务器改造再升级、数据安全处理、部件拆解及循环再利用。

与大多数高耗能行业将在 2025 年前后达峰不同，我国数据中心的规模仍处于高速扩张阶段。数字经济的发展、东数西算政策及人工智能带来的智算浪潮都是驱动国内数据中心增长的重要因素。因此，预计在我国 2030 年实现碳达峰之后，数据中心等数字基础设施行业的能耗和碳排放量在一段时期内仍将继续增长。

有数据中心行业人士提到，腾讯目前尚未制定明确的碳达峰目标，这和中国数字经济发展趋势是相吻合的。事实上，目前拥有云计算业务的国内外巨头也都没有制定明确的碳达峰目标，如亚马逊、微软、谷歌、阿里巴巴等都是如此。

办公区域和基建项目则是另一个碳排放源。位于深圳的腾讯滨海大厦、位于北京的腾讯总部大厦等腾讯重要办公楼宇都经过专项节能设计和改造，包括空调、照明、暖通等设备都使用了更节能的系统。

正在建设中的深圳大铲湾全球总部会是腾讯未来范围 3 的一个碳排放增长点。考虑到这个问题，腾讯正在努力将大铲湾全球总部建成一个实践碳中和的示范项目。翟永平表示，大铲湾项目会是腾讯未来几年最大的基建项目，这意味着腾讯需要严格管控供应链，基建过程中的钢铁、水泥、玻璃等都需要采用零碳或低碳材料。大铲湾项目建设也将成为新型低碳技术应用试点项目。

在绿电采购方面，腾讯正在积极参与绿电市场交易，提升可再生能源利用比例。《财经》记者了解到，腾讯目前每年电力采购成本为数十亿元。2023 年，腾讯自有数据中心绿电比例已达 54%。

腾讯 ESG 报告显示，2023 年采购绿电 6.04 亿千瓦时，避免碳排放 34.5 万吨。腾讯数据中心大规模使用屋顶光伏发电，2022 年年底自建可再生能源设备装机容量为 52.2 兆瓦。

目前，除个别场景外，绿电市场交易价相比于煤电基准电价通常高 10% 到 20%。从长期来看，企业如果要降低绿电成本，需要提前锁定低价绿电。这包括两条路径：一是签署长期绿电采购合同，二是直接投资可再生能源项目。

腾讯数据中心将通过建光伏屋顶，实现电力自发自用作为减排措施之一。2022 年腾讯产生可再生能源 2.19 万兆瓦时，避免碳排放 1.57 万吨。

预计到 2030 年，仅靠自发自用的光伏电和少量分散式风电，腾讯绿电总量仍然比较低。翟永平表示，综合考虑市场状况和腾讯自身的比较优势，腾讯目前没有直接投资运营大型风电、光伏项目。

同时，绿电采购是减碳的最有效手段。在翟永平看来，国家电力市场改革的深入将为腾讯增加绿电比例提供有利的环境，会直接影响腾讯获得绿电的数量和成本。

目前腾讯绿电采购在持续进行中。2022 年，腾讯签订了超过 5.3 亿千瓦时绿电交易合同，供 2023 年使用。怀来东园、怀来瑞北、江苏仪征和清远清城四个数据中心将在 2023 年 100% 使用绿电。不过，未来几年腾讯是否还能够采购到充足的绿电，将取决于中国绿电市场的供应情况。

如果绿电的供应有缺口，腾讯将采取购买高质量的绿证、碳汇等碳抵消手段，以此实现减排目标。翟永平说，购买绿证、碳汇都只会是实现碳中和最后的手段。

二、对外：推动消费者、企业、社会减碳

平台型科技企业究竟应该承担多少社会责任，这个问题并没有简单的标准答案。

理论上说，科技企业的直接责任是实现自身的碳中和目标。但在中国，平台企业的触角伸到了社会经济生活的方方面面，这意味着它们需要承担的责任往往更多。

2021 年 12 月，腾讯制定了用户、产业、社会（Customer、Business、Society，CBS）三位一体的战略布局。第一环是扎根消费互联网，第二环是拥抱产业互联网，第三环是推动可持续社会价值创新。

翟永平解释，基于腾讯用户、产业、社会三位一体的战略布局，腾

讯碳中和行动路线也将围绕消费互联网、产业互联网、可持续社会价值创新这三个方面展开。面向消费者（To C），腾讯通过产品鼓励公众采用低碳生活方式；面向企业（To B），腾讯将通过数字化技术支持实体经济实现碳中和；面向社会（To S），腾讯会推动可持续社会价值创新，孵化相关新兴低碳技术。

面向消费者，腾讯的社交、支付、游戏等产品能够触达超过 10 亿用户，这都是向公众传递减碳理念的媒介。其中微信支付、腾讯会议等明星产品在 C 端和 B 端之间起到了连接器的作用，带来了用户、商家的减碳。

例如，深圳市正在通过腾讯的"低碳星球"微信小程序试点开通和运营个人碳账户。"低碳星球"如同碳账户，可以核算地铁、公交等交通工具的二氧化碳减排量，帮用户积累相应的碳积分。腾讯与武汉合作的碳普惠平台"武碳江湖"也于 2023 年 6 月上线，鼓励市民采用公交出行、地铁出行、骑行、新能源车出行，同时鼓励市民购物时自备购物袋。

腾讯还开发了模拟低碳经营的游戏——碳碳岛。该游戏引导玩家建立能够实现可持续经济增长的岛屿，试图通过游戏的方式让玩家建立碳中和意识。

2022 年，微信支付在线上生活缴费、电子政务、绿色出行、扫码点餐及线上开票等低碳场景中共实现碳减排 1765.5 万吨。

中华环保联合会绿色循环普惠专委会的研究报告称，从 2020 年 1 月上线至 2021 年 9 月，腾讯会议帮助减少的二氧化碳排放量已达 1500 万吨。在线会议产品在减少交通碳排放、减少空气污染、降低会务用品损耗等方面发挥了重要的作用。

面向企业客户，腾讯云与智慧产业事业群的能源业务正在快速落地。这些业务正在帮助能源企业提质增效、节能降碳、向数字化转型。

腾讯集团副总裁、政企业务总裁李强2022年曾表示，腾讯云主要利用人工智能算法、云计算、物联网等技术为企业客户提供碳核查记录和能效管理平台。除了上述云端平台服务，其他集成服务、云端应用工具仍需要依靠合作伙伴提供。

针对能源领域，腾讯云开发了两款数字化平台产品：一款是智慧能源连接器，用以实现业务、数据、用户、生态四个维度的连接，提高综合能源数字化项目的运营效率；另一款是智慧能源数字孪生，是一个面向能源行业的，提供人工智能服务、虚实映射、实时连接的物联数据链接、3D可视化服务的数字孪生平台。为完善能源行业的合作生态，腾讯智慧能源能碳工场聚集了一批能源云端应用产品、咨询企业、物联网技术企业，以及能源领域的科技企业，可以构建分布式能源监测、能效提升、智慧场站、综合能源服务等行业场景化方案。

腾讯云数字能源业务目前拥有一批标杆客户。比如，在国家电力投资集团总部的综合能源管理改造中，腾讯云为其建设了国电投综合管理平台，以此分析其屋顶光伏、地面光伏、幕墙光伏、微风风机等系统的发电、储电、用电情况，再通过PC端和小程序端的应用将数据推送给用户。

港华能源与腾讯云共同在江苏泰州海陵建设了零碳园区智慧能源平台，以此实现智能化的能源数据管理、分析、预测和优化。该平台还能灵活扩展出能效管理、能源交易、碳交易等应用。港华能源希望能够借助智慧能源平台复制出多个零碳园区。

一位头部云厂商的技术人士评价，腾讯在能源这个行业中的优势更多是借助云、软件及微信等工具提供连接服务，而更多需要深入具体场景的工作则依赖行业生态中的合作伙伴。作为互联网企业，腾讯涉足能源行业很容易被人认为"太外行"。但好在腾讯找到了一批"内行人"——李强、能源和资源行业负责人石梅都来自相关行业，曾经长期和大型制造企业、能源企业打交道。这些人的加持可以使腾讯少踩很多坑。

面向社会，腾讯目前正在投资、孵化低碳技术，与相关研究机构、创业企业合作，探索碳中和的实践方法。

2021年，腾讯在企业发展事业群下成立了可持续社会价值事业部，并在事业部架构内专门成立了碳中和实验室。

碳中和实验室尝试了一系列项目，包括乡村分布式光伏、节水抗旱稻、虚拟电厂、冰川保护、海洋蓝碳、林业碳汇等。其中，腾讯与冰岛科技公司CarbFix合作，获得了其玄武岩碳封存技术在亚洲地区试点应用的授权。腾讯在雷州半岛落地了一个1000吨左右的中试项目（产品正式投产前的试验阶段）。

翟永平表示，腾讯体系内虽然分工明确，但面对的任务应该是共同完成，不能简单地将腾讯碳中和面向企业（To B）的工作拆解由云与智慧产业事业群承担，将面向社会（To S）的工作拆解由可持续社会价值事业部承担。CBS的战略布局本质是三位一体的，需要腾讯各个事业群、业务部门共同参与、协作完成。

在对外时，云与智慧产业事业群、可持续社会价值事业部、战略发展部等团队时常作为整体出现在客户沟通过程中。翟永平表示，腾讯六大事业群旗下的各业务部门需要协同作战，以"一个腾讯"的方式对外沟通。"我们需要为客户提供完整的解决方案，包括技术层面、社会层面、投资层面。"翟永平说。

三、腾讯启动碳中和战略三年来的变化

翟永平曾经是亚洲开发银行首席能源专家，回国前在海外工作生活

了37年。2021年7月他应邀加入腾讯集团战略发展部,成为腾讯碳中和战略高级顾问,为企业的碳中和战略制定与实施提供支持。

在员工平均年龄大约30岁的腾讯,年过六旬的翟永平是绝对的"高龄"员工。翟永平最初来到深圳腾讯滨海大厦时,年轻同事看到他胸前的蓝色员工工牌大多会感到惊讶,并会询问他在腾讯的工作是什么,翟永平需要向同事反复解释碳中和工作的内容。

2023年是腾讯启动碳中和战略的第三年。翟永平表示,三年来腾讯的碳中和事业取得了阶段性的进展,可以看到五个明显的变化:

其一,在理念上,碳中和正在从抽象的概念变成具体的行动。不论在高级管理层、中层,还是在基层,碳中和都变得深入人心。在腾讯的食堂、班车、办公区的醒目处,员工们总能看到各种减碳小贴士。

其二,在组织上,碳中和最初只是几个专职团队的工作,如今碳中和已经成为腾讯业务中一个重要的部分,六大事业群及各业务部门都参与其中。

其三,从点状探索到逐渐形成体系。在腾讯支持的具体的碳中和项目的基础上,腾讯开始开发碳中和平台,包括服务于碳普惠和碳排放监测、报告、核查(MRV)的碳中和可信计算平台(碳BASE)、集成和对接低碳技术的国际低碳社群平台(碳LIVE),以及支持和孵化低碳技术的"碳寻计划",实现从点到面推动绿色低碳发展。

其四,从"圈外"走向"圈内"。腾讯曾经被认为是碳中和的门外汉。过去腾讯参与能源、"双碳"领域的活动时,能源、气候行业人士常常投来意外的眼神。但如今,腾讯常常出现在碳中和的专业会议和讨论中,不再有违和感,开始被认为是"圈内人"。

其五,从国内走向国际。碳中和是一项国际事业,需要国际合作。2023年以来,腾讯多次与联合国气候变化大会COP28组委会、联合国亚太经社会、国际可再生能源署、亚洲开发银行等国际组织对接，交流国内外先进技术及经验，并特别为发展中国家提供服务。

翟永平最后表示，碳中和的实现涉及方方面面，不是一蹴而就的事情，需要多方合作。腾讯致力于与碳中和领域的行业、企业、专家一起推动低碳前沿技术创新，加速推进碳中和的历史进程。

远景，从自身碳中和到零碳技术伙伴[①]

2023年6月，远景科技集团（以下简称"远景"）发布了《2023远景零碳行动报告》，宣布远景成功实现了2022年运营碳中和，成为全球最早实现运营碳中和的科技企业之一。

所谓运营碳中和，指的是《温室气体核算体系》中所划定的范围1、范围2的温室气体排放实现碳中和，范围1、范围2的排放包括企业经营直接产生的碳排放和外购能源产生的碳排放。

远景还设立目标，要在2028年年底实现全价值链碳中和，也就是范围1、范围2、范围3都实现碳中和，范围3包括所有其他间接碳排放，其中主要是供应链企业的碳排放。

远景从风机业务起家，如今其主要业务包括远景能源（智能风电、储能技术和绿氢解决方案）、远景动力（动力电池）、远景智能（智能物联网）三大板块。

创立之初，远景在业内就以在新能源领域积极利用数字化和软件技

---

① 本文作者为《财经》杂志记者韩舒淋。

术而闻名,从风电、光伏发电的运维管理、预测软件,到之后的智能物联操作系统 EnOS,数字化技术一直是远景的投入重点。

远景是业界较早设立自身碳中和目标的企业,并且在自己实现碳中和的过程中将减碳能力商业化,跨界帮助其他企业实现绿色转型。

大到互联网、工业巨头,小到创业公司都开始瞄准帮助其他公司减碳的商机。尽管这一市场离成熟甚至爆发还非常远,但在远景看来,由于其自身就是能源行业专家,除了能碳管理相关的数字能力,远景还有新能源发电侧、储能侧等能源管理的应用,可以提供更丰富的服务。

一、远景如何实现自身碳中和

远景在 2021 年 4 月宣布运营碳中和目标,不到两年时间,就实现了自身运营的碳中和,这既与其准备时间早有关,也与其技术积累有关。

早在 2019 年,远景就加入了 RE100 国际倡议,承诺 2025 年实现 100% 的绿电消费,成为中国大陆第一家加入此倡议的企业。加入 RE100 国际倡议的企业必须公开承诺:在 2050 年前 100% 使用可再生电力,并按照要求每年披露用电数据和目标进展情况。

根据远景发布的《2023 远景零碳行动报告》,2022 年,远景直接排放(范围 1)和采购电力、热力相关间接排放(范围 2)共 4.6 万吨二氧化碳当量,其中外购蒸汽与热力排放占范围 1、范围 2 总排放的 85%。具体到业务板块,远景动力的运营碳排放占集团排放总量的 89%,远景能源运营碳排放约占 10%。

为了减少潜在的碳排放,远景采取了三大减排措施:

一是提高能效。节能是重要的减排途径。在风机制造基地,远景通过轻量化设计、模块化生产在源头提高效率、减少碳排放。主机制造工厂通过优化车间布局,使单台风机主机生产的过程中行车(即大型桥式起重机)的耗电量节省 1535 千瓦时;通过定制化能效更高的主轴承加热设备,生产单台主机节能约 78 千瓦时。

二是工厂现场使用可再生能源。截至 2022 年年底,远景在厂区内有 35 兆瓦风机和 4 兆瓦光伏投入使用,2023 年还规划了超过 49 兆瓦的可再生能源项目。

三是绿电和绿证投资交易。由于现场的资源有限,企业往往无法通过现场的可再生能源完全覆盖能源需求,因此远景在场外投资和购买了绿电、绿证。2022 年,远景场外的可再生能源有 60% 的绿电来自自行投资的可再生能源项目,10% 来自绿电交易,30% 来自绿证的获取。

远景提供的数据显示,2020—2022 年,企业绿电使用比例从 3% 提高到了 94%。

即使有了这些措施,远景 2022 年依然有约 4.6 万吨碳排放无法通过短期措施减排,因此远景通过资助核证碳标准(VCS)下的碳避免和碳消除方式实现碳中和。换言之,对于目前无法消除的碳排放,远景通过购买符合标准的减排量以碳抵消的方式来实现减排。这背后,远景使用自己开发的方舟碳管理系统进行碳信用额度的采购、核销和分配,避免出现重复声明和计算。

整个过程也不能自说自话。远景表示,其运营碳中和的实现获得了第三方机构基于 PAS2060 的认证。PAS2060 是英国标准协会(BSI)制定和发布的碳中和承诺标准。远景不同业务板块分别获得了碳信托和必维集团的认证。

从图 3-8 综合来看,在远景 2022 年业务保持增长的情况下,如果不采取任何措施,其碳排放基准约为 25.5 万吨。减排是实现碳中和最重要的路径,三大措施使远景减少了约 20.9 万吨碳排放,贡献超过 80%,其余减排通过碳抵消来实现。

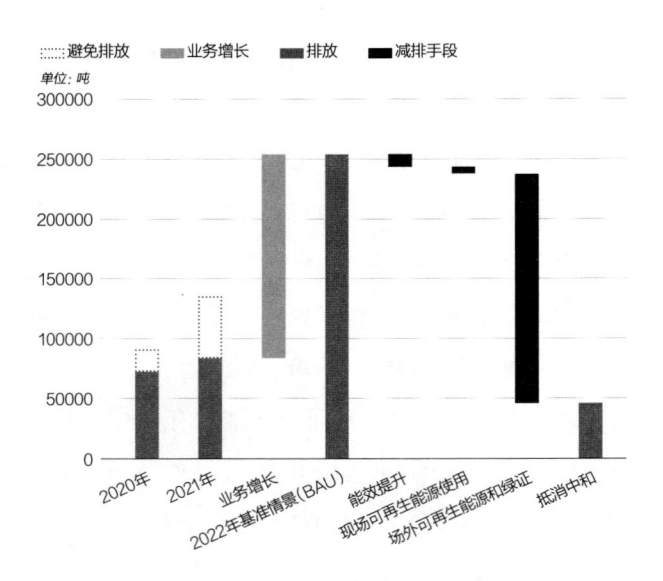

图 3-8　2022 年远景碳排放量及减排量

资料来源：《2023远景零碳行动报告》

远景首席可持续发展官孙捷介绍，远景减碳的方法论可总结为 MAOC 四个字母，如图 3-9 所示。

M 是核算（Measurement），通过数字化、物联网的手段对电表、气表所示数据进行实时监测，一方面可以跟踪能耗，另一方面可以计算碳排放。远景通过标准化的流程界定企业运行的边界、核算方式和标准，识别电力、天然气等主要排放源。

A 是减排（Abatement），第一是节能减排，第二是使用在现场的绿电，第三是采购绿电、绿证。这也正是远景减排的三大措施。

O 是抵消（Offset），通过盘查和减排措施，一般无法实现完全碳中和，需要通过购买碳信用、碳汇等方式来抵消剩余的排放。

C 是认证（Certification），需要有第三方权威的机构对整个过程进行认证。

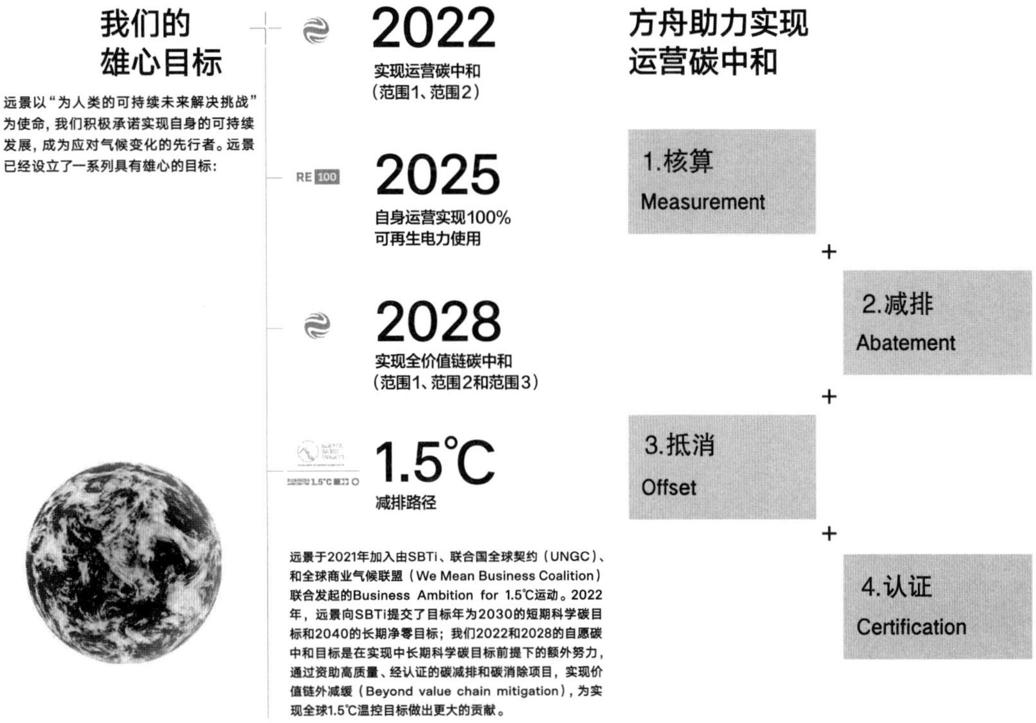

第三章 企业案例

我们的雄心目标

远景以"为人类的可持续未来解决挑战"为使命，我们积极承诺实现自身的可持续发展，成为应对气候变化的先行者。远景已经设立了一系列具有雄心的目标：

2022 实现运营碳中和（范围1、范围2）

2025 自身运营实现100%可再生电力使用

2028 实现全价值链碳中和（范围1、范围2和范围3）

1.5°C 减排路径

方舟助力实现运营碳中和

1. 核算 Measurement
+
2. 减排 Abatement
+
3. 抵消 Offset
+
4. 认证 Certification

远景于2021年加入由SBTi、联合国全球契约（UNGC）、和全球商业气候联盟（We Mean Business Coalition）联合发起的Business Ambition for 1.5°C运动。2022年，远景向SBTi提交了目标年为2030的短期科学碳目标和2040的长期净零目标；我们2022和2028的自愿碳中和目标是在实现的中长期科学碳目标前提下的额外努力，通过资助高质量、经认证的碳减排和碳消除项目，实现价值链外减缓（Beyond value chain mitigation），为实现全球1.5°C温控目标做出更大的贡献。

图3-9 远景碳中和目标及MAOC减碳方法论

注：本图系作者根据《2023远景零碳行动报告》整理绘制

145

孙捷介绍，这套方法论是通过方舟碳管理系统来支持的。

第一步，在核算环节，对于不同行业碳排放核算的逻辑方法，方舟的软件工具经过了必维的认证。第二步，一部分数据来源可以直接连接到平台，不能直接连接的需要交叉验证。譬如，用户输入数据，需要提供账单等证明单据。第三步，对于计算出的结果，认证机构也需要进行核查，一般是基于方舟平台的数据来进行。所有数据和支持性文件可以直接从方舟碳管理系统导出，支持核查机构进行快速数据验证，大大缩短了核查和发证的周期。相比于传统的碳盘查和碳核查方式，节约了超过60%的时间。

技术上的储备背后，还需要机制的调整。在现阶段，企业做到碳中和是需要持续投入的，那么如何测算成本和做决策呢？

孙捷介绍，远景内部有自己的碳定价，它是远景自己做减碳投资决策的参考。比如，到底是用天然气锅炉还是用绿电，可以通过把碳价折算进来再进行比较。可见远景在决策时就考虑到了未来碳排放的影响和风险。

二、从运营碳中和到全价值链碳中和

在自身实现运营碳中和之后，远景的下一个目标是到2028年实现全价值链碳中和，也即范围1、范围2和范围3都实现碳中和。

对任何企业来说实现范围3的碳中和都不是一件容易的事，因为这意味着对自己的供应链企业提出碳中和的要求。一般而言，只有产业链的龙头企业才有这样的话语权向上游供应商提出可持续发展的要求。比如科技公司苹果以及一些头部欧洲车企等，都在结合自身的碳中和目标，要求供应商在绿电使用、可持续、碳中和等相关指标上达到其要求。

远景也正在如此要求供应商。根据其2023年的零碳行动报告，2022年，远景全价值链的碳排放约为311万吨，其中98%来自范围3，约为306万吨。具体到业务板块，以风机业务为主的远景能源的范围3排放依然是最大头，占比为75.5%，其次是电池业务的远景动力，其范围3排放占比为24%。

为了完成供应链减排目标，2022年，远景能源启动了绿色供应链项目，对重点供应商制定了三大目标：100%无企业社会责任负面事件；依托方舟碳管理系统，于2023年年底100%完成碳盘查；2025年重点供应商实现100%绿电生产制造。

将自身的经验和知识产品化，然后去帮助其他企业，这是企业在数字化转型过程中常见的商业路径。

远景开发的方舟碳管理系统正是减碳这一新业务的载体，它一方面是远景自己减碳的平台，同时也在对外向供应商和不同领域的客户进行推广，使远景成为他们的"零碳技术伙伴"。这套系统可以帮助企业进行数字化碳管理，模拟和优化减排路径，还可以帮助企业进行绿电、国际绿证、碳汇等碳信用交易。

对于开发碳管理产品的初衷，孙捷表示：第一，远景有自己的风机、电池、储能等各种实业，自身面临巨大的减碳压力；第二，远景的业务在海外广泛布局，未来或将面临外国碳减排的相关要求，甚至碳关税的挑战；第三，远景以绿色科技企业立足，理应致力于为合作伙伴提供绿色、低碳、数字化的解决方案。

远景披露的数据显示，2022年，已经有超过150家重点供应商通过远景方舟碳管理系统进行碳披露和碳管理。

孙捷强调，方舟碳管理系统不仅要为企业计算碳排放，还要帮企业管碳、减碳。基于自身在能源领域的深厚积累，远景可以提供绿色权益交易、新能源投资机会、节能改造、运输车辆油改电、充电桩改造等多种解决方案，帮助上下游企业系统性减碳。

事实上，这一商业模式与传统行业的数字化转型商业场景有颇多相似之处。工厂、企业需要各种数字化工具来实现降本增效或者智能制造，但是所谓"赋能者"不能仅仅提供数字化软件工具，更需要结合不同企业、行业的特点和需求，具备提供落地服务的能力，解决实际问题。

三、从自身碳中和到零碳技术伙伴

在实现自身运营碳中和、协助供应商一同实现2028年全价值链碳中和的基础上，远景已经开始将其开发的减碳技术能力对外输出，并跨界输送到不同行业。

2022年，国内新消费企业元气森林与远景达成战略合作，发布了元气森林首款碳中和气泡水，并联手打造零碳工厂。

这一跨界合作的背后，远景提供了能源和碳管理工具、可再生能源发电、绿电绿证采购及碳抵消等各种工具，远景还帮助元气森林在工厂屋顶建设分布式光伏电站，利用40多万平方米的屋顶完成装机46兆瓦分布式光伏。

孙捷表示，**组织碳、产品碳和供应链碳三位一体的碳管理方式，其方法论可总结为"算管减零"**。

所谓算，对产品而言，一般有两种不同的评价体系：一是生命周期评价（LCA），二是环境产品声明（EPD）；管，即在计算完成之后找到主要的排放源，去着重管理；减，即减少主要排放源的排放；零，即通过这些减排举措，做出零碳产品。与元气森林的合作，远景就是经过这些步骤来达成的。

在有的跨界合作中，远景还会更深入地参与合作伙伴新能源资产的开发。2023年3月，耐克在江苏太仓建成中国首个风光一体零碳智慧物流园，远景为耐克中国提供了新能源发电、能源管理和碳管理的整体解决方案。在发电环节，远景投资建设了2台单机容量3兆瓦的智能风机，与园区3.47兆瓦的分布式光伏一起帮助物流园实现100%使用可再生能源，并且还将通过远景方舟碳管理系统将园区节余的可再生能源环境权益交易给耐克在中国的办公室和零售门店使用。

这类跨界合作的企业名单正在不断拓展，如医药领域的勃林格殷格翰、建筑材料领域的圣戈班、贸易领域的丰田通商……

尽管碳中和的认同趋势在近两年极速升温，但在地缘政治、宏观经济形势的影响下，活下来是许多企业优先考虑的问题。减碳意味着投入，往往是行业头部企业的主动作为，减碳作为一个市场，还远未到高速发展期。那么，当前什么样的企业是减碳的目标市场？

对此，孙捷表示，目前远景服务的企业主要是自愿减排的企业，它们当中有些加入了国际性减排倡议或组织，如承诺100%使用可再生能源供电的RE100国际倡议、科学碳目标倡议组织SBTi、联合国全球契约组织UNGC等，制定了相应的减排目标，就需要采取相应的措施。这类企业是远景优先服务的对象，其中相当一部分是外资企业。另一类是价值链的链主企业，由于自身的减排目标，其对供应链、产业链上的企业也提出了减排要求。

"当你每天喝着咖啡、汽水，穿着跑鞋，开着电动车时，这些生活场景背后都有可能有远景的零碳技术方案在默默赋能，让生活的方方面面更加绿色低碳。远景不是直接面向消费者的公司，但我们通过赋能企业，更好地服务消费者。"孙捷表示。

中信：超大型综合集团的碳中和实践[1]

1979年，荣毅仁先生创办了中信集团（前称中国国际信托投资公司）。自成立以来，中信集团作为经济改革试点和对外开放窗口，为国家改革开放和经济建设做出了显著贡献。

中信集团现已发展成为中国最大的综合性企业集团之一，截至2023年，中信集团已连续15年上榜《财富》杂志世界500强，位居第100位（2023年数据）。中信集团金融与实业并举，传统动能与新兴产业共生，旗下拥有五大业务板块：综合金融服务、先进智造、先进材料、新消费、新型城镇化，致力于成为国内领先、国际一流的科技型卓越企业集团。中信股份（SEHK：00267）还是香港恒生指数成分股公司。

中信集团碳中和路径概览如图3-10所示。

大规模综合性企业集团实现碳中和目标有显著的优势，比如子公司之间可以资源互补、技术共享，但同时也面临诸多挑战。中信集团致力于成为践行国家战略的一面旗帜，在碳中和事业上积极探索。

---

[1] 本作者为《财经》产业研究中心总监刘建中。

第三章　企业案例

五大板块	中信集团碳中和路径			
1 先进材料	重点排放领域	电力供应(①)	钢铁生产(①)	建筑运营(①-⑤)	数据中心(④)
2 先进智造	降碳阶段	煤电节能改造	升级工艺技术/流程	建筑改造	IT设备节能降耗
		发展新能源	提升配套设施绿色水平	运营升级	电源设备技术升级
		技术突破与应用	碳捕集技术突破	技术融合	制冷系统效率提升
3 新型城镇化	中和阶段	绿色电力			
		外购核证减排量			
4 综合金融服务		外购绿色电力证书			
		场外直接投资绿色项目			
	能力建设	制度管理体系			
5 新消费	产业赋能	绿色金融			

图 3-10　中信集团碳中和路径概览

注：本图系作者根据中信集团《2023年环境社会及管治报告》整理绘制

一、战略规划先行

2020 年 9 月 22 日，国家主席习近平在第七十五届联合国大会一般性辩论上宣布："中国将提高国家自主贡献力度，采取更加有力的政策和措施，二氧化碳排放力争于 2030 年前达到峰值，努力争取 2060 年前实现碳中和。"

这是中国对世界做出的庄严承诺，中信集团将其视为新时代赋予的新使命、新机遇，并于 2021 年 4 月召开中信集团实现"碳达峰、碳中和"目标推进会，2021 年 5 月召开中信集团"碳达峰、碳中和之路"研讨会。在这次研讨会上，中信集团提出"两增一减"的低碳发展战略。

"两增"：其一指绿色金融为产业低碳化转型提供融资解决方案持续提升绿色金融业务的规模与占比，其二指实业发展努力放大产业链和生

151

态圈的低碳效应;"一减":指集团存量中高碳业务、高环境影响投资要积极推进低碳转型,新业务布局要以低碳减排、低环境影响为原则。

2021年9月,为进一步科学规划碳中和目标实施路径,中信集团参考国家发展改革委和生态环境部等部门制定的企业温室气体排放标准,对旗下五大业务板块的36家子公司进行了碳排放核查。中信集团全面摸清了自身"碳家底",编制了"双碳"损益表,并将其作为实现碳中和目标的动态管理工具,以确保"双碳"战略的可回溯、可监测、可评价。

在"双碳"目标方面,中信集团宣布了自身实现碳达峰碳中和的目标:到2025年,单位产值排放强度较2020年下降18%;到2030年,中信集团碳排放整体达到峰值并实现稳中有降,有条件的子公司要力争碳排放率先达峰;到2060年,中信集团全面融入绿色低碳循环发展的产业体系和清洁低碳、安全高效的能源体系,能源利用效率达到世界一流企业先进水平。

2022年4月13日,中信集团在官网发布了《2023碳达峰碳中和行动白皮书》,进一步明确集团实现碳中和的具体行动路径。

低碳可持续发展,是时代赋予的使命,也是时代给予的机遇。低碳发展,有利于企业预防气候相关的经营风险,增强核心能力。2021年1月,时任中信集团党委副书记、总经理奚国华表示,实现碳达峰碳中和是融入未来全球产业链变革的破题之道,中信各产业板块将积极融入全球产业链的绿色低碳变革,并通过放大产业链和生态圈的低碳效应来助力"双碳"目标的实现。

中信集团表示,其将从以下四个方面保障"双碳"目标如期实现。

一是加强顶层设计,细化从集团到各级子公司的"双碳"目标战略规划,完善集团全口径的碳核算工作,研究制定"双碳"损益表作为可持续发展的管理工具。

二是优化现有的业务结构，能转型的积极改造，不能转型的坚决退出。发挥资本投资和资本运营平台在调整业务布局中的重要作用，制定业务与投资的绿色低碳负面清单。

三是加强绿色技术研发，持续加大在新能源、节碳技术、碳捕集技术等领域的研发投入，切实有效降低绿色溢价[1]。

四是在风险可控的原则下，研究开发与碳排放权相关的金融产品和服务，认真做好传统高碳行业转型下的信用风险研判，开展气候与环境风险评估和压力测试，并在集团投资项目准入标准中加入碳达峰碳中和要求，从源头控制降低相关风险。

具体来看，中信集团将从实业、金融两大方向入手，助力碳减排事业。

二、各展身手的实业板块减碳

发展仍是中国的第一要务，所以减少二氧化碳排放，必须在实体经济可持续发展的前提之下。目前，在实体经济中兼顾成本和减碳并不容易。所以，需要多管齐下，积极探索。

实业的减碳，首先是降低生产和运营中的直接碳排放。中信集团积极寻求高碳产业的降碳脱碳措施，通过能源替代、能效提升、使用绿电等方式实现直接减排。

能源替代主要指用燃气替代燃煤；能效提升是通过技术创新、设备升级、能源管理等方式降低单位产值的碳排放；使用绿电是使用自产或采购的光伏等绿色电力。当前阶段，中信集团把能效提升作为减碳的主攻方向。

---

[1] 绿色溢价指某项经济活动使用零排放的能源或技术的成本比使用化石能源或技术的成本高出的价格。

中信泰富特钢从源头削减、过程控制、末端治理三方面入手，优化产品结构、创新冶金工艺、提升工厂效率。比如，通过实施加热炉智能燃烧控制系统改造，中信泰富特钢每年可节省高炉煤气约4000万立方米，节省混合煤气约6000万立方米，共计减排二氧化碳约12万吨。

中信泰富能源推进绿色转型，积极投资国内外新能源及洁净能源业务，重点布局储能、源网荷储一体化、氢能等新能源前沿技术领域。公司计划至"十四五"期末，实现300万千瓦的新能源装机规模。

中信戴卡通过先进的余热回收技术，实现余热70%以上回收利用，每年帮助企业节约标煤1.3万吨，节约天然气1040万立方米，直接减排二氧化碳约2.2万吨。

中信和业为中信大厦的100部垂直电梯配备能量反馈系统，将电梯耗能部分回收供其他设备使用，降低电梯系统30%能耗。中信大厦的绿色实践得到了国际权威机构的认可，获得美国绿色建筑委员会LEED-CS（建筑核心与外壳）金级正式认证。

除了减少直接碳排放，实业企业还通过供应低碳产品、采购低碳产品、推广低碳产品和技术助力产业链减碳，以及通过乘数效应，放大减碳效果。

中信泰富特钢通过技术提升、工艺创新，开发出轻量化、长寿命、高强度的精品特钢。高强弹簧钢减重10%—30%，高强钢板减重约10%，而疲劳寿命为普通钢材的2—3倍。这无疑降低了单位产品的碳排放。再如，用连铸大圆坯替代模铸大圆坯可以为整个产业链节能降耗15%。

中信泰富特钢将钢铁生产过程中产生的大量高炉渣、钢渣、脱硫灰等100%综合利用，助力下游产业降碳。这些固体废弃物被广泛应用于水泥、制砖等建材行业。钢渣粉常作为下游水泥行业的原材料；冶金钢渣可降低水泥生产过程中破碎和焙烧工序的电耗，助力水泥建材行业节能降碳。而且用此方法配制出的混凝土和易性好，能满足大体积混凝土的要求，具有高强度、高抗压性、高抗折性、高耐久性，并具有高抗冻、高抗渗等普通水泥没有的优点，使工程质量大幅提高。

中信环境开创了环保治理与工业生产高度融合的"循环产业园"模式，实现减污降碳。以公司在广东省汕头市潮南区投资建设并运营的纺织印染循环产业园为例，在高效处理、充分利用印染废水的基础上，产业园集成应用公司的关键专利技术，构建了"热电联产—集中供水—纺织印染—污水处理—固废处理—中水回用"的六位一体循环经济产业经营模式。

目前，循环产业园已实现年废水减排2400万吨，废水和化学需氧量（COD）减排率均达到52%以上；实现烟尘、氮氧化物和二氧化硫的排放量低于国家现行标准50%以上；利用余热绿色发电量逾4.4亿千瓦时，上网电量2.8亿千瓦时；利用热电联产处理工艺协同处置印染污泥约7.5万吨，达成"减量化、再利用、资源化"的循环经济发展目标。

中信戴卡的生产原料以水电铝替代火电铝，可减少75%的二氧化碳排放。目前，中信戴卡每年使用水电铝35万吨，间接减少碳排放约398万吨。而中信戴卡生产的汽车铝铸件属于轻量化产品，比传统钢铁材质零部件减重三分之一，这也降低了产业链的能源消耗和碳排放。

中信泰富能源投资引进新技术（基于木本泥炭工程化快速构建优质耕作层技术），快速提高土壤有机质含量，全面改善耕地质量，可以提升生态碳汇能力。

中信金属推动铌产品在中国钢铁工业的应用，含铌钢的应用显著提升了钢的强度和韧度，可以实现减重22.5%—50%。

中信集团除了拥有众多实体企业，还拥有实力强大的综合金融板块，比如中信证券多年获得行业综合实力第一名。中信集团不仅积极发挥实业减碳"放大器"的作用，而且积极发挥绿色金融的"助推器"作用，助力中国"双碳"目标更好更快地实现。

三、金融板块通过模式创新助力减碳

中信集团拥有多家领先的金融企业，可以为实体板块提供资金支持。金融子公司努力提高绿色金融业务占比，严格控制高耗能、高污染、低水平行业的资金投放，引导资源向低能耗、低消耗、低污染、低排放的行业和企业倾斜。

近年来，中信集团金融板块积极推行绿色股权融资、绿色债券承销发行、绿色投资、绿色信贷，大力开展绿色业务模式创新，不断加速提高绿色业务占比，助力融资客户节约能源、清洁生产、保护生态环境，也助力客户向全社会提供清洁能源和绿色服务，从而实现二氧化碳间接减排。

截至2022年年末，中信银行绿色信贷余额突破3340亿元，绿色租赁余额近275亿元，承销绿色债券55亿元，投资绿色债券107亿元，绿色主题理财产品存续规模近30亿元。截至2023年年末，首个由国内银行主导推出的个人碳账户"中信碳账户"，开户量已突破800万，累计碳减排量超1万吨，逐步成为广大用户的"个人绿色账户"。

中信证券和中信建投证券绿色债券发行金额多年保持行业前列。中信证券还在证券行业内率先组建碳交易与投资专业团队，先后完成国内同业首笔碳排放权交易，落地全国首笔碳排放配额回购交易、首笔碳排放权场外掉期交易，并在国家批准设立的各区域碳市场实现常态化交易，助力碳市场价格发现功能的实现和完善，持续积极参与全国碳资产现货与期货市场建设。

中信集团表示，未来将持续提升绿色金融业务规模与占比，加速绿色金融商业模式创新。中信集团将以中信金融控股公司为平台，强化风险管理，深化绿色金融业务协同。同时，积极参与金融监管部门的绿色金融评价体系建设，并推动国内绿色金融标准的完善及与国际标准的融合。

金融企业还通过发挥金融渠道的客户资源优势，促进绿色低碳消费理念；同时可以通过多元化金融创新手段，支持绿色低碳型城镇化发展。

四、依靠创新解决问题

在碳减排中，企业会遇到很多现实困难，中信集团也不例外。

比如，低碳资源和低碳能源都会使得成本增加。虽然绝大多数客户都认可"双碳"理念，但在现实考量之下，不是所有客户都有为绿色溢价买单的意愿。

同时，国内再生资源供应链不完善。比如，用废旧钢铁炼钢（短流程炼钢）可以大幅降低碳排放，但废钢原料在国内供应量有限，废钢进口又存在障碍，原料供应的瓶颈导致电炉工艺炼钢产能占比难以提高。

再如，利用再生铝可以大幅降低碳排放，但废铝品类繁杂，回收时存在质量风险，且定价难，这些都制约再生铝供应链的建设和发展。

同时，碳捕捉技术已经比较成熟，但技术的经济性面临着巨大挑战。

这些问题都需要在实践探索中依靠创新得到解决，中信集团也将不断探索、不断创新。

泰达：一座"重工业"园区的低碳之路 [1]

我国有着"世界工厂"之称，工业一度是支撑国家经济腾飞的核心引擎。2020年我国正式提出碳达峰碳中和目标后，工业系统也面临着前所未有的减碳压力。

据中国电子信息产业发展研究院（赛迪研究院）的报告，我国工业领域碳排放占比高达70%。而工业门类众多，企业分布广泛而分散，减碳并非易事。在此情况下，以企业集聚和基础设施共享为特征的工业园区，有望成为工业领域减碳的重要抓手。

改革开放以来，从沿海到内地，工业园区的数量、类型不断增加，至今已有15000多家，对全国的经济贡献超过30%。清华大学郭扬等人在研究中估算，2015年全国工业园区二氧化碳排放约为28.2亿吨，占当年全国能源相关排放量的31%。

工业园区是建设绿色制造体系、实施制造业强国战略最重要且分布广泛的载体。而在上万家工业园区中，科学管理、科技创新水平相对较

---

[1] 本文作者为《财经》杂志研究员郑慧。

高的各类国家级园区仅数百家，这些园区在绿色低碳领域的实践具有标杆示范作用。

天津经济技术开发区（TEDA，以下简称"天津经开区"或"泰达"）是 1984 年成立的全国首批国家级经济技术开发区之一，是唯一一家获得全部国家绿色品牌的工业园区。

2000 年以来，泰达先后成为"ISO14000 国家示范区"、"中欧环境合作首批生态工业试点园区"、首批"国家循环经济试点园区"、首批"国家生态工业示范园区"、"国家循环化改造示范试点园区"、首批"国家低碳工业试点园区"、"气候友好型环境管理试点园区"和首批"绿色园区"。

在 2023 年 6 月底举办的夏季达沃斯论坛上，天津经开区正式加入世界经济论坛"产业集群向净零转型"倡议，成为中国加入该倡议的首个国家级开发区、首个综合型产业园区。

在碳达峰碳中和的新征程上，泰达正在探索一条符合自身产业基础的低碳转型升级之路。

一、最早、最讲规划的低碳工业园区

从天津市区向东行驶约 40 公里，就到了地处渤海湾西侧的天津经开区。这里曾是一片茫茫盐碱荒滩，如今已蜕变成一座现代化产业新城。

开放倒逼改革，作为中国对外开放地区的重要组成部分，天津经开区承载着国际交流、引进外资等重要职能。多位天津经开区领导表示，正是在与外资企业、国际组织打交道的过程中，泰达从被动到主动，走上了一条绿色创新的发展之路。

2009 年，在丹麦哥本哈根举行的联合国气候变化大会召开。次年，天津经开区管委会发布《创建"中日（国际）合作低碳发展示范区"工作方案》，正式提出"引入国际先进理念和技术，提升改造现有产业，形成国际低碳技术应用示范区"的发展思路。随后不久，天津泰达低碳经济促进中心（以下简称"低碳中心"）成立，这是全国首个专业促进区域低碳发展的公共服务平台。

十余年来，低碳中心通过持续开展国际合作项目，收集国内外1000余项低碳技术，促成近300个企业对接意向。目前，低碳中心已从服务于区域企业的小平台，成长为国家级经济技术开发区绿色发展联盟常设秘书处，为国内更多工业园区提供低碳技术支撑。

2014年，泰达成为首批国家低碳工业试点园区之一，率先提出工业园区低碳发展路线图，重点从产业、能源、管理、基础设施四个方面实施低碳化建设，推动园区企业开展碳盘查、监测公共建筑能耗、建立园区产业共生系统。

2020年，我国政府承诺将提高国家自主贡献力度，提出二氧化碳排放力争于2030年前达到峰值，努力争取2060年前实现碳中和的目标，泰达的低碳之路也由此进入新阶段。

天津经开区管委会副主任曹红钢指出，低碳并不是简单的碳排放绝对量减少，而是一个系统工程之后的结果，既要立足自身条件统筹谋划，也要与节能降耗、绿色环保、循环经济等相关工作紧密衔接。

2020年以来，泰达逐渐确立"1+N+X"的减碳思路。"1"是指一份指导性方案，即《天津经济技术开发区碳达峰实施方案》；"N"是指若干重点领域的协同减碳行动，目前主要包括制造业低碳发展、能源低碳转型、城市更新碳达峰、绿色低碳科技创新、金融创新助力碳达峰、深度参与国际合作、全面提升管理水平七大领域；"X"则是指打造若干重点项目，支撑实现减碳目标。

为了保障减碳工作的顺利进行，2022年1月，泰达正式成立双碳工作领导小组，将办公室设于发改局双碳办，下设能源、产业、建筑与交通、南港化工新材料四个专项工作小组。

曹红钢认为，绿色低碳要立足自身基础条件和发展特点，实事求是、因地制宜，使绿色低碳和经济发展相辅相成，最终实现高质量发展。泰达的主导产业中包含能耗较高的石化化工，在编制"双碳"规划时，泰达并没有一刀切地设立目标，而是针对不同产业、不同区域差异化管理。

二、产业低碳化，低碳产业化

产业是工业园区实现绿色低碳发展的关键。作为北方头部工业园区，泰达的产业结构偏重。

一方面，汽车及高端制造、新一代信息技术、化工新材料、医药健康是泰达的四大主导产业。其中，南港工业区所承载的化工行业，是即将被纳入全国碳市场的八大高耗能行业之一，泰达面临不小的减碳压力。

但另一方面，根据天津市相关规划，南港工业区未来将成为天津市石化产业高质量发展的唯一承载地。打造绿色石化产业链，又成为泰达的发展机遇。

南港工业区规建办能源管理科科长张浩然提到，在工业领域，由能源消耗产生的碳排放占比在80%左右，化工园区低碳化发展，一方面要督促企业主动降耗，另一方面要做好园区能源供给低碳化转型。

为此，南港工业区研究制定了《能源低碳综合利用方案》，结合园区的能源禀赋和产业特点，从发展绿色能源、打造节能降耗的循环经济两大方向，推动南港工业区的低碳发展。

天津经开区相关负责人表示，园区企业绿电需求高，而辖区内目前的可再生能源规模远达不到要求。南港工业区正加快推进1.5吉瓦海上光伏、200兆瓦海上风电的建设。如果项目推进顺利，有望在"十四五"期间实现年发电量18亿千瓦时，年减排二氧化碳144万吨。

循环经济方面，"中圣冷能综合利用项目""每日15万吨海水淡化项目"是南港工业区重点打造的绿色产业标杆。

南港工业区拥有目前北方最大的液化天然气接收站，来自中石化和北京燃气的液化天然气需要先在此处完成汽化，再通过管道输送至千家万户。液化天然气在汽化过程中吸热制冷，如果通过海水换热，冷能会排入大海，白白浪费资源。结合液化天然气接收站和乙烯装置的换热特点，南港工业区策划了中石化液化天然气与120万吨乙烯冷热互供项目。同时，结合冷能空分[①]、冷能发电、冷能海水淡化等项目，园区可以实现冷能梯级利用。该项目一期预计于2024年年底投入使用。

海水淡化项目建成后，每年将替代地表水约5000万吨。产生的浓盐水将资源化利用，在盐田利用绿电进行提溴和制盐，产生的化工原料再返回园区供给下游化工装置，形成"海水淡化—提溴—制盐—氯碱—化工新材料"的循环经济产业链。

"石化行业是国民经济支柱产业，总量大、链条长、种类多、覆盖面广，与产业链供应链安全稳定、绿色低碳发展、民生福祉改善密切相关。以前人们对石化产业的固有印象就是粗放、高污染，而如今的石化行业正朝着绿色化、高端化、精细化的方向发展，这恰恰是我们正在做的事情。"南港工业区产促办副主任降春生说。

降春生介绍，南港工业区以百万吨乙烯、甲醇制烯烃等产业龙头项目的基础原料为依托，围绕四大领域、十条细分子链，以产业图谱为指

---

① 冷能空分是一种利用液化天然气汽化时释放的冷能来生产液态空气分离产品（如液氮、液氧）的技术。

引开展招商工作，吸引了一批延链、补链、强链项目布局落位，同时在科技创新、绿色低碳等方面持续发力，加速构建产业协同发展的良好生态。

通过上述工作，园区内企业间可以实现产品上下游隔墙互供、产业链共生互补，形成企业间抱团、耦合、循环发展。以河北诚信集团正在建设的甘氨酸项目为例，该项目可以利用南港工业区百万吨乙烯项目生产丙烯腈时的副产品氢氰酸作为隔墙互供的原料。原料不出区，既降低了成本，又可以减少不必要的运输能耗。

秉持"产业绿色化、绿色产业化"的发展理念，泰达在不断推动存量产业绿色升级、打造绿色低碳产业链的同时，也在持续引育清洁能源、节能环保类的绿色低碳产业。

维斯塔斯、施耐德、赛威、威立雅等世界500强绿色产业企业已在此集聚。未来，泰达将聚焦新能源汽车产业链、绿色化工新材料、节能环保装备，以及氢能、光伏、风电等清洁能源，推动重大项目加速布局，支撑绿色产业发展壮大。

三、引导、服务园区企业的绿色转型

打造绿色低碳制造体系，实现产业低碳化，离不开园区内众多企业的具体实践。

一汽－大众华北基地的绿化带上，大片整齐排列的光伏设备已经投入使用。该基地在屋顶、地面、车棚铺设的光伏装机容量合计约13MW，每年可提供1500万千瓦时清洁电力，减碳约1.1万吨。

一汽－大众环保与能源规划工程师沈庚雪介绍，电力、热力、天然气等能源消耗所产生的二氧化碳排放量占整座工厂的80%以上，因此使用清洁能源是工厂减碳的重要途径。目前铺设的光伏项目，可提供

10%左右的生产用电。

此外，自2018年进入运营阶段以来，基地先后开展了100多个节能减排项目，如冷凝器在线清洗、永磁电机、余热回收等，已累计减少能源消耗超4300吨标准煤。基地还上线了智慧能源管理系统，可以实时监控设备能效，辅助挖掘节能潜力，用智能化、精细化管理的方式间接减少碳排放。

为了支撑集团2030年生产基地减碳27%的目标，一汽-大众天津分公司制定了"双碳"行动规划，力争在2025年实现减排27%。这一目标的实现需要将行动规划层层分拆落实到各个环节及相应的组织，涂装车间的环保创新工作室就是其中之一。

整车生产流程分为冲压、焊接、涂装、总装四个环节，其中涂装环节能耗占比达到50%—60%，也是废弃物排放的主要来源。工作室技术带头人李建表示，工作室将从碳足迹核查、创新节能、原辅材料精细降本、危废排放等方面先行先试，打造碳中和先导车间。

作为一汽-大众最年轻的生产基地，天津分公司在规划阶段就遵循高水平智能制造、绿色制造的设计要求。2020年，基地获评国家级绿色工厂，2022年获评绿色供应链管理称号，成为天津市首个"无废企业"试点建设单位。沈庚雪表示，公司正在探索建设"近零碳园区"。

低碳化已经是制造业转型升级的必然趋势。在泰达，类似的绿色低碳标杆企业纷纷涌现。

位于南港工业区的金桥高端焊材智能制造工厂，在规划立项时就将绿色低碳作为建厂理念。据总经理助理卢少川介绍，厂区内正在铺设面积约为11.2万平方米的光伏设备，同时计划安装两座风力发电设备。这些清洁能源总装机容量约15MW，平均年发电量约2700万千瓦时，可供给工厂一半以上的生产用电，每年折合节约能源3300吨标准煤，减少二氧化碳排放约 2.7 万吨。

值得一提的是，上述两家企业的新能源发电项目均由第三方投资建设，企业提供场地后，可以享受优惠电价。因此对企业而言，这一举措带来的更多是效益，而非成本。

除了使用清洁能源，整座工厂采用多项低碳化生产工艺和节能技术，企业还自主研发了余热回收装置，将低碳落实到每一个细节。

"不久前的行业展会上，国外客户听完我们关于使用绿电、节能降耗、生产工艺等方面的介绍后，对我们信心大增。"卢少川说。据悉，这座工厂的产能将主要满足海外需求。

作为所在区域内第一家主动要求安装风电的企业，金桥获得了政府的诸多支持。"从做方案，到找资源，再到落实过程中的各种协调审批工作，南港工业区、天津经开区的领导们都积极地帮我们推动，给了很多支持。"卢少川表示。

沈庚雪也提到，对于符合条件的绿色低碳技改项目，公司会向天津经开区政府申请相关专项补贴。她所说的补贴，依据来源于泰达 2020 年在原有文件基础上修订发布的《天津经济技术开发区促进绿色发展暂行办法》。

为了推动产业绿色转型升级，天津经开区拿出真金白银设立"绿色发展专项资金"，每年预算 1 亿元激励企业节能减碳。涉及资源综合利用、分布式光伏电站、绿色建筑项目、清洁生产改造、加氢站等符合条件的项目均可申请补贴。数据显示，2020—2022 年，企业申报项目共实现节能约 1.6 万吨标准煤。

此外，为了提升先锋企业的荣誉感、获得感，泰达制定工业企业绿色发展水平综合评价指标体系，每年评选绿色发展 30 强企业。2022 年评选出的 30 强企业贡献了天津经开区超过七成的税收和超过一半的工业总产值。

天津经开区发改局副局长林全新提到,泰达原先以外向型经济为主,一些来自欧洲、日本的外资企业尤其重视低碳减排,会主动提出绿色能源等方面的要求。与此同时,国内企业的意识也正逐渐提升,出口型企业、跨国公司供应链上的企业尤其关注低碳相关动向。

"在低碳减排领域,我们目前对企业以正面鼓励为主,通过政策激励、资金支持、荣誉表彰等手段,引导企业节能降碳,积极协助企业实现低碳发展目标。"林全新说。

截至2023年7月,泰达拥有国家级绿色工厂22家、国家级绿色供应链管理企业12家、天津市绿色工厂67家,初步实现了区域绿色制造聚集示范效应。

四、低碳转型需金融支持与金融创新

国家级经济技术开发区绿色发展联盟指出,对很多工业园区来说,"双碳"是一项比较新的系统性工作,需要从理念培育、管理模式创新、新技术应用等多方面开展。从与众多园区的交流经验来看,目前推进"双碳"工作仍存在四个方面的共性问题:

其一,标准待完善,能源双控转向碳排放双控,摸清碳家底是最基本的要求,需要更加明确、统一的核算标准;**其二,技术待验证**,建设低碳园区离不开技术应用,当前绿色低碳技术也成为研发和投资热点,但其适用性、经济性仍需不断验证,需要谨慎选择;**其三,资金待支持**,当前地方政府财政较为紧张,而绿色低碳基础设施投入较高,需要金融体系的进一步支持;**其四,人才待补充**,从园区到企业,碳领域专业人才普遍缺失,急需系统化、专业化的碳管理人才梯队建设。

天津经开区相关负责人表示,目前已初步摸清园区工业碳排放底数，但由于园区不是区域碳排放核算的基本单元，相关统计尚缺少部分社会生活统计数据。园区将于明年上线"碳脑"平台，进一步完善碳排放的信息核算与管理，引导企业开展减污降碳协同增效。

绿色发展联盟联合国内多家权威机构，于2023年6月13日发布《产业园区二氧化碳排放核算与报告指南》团体标准，指引园区进行碳排放核算，天津经开区也参与了此项标准的制定。

2008年成立的天津排放权交易所，是全国首家综合性环境权益交易机构，也是全国首批碳市场试点之一。2013—2022年，天津排放权交易所碳配额累计成交量3218万吨，成交额7.92亿元；中国核证自愿减排量（CCER）市场累计成交量6628万吨，成交额9.02亿元，位居全国第一。

天津经开区金融局局长赵磊介绍，泰达主要从四个维度推动绿色金融创新：建立更好服务实体的绿色金融市场体系、创新活跃的绿色金融产品体系、丰富多元的绿色金融机构体系，以及功能完善的绿色金融综合服务体系。

绿色金融产品创新，有助于为企业提供更加灵活便捷的绿色融资渠道，为低碳发展注入活水。以绿色保理为例，天津经开区的诚通保理将零散新能源资产打包，经过绿色认证后，发行绿色资产支持专项计划。其优先级票面利率仅3.5%，但获得了近2倍的认购量。

赵磊表示，当前绿色金融还存在规模相对小、产品覆盖面有限、缺乏对绿色认证的统一标准、环境信息披露水平不高等问题，泰达仍需在供给侧加力，从更高层面推动绿色金融发展。

制造业第一碳排放大户
钢铁行业脱碳的短、中、长期路径[①]

中国是世界钢铁第一大消费国和第一大生产国。根据世界钢铁协会数据，2022年中国大陆粗钢产量和成品钢表观消费量分别约为10.18亿吨和9.21亿吨，分别占全球总量的54%和51.7%。

作为重要的"工业粮食"，钢铁是国之基石，支撑着中国经济的快速发展。但与此同时，钢铁行业也是国内碳排放的主要来源，其排放量仅次于电力行业，占全国排放总量的15%以上。2022年，中国钢铁行业碳排放超过18亿吨。如果要实现21世纪末全球平均气温上升不超过1.5℃的目标，到2050年中国钢铁行业需减排约100%。

当前，钢铁行业在内、在外都面临巨大的减排压力。2020年，中国提出"双碳"目标，作为工业领域排名第一的碳排放来源，钢铁行业责无旁贷。与此同时，发达国家正在设置绿色贸易壁垒，中国钢铁企业将面临出口成本上升、价格优势缩小、产品竞争力下降的挑战。

[①] 本文作者为中创碳投研究院高级分析师陈梦梦、潘聪超，《财经》杂志产业研究中心研究员郑慧。

钢铁行业不仅自身迫切需要减碳，而且，从产品生命周期的角度来看钢铁是基础设施建设、汽车制造、装备制造、建筑等领域的主要原材料，钢铁行业实现低碳转型，对于带动制造业、建筑业乃至全社会的减碳行动都具有重要意义。

以煤炭为主的能源结构和长流程为特点的工艺结构，导致中国吨钢碳排放高于世界平均水平。短期来看，以产能产量双控、节能技改等手段推动钢铁行业存量优化，是碳达峰阶段的优先减排路径；中期来看，优化工艺结构、推动能源结构转型是巩固碳达峰基础，迈向碳中和的有效手段；长期来看，突破性氢冶金技术是钢铁行业未来实现碳中和的核心，碳捕集、利用与封存（CCUS）技术则将为最终实现碳中和托底。

一、短期：节能技改，压减产量

2010—2020年，中国钢铁行业吨钢综合能耗累计下降了17.9%，但对比发达国家仍有差距，能耗强度尚有15%—20%的下降潜力。至2020年年底，国内高炉和转炉工序能效低于基准水平的产能均约占30%，优于标杆水平的产能分别仅占4%和6%，行业整体能效有较大的提升空间。

节能降耗对钢铁行业长期整体减碳的贡献并不多，但由于具有经济效益，更容易被钢铁企业所接受。

中创碳投"钢铁行业边际减排成本模型"研究显示，强化减排情景下，到"十五五"（2026—2030年）末期，钢铁行业碳排放总量将下降3.9亿吨，其中节能减排技术的应用将带来约1700万吨减排量，虽然对于行业减排整体而言其贡献仅占12.22%，但由技术成熟度高，生产增效带来的经济效益要高于综合技术成本，平均减排成本为–348.47元/tCO_2，较其他减排技术有明显的经济效益优势。

在壳牌集团和《财经》杂志2022年7月联合举办的"赋能进步"

高峰论坛上，宝山钢铁股份有限公司副总经理傅建国也表示："节能优先是国家的战略，随着能源的价格上涨，钢铁产品里能源的成本接近50%，我们非常有动力开展这项工作。"

中国宝武钢铁集团有限公司（以下简称"宝武"）是全球规模最大的钢铁企业，由宝钢股份、武钢集团、中南钢铁、马钢集团、太钢集团、八一钢铁组成。宝武在其《2022绿色低碳发展报告》中提到，将聚焦余热余能资源化、提升界面能效的创新与应用，实现全流程能源效率提升，挑战极致能效，其减排潜力为减碳3%—5%。

由于钢铁行业粗钢产量仍处高位，即使不断提升能效水平，钢铁行业碳排放规模依旧巨大。因此，深化供给侧改革，严格控制产能产量，推进存量优化是钢铁行业中短期内减碳最直接、有效的手段。

2021年，国家工信部出台新版《钢铁行业产能置换实施办法》，进一步提高产能置换比例，要求扩大强管控区域，并鼓励企业兼并重组，提高产业集中度，随后发布的《"十四五"原材料工业发展规划》中也明确要求，到2025年粗钢产能只减不增，产能利用率保持在合理水平。在碳达峰碳中和"1+N"政策体系中，同样强调了钢铁行业深化供给侧改革、深化去产能、压产量、推进存量优化的行业发展基调。

宝武自2016年启动"压减"工作。宝武提出，将通过化解产能每年减少二氧化碳排放约4000万吨，通过能效提升每年减少二氧化碳排放约1100万吨。

二、中期：优化工艺结构、推动能源结构转型

钢铁行业主要有三种生产工艺："高炉＋转炉"工艺流程、"氢基直接还原＋电炉"工艺流程和"废钢＋电炉"工艺流程。其中，"废钢＋电炉"工艺流程碳排放强度最低。

以传统长流程（高炉+转炉）为主的工艺结构，很大程度上决定了中国钢铁行业高能耗、高排放的特征。据测算，中国每吨粗钢的碳排放约为2.35吨，高于世界约1.91吨的平均水平。而短流程（废钢+电炉）工艺直接以还原铁为原料、通过电解还原，吨钢碳排放仅0.87—1.25吨。

短流程不仅有助于减少碳排放，还能够促进资源循环利用，保障资源安全。废钢是节能降碳的绿色资源，也是唯一可以替代铁矿石的铁素来源。中国铁矿石的对外依存度超过80%，2021年铁矿石进口11.2亿吨左右，占全世界铁矿石出口量的70%。充分利用废钢资源，有助于缓解对外资源依赖。

然而，2021年，中国大陆电炉钢产量占比仅约10.6%，远低于美国69.2%、欧盟43.9%、日本25.3%的水平。此外，电炉钢产能利用率不足60%。宝武报告显示，其电炉钢产量仅占粗钢产量的6.5%左右。

废钢资源量不足，价格过高，阻碍了当前电炉炼钢的进一步发展。电炉短流程的吨钢生产成本比长流程高300—600元，其中废钢在短流程炼钢成本中的占比超过75%，电力成本占比为6%—15%。据测算，在目前市场情况下，当废钢价格在1600元/吨时，电炉钢才有竞争力，而目前废钢价格仍在2500元/吨的高位。

电力与废钢的资源错配也是电炉钢发展的一大困境。电力约占短流程工艺能源消耗总量的80%，用电成本对短流程影响较大。以"胡焕庸线"[①]为界，钢铁企业、用电需求及废钢资源主要集中在中东部地区，而低廉电力、可再生资源则主要分布在西北部地区。从产能分布来看，电炉产能主要集中在华东和华南地区，两者约占电炉总产能的54.3%，而电力能源丰富的西南、西北地区的产能占比仅为12.3%和3.7%。

宝武计划在新疆天山钢铁巴州有限公司建设占地4.7平方公里的世

---

① 即中国地理学家胡焕庸在1935年提出的划分人口密度的对比线。

界首条钢铁短流程零碳工厂示范项目，形成"光伏绿电＋电炉＋薄带连铸连轧"绿色零碳钢铁短流程示范产线。该项目由新疆八一钢铁（以下简称"八钢"）建设，将通过使用光伏绿电和林业碳汇实现碳排放为零。

宝武主要技术减排潜力和部署时间表如图 3-11 所示。

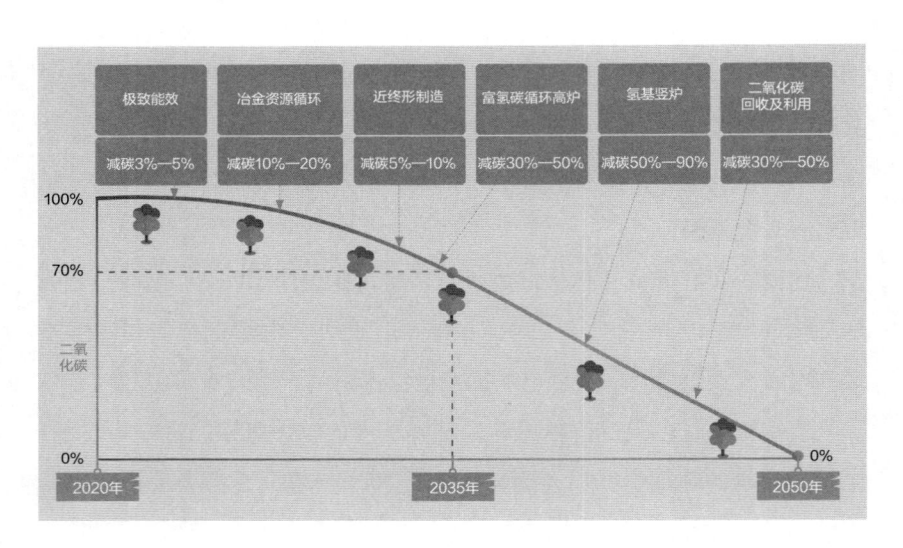

图 3-11　宝武主要技术减排潜力和部署时间表

注：本图系作者根据宝武《2022绿色低碳发展报告》整理绘制

三、长期：突破氢冶金技术，以 CCUS 托底

氢冶金的基本原理就是以氢气作为还原剂，代替碳将铁氧化物还原为金属铁。由于氢还原的过程中没有碳元素的参与，不产生二氧化碳等温室气体，也就从根本上减少了冶炼过程中的碳排放。

氢冶金是实现钢铁工业零碳发展最关键的解决方案，目前世界各大钢铁龙头企业都在积极进行氢冶金技术攻关和产能布局，逐渐形成了以富氢高炉、氢基竖炉为核心的两大氢冶金技术路线。据中创碳投行业减排模型测算,在钢铁行业碳达峰阶段,氢冶金技术可以实现0.71亿吨的减碳量。

宝武在《2022绿色低碳发展报告》中提到,高炉是极高效率的反应器,能为炼钢提供最洁净的原料,其效率和地位在很长一段时间内都很难被其他工艺完全替代。以富氢碳循环为手段,以降低高炉还原剂比为方向,重构高炉流程,最大程度利用碳的化学能,以工业绿色电气化取代碳进行加热,可以实现高炉流程的大幅减碳。

傅建国也表示,宝钢股份有大量长流程的资产,这个资产如果放弃,对钢铁行业意味着巨大的损失。宝钢目前正积极投入一些新的冶金技术,在传统的长流程冶金工艺中进行变革。

2022年7月,全球首个400立方米工业级别的富氢碳循环氧气高炉在八钢正式亮相、点火投运。

该项目历时多年:2019年,宝武启动对八钢已废弃的430立方米高炉的改造;2020年年底,此炉成为全球首个实现35%富氧冶炼目标的高炉;2021年6月,实现风口喷吹脱碳煤气和焦炉煤气,是全球高炉首次实现脱碳煤气循环利用的案例,减碳效果在15%以上。

除了已经实施的全氧富氢煤气循环之外,该项目还将规划光电制氢和二氧化碳的资源化利用产线建设,形成一个完整的430立方米级工业化的高炉低碳冶金示范产线和试验工厂。

根据宝武的规划,2035年前后,富氢循环高炉技术将开始助力减碳,预计减碳潜力30%—50%,氢基竖炉紧随其后,预计减碳潜力50%—90%。

理想状态下,氢基竖炉工艺方案可以使用清洁能源制取氢气,使用氢气还原铁矿石炼铁,有望实现钢铁冶炼过程的近零碳排放。

宝武碳中和冶金技术路线图如图3-12所示。

图3-12 宝武碳中和冶金技术路线图

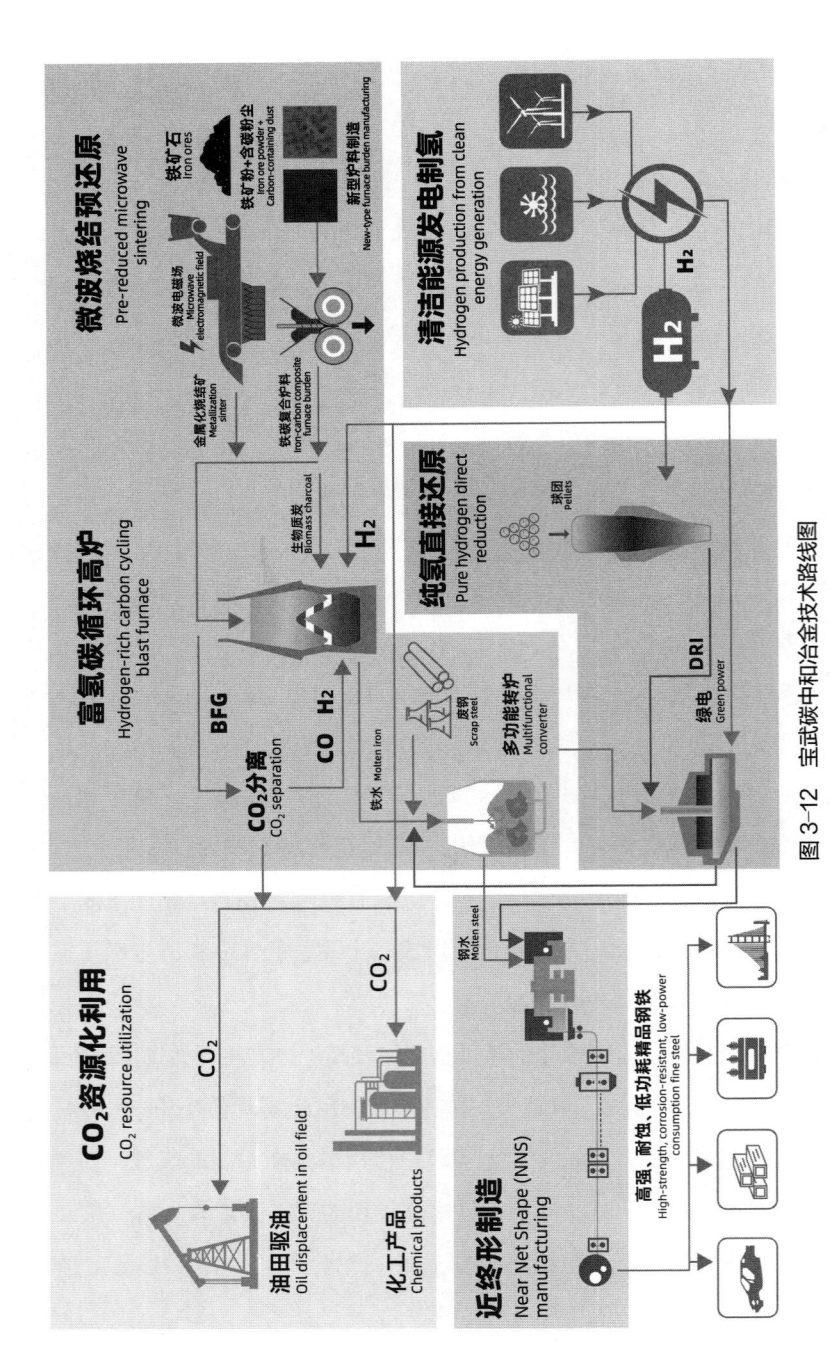

注：本图系作者根据宝武《2022绿色低碳发展报告》整理绘制

宝钢湛江钢铁、中晋太行、河钢张宣科技等企业都在尝试推进氢基竖炉项目。

以宝钢湛江钢铁的项目为例，该项目计划建设一套绿氢全流程零碳工厂，其中百万吨级竖炉工程已于2021年年底奠基，2023年年底建成，投产后对比传统炼铁工艺，如果铁水产量不变，每年可减少二氧化碳排放50万吨以上。

根据规划，未来该项目将利用南海的天然气，乃至利用南海地区光伏、风能制氢，形成与钢铁冶金工艺相匹配的全循环、封闭的流程。产线碳排放比传统长流程降低90%以上，并通过碳捕集、森林碳汇等手段实现绿氢全流程零碳工厂。

低碳冶金技术是缺乏模仿对象的"无人区"，需要加快创新，推进技术攻关。2021年11月，宝武倡议并联合全球钢铁业及生态圈伙伴单位，共同发起成立"全球低碳冶金创新联盟"。

同时，宝武面向全社会设立低碳冶金创新基金，提供每年不超过3500万元的资金，重点资助低碳冶金领域基础和应用基础研究。

根据国际能源署发布的2020年钢铁行业技术路线图，预计到2050年，钢铁行业采用工艺改进、效率提升、能源和原料替代等常规减排手段后，仍将剩余34%的碳排放，即使氢冶金技术取得突破性进展，剩余碳排放也将超过8%。因此，CCUS将是行业最终实现碳中和的托底技术。

当前，中国CCUS示范项目整体规模较小，成本较高，且布局主要集中在发电、石化等行业，个别钢铁企业也才刚刚开始探索。

2022年11月，宝钢股份与中石油、壳牌、巴斯夫签署合作谅解备忘录，四家企业将合作在华东地区共同启动我国首个开放式千万吨级CCUS项目。同月，包钢集团200万吨CCUS项目一期50万吨示范项目岩土工程勘察工作全面完成，该项目是钢铁行业首个 CCUS 全产业链示范工程，将分为三期建设。

四、结语

作为仅次于发电行业的第二大碳排放来源，钢铁行业的减排对实现碳达峰碳中和目标至关重要。但与任何一个行业的减碳一样，这并不是仅凭行业自身就能够实现的事，需要下游用户、政府、金融机构等多方共同推进，形成合力。

一位钢铁行业高层管理者提到，欧洲用户群明确提出了减碳要求，政府也搭建了相对完善的交易机制，因此欧洲钢铁企业减碳更有动力，路线也更清晰。而中国很多下游行业仍在观望，汽车行业的需求相对明确，但大部分制造业、建筑行业等，并没有明确的需求。此外，钢铁行业目前仍未被纳入全国碳市场，对行业而言，何时投入减碳、投入后能否得到回报，仍然是疑问。"尽快明确路线，企业可以尽早谋划，这涉及大量资金，也涉及现有资产要在何时结束生命周期、长流程向短流程切换进程，等等，是否能掌握好时机，对行业来说生死攸关。"他说。

头号碳排大户电力行业加速转型[1]

我国是全球第一大碳排放国和每年新增碳排放最多的国家,电力又是我国碳排放最大的领域。

中国电力企业联合会(以下简称"中电联")2021年12月发布的《电力行业碳达峰碳中和发展路径研究》显示,2019年,我国二氧化碳排放总量约为102亿吨,电力行业、交通行业、建筑和工业碳排放占比分别为41%、28%和31%,其中火力发电二氧化碳排放总量约42亿吨。

毫无疑问,电力行业减碳,是我国实现"双碳"目标最关键,也是任务最艰巨的环节。发电环节的安全清洁转型,则是电力行业面临的最大课题。

中国有全球最大的电力装机规模和电力消费量,两者的增长支撑着中国作为全球第二大经济体的经济增长。中国的资源禀赋造就了以煤电为主的电力结构,这使中国电力行业面临巨大的减碳挑战。

但是,中国又有着全球领先的新能源产业链,中国的存量和新增新

---

[1] 本文作者为《财经》杂志记者韩舒淋。

能源发电装机都领跑全球。2023年，中国新增光伏装机容量达到2.2亿千瓦，一年的增量就超过了美国的光伏装机总容量（约1.1亿千瓦）。

全球最高的煤电装机和最高的新能源装机都在中国，煤电装机是存量，支撑着中国的电力安全和经济发展，而不断突破纪录的新能源装机则是转型的方向，并且转型速度在不断加快。

截至2023年6月中国的电力装机结构如图3-13所示。

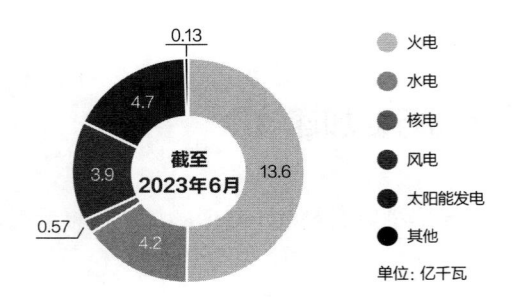

图3-13 截至2023年6月中国电力装机结构

注：本图系作者根据中国电力企业联合会相关数据整理绘制

2022年中国风电、光伏装机与其他国家及地区的对比情况如图3-14。

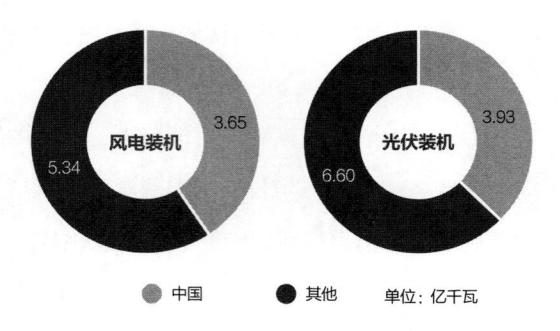

图3-14 2022年中国风电、光伏装机与其他国家及地区的对比情况

注：本图系作者根据国家能源局、国际可再生能源机构相关数据整理绘制

然而，电力行业的特殊之处在于，转型并不是简单地用新能源替换旧能源就能实现。电力系统是一个瞬时平衡的系统，而新能源的储能技术还远未成熟，其波动性和难以预测性的特点给电力系统带来巨大的挑战。更多的新能源可以发出更多的绿电，在电量上取代传统能源，但这并不意味着每时每刻都能保障电力的安全稳定供应。电力平衡面临更大的挑战，在市场环境下也会带来更多价格波动。

过去几年，中国和全球都出现了不同程度的电力、能源供应危机，在全球各国纷纷提出碳达峰碳中和时间表之际，能源安全却成了更迫切的问题。电力行业实现"双碳"目标的同时兼顾电力的安全、清洁和廉价，并不是一个简单的问题，需要统筹考虑。

一、新能源装机狂飙

根据中电联发布的数据，截至2023年6月，中国的电力装机达到27.1亿千瓦，同比增长10.8%。其中，非化石能源发电装机容量13.9亿千瓦，同比增长18.6%，占总装机容量的51.5%，占比同比提高3.4个百分点。其中水电装机容量为4.2亿千瓦，同比增长4.5%；火电装机容量为13.6亿千瓦，同比增长3.8%；核电装机容量为5676万千瓦，同比增长2.2%；风电装机容量为3.9亿千瓦，同比增长13.7%；太阳能发电装机容量为4.7亿千瓦，同比增长39.8%。

中国以水电、风电、光伏、生物质等为代表的可再生能源装机已经超过50%，其中光伏的增长尤为突出，2023年上半年，光伏装机新增7842万千瓦，大幅领先所有其他电力品种。

如图3-15所示，从全球来看，中国的风电、光伏增量和存量都处于全球引领地位。以2022年为例，据国家能源局数据，当年中国新增风电装机3763万千瓦，新增光伏装机8741万千瓦。据国际可再生能源署（IRENA）的数据，当年全球新增风电、光伏装机分别为7760万千瓦和1.92亿千瓦。中国新增的光伏、风电装机分别占全球的48.5%和45.6%，全球将近一半的风电、光伏新增装机都在中国，并且这一趋势已经持续了数年。

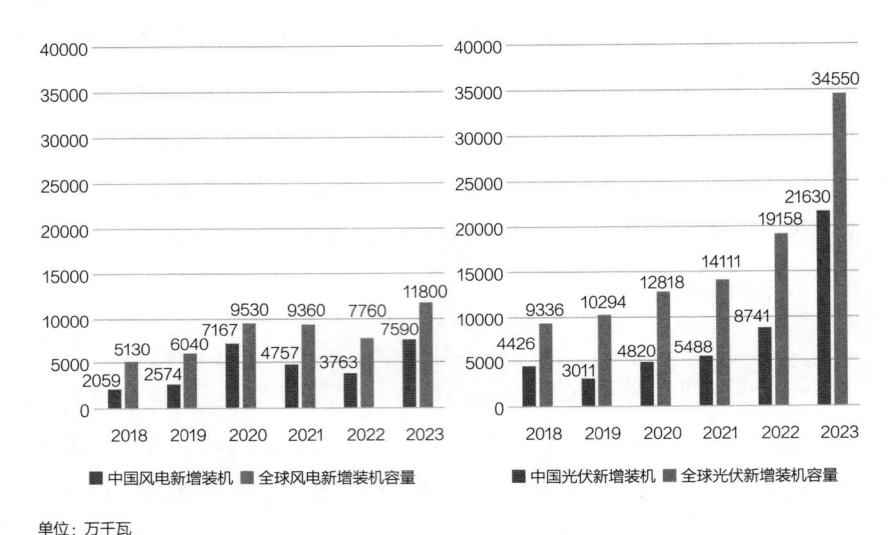

单位：万千瓦

图3-15 2018—2023年上半年中国及全球新增风电、光伏装机数据

资料来源：国家能源局、国际可再生能源署、全球风能理事会

另据国际可再生能源署的数据，截至2023年年底，全球风电、光伏装机分别达到10.17亿千瓦和13.99亿千瓦。其中中国装机分别为4.4亿千瓦和6.1亿千瓦，占全球风电、光伏装机的43.3%和43.6%。全球的新能源装机中，将近四成在中国。

电力央企是投资开发新能源的主力军，各家投入程度不一。如国家电力投资集团是央企中较早在新能源领域发力的企业，凭借这一举措一举摆脱了五大电力分家时体量较小的劣势，其新能源装机已经位居全球第一，经营业绩也逐渐反超。华能集团则是传统发电企业的老大哥，在新能源领域的发力较晚，但在2018年舒印彪掌舵之后加速转型，奋起直追，2023年上半年，其新能源装机累计投产规模近千万千瓦，总装机突破6000万千瓦。

如表3-18所示，在"双碳"目标提出之后，电力央企都大幅加快了新能源开发的节奏，并提出了颇为宏伟的中期目标。

表3-18 五大发电集团在"十四五"期间清洁能源规划目标

国家能源集团	新增新能源装机9000万千瓦以上，力争1亿千瓦
华能集团	新增新能源装机8000万千瓦以上
国家电力投资集团	装机达到2.2亿千瓦，清洁能源比重提高到60%
华电集团	力争新增新能源装机7500万千瓦，非化石能源装机占比力争达到50%，清洁能源装机占比接近60%
大唐集团	非化石能源装机比重达到50%

注：本表系《财经》记者根据五大发电集团公司信息整理

"双碳"目标之下，中国已经做出了到2030年风电、光伏装机不低于12亿千瓦的承诺，综合当前行业的增长态势和央企的规划来看，这一承诺有望大幅提前实现。

二、兼顾安全转型

新能源的快速增长，无疑是支撑中国实现"双碳"目标的重要基础，但是它为电力系统安全带来的挑战也不容忽视。

由于新能源靠天吃饭，相比于传统能源，其可利用小时数要低得多。据中电联的数据，2022年，中国并网风电平均利用小时数2221小时，并网光伏平均利用小时数1337小时，远低于煤电的4379小时和核电的7616小时。这意味着装机规模增长不等于同样规模的电量增长。

靠天吃饭的另一个挑战，是新能源出力的时段往往与电力负荷并不匹配。在2021年9月东北大范围拉闸限电事故发生时，东北三省风电装机约3500万千瓦，但当时风力发电出力不到10%，在煤电出力不足时没能明显缓解电力供应紧张的局面，最终导致拉闸限电。

2022年，四川再次出现电荒，高温天气下来水不足，电力结构以水电为主的四川省出现了长时间的限电。

两轮电荒过后，以煤电为主的传统发电托底保供的角色再次引起重视，能源转型不能以牺牲能源安全为代价。2022年下半年开始，中国各地的煤电审批开始复苏，也因此面临一些争议。

中电联在2021年12月提出，"十四五"期间，为保障电力供应安全，需要新增一定规模的煤电项目，按照"控制增量、优化存量"的原则，发挥煤电托底保供作用，适度安排煤电新增规模。

由于新增的煤电更多承担托底保供的责任，只在新能源无法满足需求时提供系统安全保障，因此，新增的煤电装机，并不一定带来碳排放的大幅增加。

这一研究还警示，**碳达峰碳中和目标的实现将推高发电成本**。规模化发展及技术进步之下，核电、新能源及储能设施的建设成本呈加速下降趋势，但由于新能源属于低能量密度电源，为满足电力供应，需要建设更大规模的新能源装机，这导致电源和储能设施年度投资水平大幅上升。相比于2020年，2025年发电成本预计将提高14.6%，2030年将提高24.0%，2035年将提高46.6%。

另一个值得参考的研究，是国家电网原董事长辛保安等人在2022年10月出版的《中国电机工程学报》上发表的《碳中和目标下考虑供电安全约束的我国煤电退减路径研究》，研究测算，按照预设路径，2060年风电、光伏装机预计达到20亿千瓦和30亿千瓦，未来系统电量平衡可以得到保证，但电力平衡存在很大风险，2030年电力平衡缺额预计约 8600 万千瓦，2060 年缺额预计达到 7.4 亿千瓦，且全年均存在电力平衡缺额。该研究建议，可考虑将部分原计划退役煤电转为应急电源，以继续有效发挥煤电的兜底保障作用，同时对碳中和目标也不会产生较大影响。

2023 年 7 月 11 日，中央全面深化改革委员会召开第二次会议，审议通过了多份改革文件，其中就包括《关于深化电力体制改革加快构建新型电力系统的指导意见》。会议强调，要科学合理地设计新型电力系统建设路径，在新能源安全可靠替代的基础上，有计划、分步骤地逐步降低传统能源比重。

第四章
企业项目案例

长沙黄花机场，低碳机场的先驱 [1]

2019年，长沙黄花国际机场智慧能源管理平台作为唯一的能源类建设项目，成为民航局首批"四型（平安、绿色、智慧、人文）机场"示范项目。2023年，黄花机场智慧能源管理平台将新添碳排放统计、核算，以及管理功能，为全国机场系统践行"双碳"目标探路。

机场降碳在全球都是一件棘手的事情。对于仍在快速发展的中国民航系统来说，机场的低碳化改造任务艰巨。目前，中国民航系统已经将绿色低碳作为机场建设运营的基本要求，个别机场在这方面已率先做出探索。

管理和降低碳排放量的前提是算好能源账单。长沙黄花国际机场从2011年建成燃气三联供能源站，到2018年搭建智慧能源系统，都是"第一个吃螃蟹"的机场。这两项设施让黄花机场成为节能减排的典范机场，也为其奠定了管理碳排放的良好基础。

机场是特殊的建筑，它比普通建筑能耗高，对用能安全保障要求也

---

[1] 本文作者为《财经》杂志记者徐沛宇。

高。同时，机场也是交通枢纽，对民航系统减碳有着重要影响。建筑和交通的碳排放量居各行业前列，实现"双碳"目标，它们必须先行。

一、从三联供到智慧能源管理平台

长沙地处华中地区，缺煤缺气。在2009年黄花机场新航站楼（T2）开工之前，长沙饱受缺电之苦。基于此，机场管理团队希望能为T2航站楼配建一个稳定、安全且节能的能源供应站。

经过对国外机场的考察，结合西气东输二线管道自2010年12月起对长沙开供气的现实条件，长沙黄花国际机场决定为T2航站楼配建基于分布式燃气技术的冷热电三联供能源站。这是湖南省第一个分布式燃气项目，也是中国民航系统第一个燃气三联供项目。

参与引进该项目的黄花机场能源管理部副总经理胡德表示，当时，燃气三联供项目在欧洲的机场里是普遍采用的技术，但在中国还是新鲜事物。为了保障安全，机场要求承建方另外配建备用的发电机。十多年的运作表明，燃气三联供技术是完全没问题的。

长沙黄花国际机场冷热电三联供能源站项目于2011年7月与机场T2航站楼同步投运。该项目以燃气冷热电三联供为核心，本着"温度对口、梯级利用"的原则，充分利用高品位的天然气资源。与常规供能方式相比，该项目节能率33%；每年可节约能源费用500万元；每年可减少一次能源消耗折标煤约1527吨，减少二氧化碳排放约3807吨。其2019—2022年节能减排情况如表4-1所示。

尝到了能源技术革新带来的甜头之后，黄花机场管理层希望能源系统的水平能更上一层楼。2017年10月，长沙黄花国际机场组织专家团队对机场的能源使用现状进行了详细调研，着手筹划建设一个智慧能源管理平台。

表 4-1　长沙黄花国际机场 2019—2022 年节能减排统计表

项目	2019年	2020年	2021年	2022年
能耗下降	12.82%	23.97%	23.78%	27.12%
节约标煤	1875吨	2940吨	2901吨	3111吨
降低碳排放	4675吨	7330吨	7289吨	7558吨
节能费用	707万元	1080万元	1074万元	1299万元

注：本表系作者根据长沙黄花国际机场相关数据整理

作为黄花机场 T2 能源站的运营方，新奥集团对机场的能源系统十分熟悉。根据机场新的需求，新奥集团为长沙黄花国际机场设计了一个集智能可视化监控、多能源管理、用供能一体化的智慧能源管理平台，可智能调配电、气、冷、热等各类能源。

这个方案赢得了长沙黄花国际机场管理层的认可。2018 年 7 月，黄花机场启动研发智慧能源管理平台系统。

智慧能源管理平台系统建设不仅需要数字软件系统的研发，还需要改造机场内的各种设施，包括换下老设备、换上新的智能设备，安装传感器，等等。启动智慧能源管理平台系统建设后，长沙黄花机场先后改造了 T2 航站楼的照明系统、空调末端系统、停机坪高杆灯，并对空调二次泵做了节能优化，对能源站也做了节能降费运行优化。

新奥集团长沙项目负责人武洋表示，智慧能源管理平台涵盖电力监控、计量收费、暖通空调、水务、照明等多个领域，每种设备根据机场应用场景不一、需求各异。这在国内是首次建设这样的平台，且机场情况特殊，每天只能在晚上没有航班的时候施工改造，所以建设周期相对较长。

2019 年 9 月，长沙黄花国际机场智慧能源管理平台一期上线运行。当年节能降费 707 万元，2020 年节能降费 1080 万元。

运行两年后，长沙黄花国际机场计划进一步完善智慧能源管理平台。2021年5月，升级改造施工开工，同年11月改造完成。改造后的长沙黄花国际机场智慧能源管理平台进入2.0阶段。

2.0版本的智慧能源管理平台可以对机场的数据采集、传输、计算、存储提供全面服务，实现数据存储与具体业务相关的数据资源融合，还新增了主界面展示系统、T2航站楼和T2能源站3D展示系统、能源监控管理子系统、能耗计量收费管理子系统、T2航站楼智能空调运行控制子系统、T2航站楼智能照明控制子系统等多个子系统。

新奥集团相关负责人姜远刚介绍说，智慧能源管理平台是会自己学习的，能不断地提高管理系统的效率。举个例子，航站楼的各个关键区域都安装了温度采集器，最初的时候需要人工给它设定一个温度，比如25℃，低于或高于这个温度空调就会自动打开。同时，这个区域还需要达到一定的条件，比如人工设定这个区域有航班即将完成登机，温度采集器才开启。人工设定一次之后，再出现这样的情况就不需要人为干预了，系统自己就可以做出识别和判断。

回顾长沙黄花机场智慧能源管理平台的建设过程，胡德总结说，智慧能源管理平台建设最难的是要做到精准计量，这样才能对节能效果进行评估。在平台建设之前，长沙黄花机场花了大半年的时间调研计量，摸清了家底，并且摸清了机场用能的特点。这是智慧能源管理平台的搭建基础。

鉴于机场的特殊性，智慧能源管理平台只针对航站楼做了改造，不涉及飞机起降的区域。胡德说，涉及飞机起降安全的能源设施目前没有改造，这既是保障安全的需要，也是经过优先级分类而做出的决定，避免一次投资过大。

2022年，长沙黄花机场的能耗比2021年再次下降超过20%，两年的节能降费分别为 1074 万元和 1299 万元。

二、率先进入碳管理时代，为全国机场践行"双碳"探路

2015 年各缔约国达成《巴黎协定》之后，全球迈向碳中和的时代。2020 年 9 月中国政府宣布力争 2030 年前实现碳达峰、努力争取 2060 年前实现碳中和。对此，民航系统自然要同步跟进。

国际机场理事会呼吁其成员机场承诺到 2050 年实现净零碳排放。国际民电航空组织（ICAO）在 2016 年通过了国际航空碳抵消和减排计划（CORSIA）。2021 年 10 月，在第 77 届国际航空运输协会（IATA）年会上，国际航空运输协会承诺其成员航空公司到 2050 年实现净零碳排放。

根据法国巴黎银行的调研，航空运输业的碳排放有三大来源：一是飞机航空燃油燃烧，约占总排放量的 79%；二是与飞机相关的地面排放，约占总排放量的 20%，其中包含飞机燃油的运输、飞机维修与回收，以及飞机服务配套地面交通，等等；三是航空相关的用电产生的碳排放，占比小于 1%。

飞机航空燃油的碳排放量虽然最高，但减排路径相对单一，即更换清洁燃料或者改为电动引擎。飞机地面相关的碳排放，也就是机场的碳排放是民航系统里减排最复杂的领域。

机场减碳的第一步是要计量清楚能源使用情况。拥有智慧能源管理平台的长沙黄花机场，是中国碳管理基础做得最好的机场。长沙黄花机场已于 2023 年年底对智慧能源管理平台再次升级——进入 3.0 阶段，加入碳管理相关模块。

智慧能源管理平台在涵盖航站楼用能情况的基础上，还将纳入停机坪的用能数据，比如新安装的充电桩用电负荷等，以保证更完整、更准

确地计算整个机场的碳排放量。

机场的碳排放分为直接碳排放和间接碳排放，前者是化石能源的直接燃烧，比如燃气三联供设施的碳排放；后者主要是指用电所产生的碳排放。长沙黄花国际机场的智慧能源管理平台系统对这些能源数据的统计已十分精准，运用相关的计算公式，即可核算出碳排放量。

武洋说，3.0版本的智慧能源管理平台2023年年底上线。它不仅可以统计碳排放数据，还预留了碳配额管理、碳交易和碳金融等功能模块，为今后长沙黄花机场更完善的碳管理做准备。

武洋表示，随着智慧互联感知技术的进步，新奥集团将进一步强化供需互动，动态追踪人员活动，深度感知用能设备运行状态，智能调控供能系统，持续挖掘节能降碳空间。

长沙黄花机场除了做好自己的碳排放管理，还将对各航空公司的碳排放管理做出贡献。据了解，民航局计划在长沙黄花机场做飞机滑行阶段的碳排放数据实时监测试点，这是全国首家试点机场。

飞机在起飞前、降落后的陆上滑行阶段，所产生的碳排放数据应归属于航空公司，但这个阶段的碳排放发生在机场区域里，如果让航空公司自己统计或监测，机场和航空管理部门获取数据的难度不小。

胡德说，各个航空公司机型众多、航线众多，一一统计的话需要较大的成本。而且，一些国外的航空公司不一定愿意与机场分享数据。在这种特殊情况下，在停机坪做实时监测是更合适的方式。

实时监测飞机滑行阶段的碳排放数据，一是可以摸清飞机的碳排放情况，另一方面也是为下一阶段的减碳做准备。掌握了飞机滑行阶段的碳排放数据之后，机场以及航空管理部门便可对各航空公司的碳排放水平提出要求，督促航司减碳。

三、更多的低碳机场

在 2019 年举办的国际机场协会第二十九届世界年会上，中国民用航空局副局长董志毅评价长沙黄花国际机场智慧能源管理平台时说："这样的项目，应该在全国多个机场大力推广。"

民航局 2022 年 9 月发布的《2022 中国民航绿色发展政策与行动》中提出，要大力推进机场智慧能源管理系统建设，提高能源使用与监控效率。

长沙黄花机场在能源体系上的革新表明，虽然节能降碳改造需要一笔初始投资，但从更长的周期来看，节能降碳与经济效益可以双赢。

此后，多个机场的相关团队到长沙黄花机场考察调研智慧能源管理平台系统的搭建。如青岛新机场已采用燃气三联供作为空调系统供能；武汉天河机场、西安咸阳机场等正在建设智慧能源管理平台。未来必定会有更多的低碳机场出炉。

与旧机场的低碳化改造相比，新建机场在规划设计之初就以低碳甚至零碳为宗旨，可以更好地实现降碳。

首先，新建机场要在建筑材料上采用绿色低碳材料。在能源系统建设方面，要因地制宜地利用好当地的可再生能源，同时要提高地面交通电气化水平。

2019 年 9 月投入运营的北京大兴机场荣获中国最高等级的三星级绿色建筑和节能建筑 3A 级认证。它是全国可再生能源使用比例最高的机场，其采用的可再生能源主要是耦合式地源热泵系统和光伏发电。在全球的枢纽机场中，北京大兴机场首次实现场内通用车辆 100% 使用新能源。

大兴机场还配建了临空经济区，规划面积约 150 平方公里，其中属北京地区的面积约 50 平方公里，属河北廊坊地区的面积约 100 平方公里。大兴机场临空区规划之初就把绿色低碳发展写进了规划方案里，编制了首个针对临空经济区的综合指标体系，将能源管控、碳排放控制作为约束性管控指标，并分领域提出了相应的绿色低碳发展指标。

有着长沙黄花国际机场智慧能源管理平台等诸多相关建设经验的新奥集团，正在大兴机场临空经济区的河北廊坊区域搭建一套数字化、智慧化的低碳能源体系。新奥集团相关负责人说，与机场相比，临空经济区是一个面积更广、用能更复杂的区域。因此，新奥集团为其规划了一个涵盖多种能源产品和技术的综合供能方案，同时，区域内的各个建筑之间能源流和信息流互联互通，可以更好地实现低碳发展。

大兴机场临空经济区整个区域几乎都是新建的，具备一开始就做好碳数据核算和管理的条件。该负责人说，临空经济区的建设周期相对较长，新奥集团为其建设的智慧能源和碳数据管理平台也会不断完善和升级。在"双碳"时代背景下，能源体系数字化和智慧化是动态发展的，其未来的运用会越来越普及。

第四章　企业项目案例

如何减少飞机的碳排放 [①]

可持续发展正在成为国际航空业最关心的问题。根据巴黎航展期间益普索集团（Ipsos）代表通用电气航空航天板块（GE Aerospace）做的一项调查，76%的受访者认为可持续发展从根本上改变了航空业的运作模式，30%的受访者认为实现航空业可持续发展是重中之重，这一比例远超选择供应链（19%）和劳工问题（11%）的受访者。

根据联合国政府间气候变化专门委员会（IPCC）在2023年发布的第六次评估报告，新冠疫情前，全球航空领域温室气体排放占总排放的1.8%，约为10.6亿吨二氧化碳当量，其中国际航空占1.1%，国内航空占0.7%。2019年航空及交通温室气体排放占全球总排放的比例如图4-1所示。

航空领域碳排放的总量尽管远比不上电力、工业等排放大户，但减排压力并不小。2021年，国际航空运输协会（IATA）在第77届年会上承诺其成员航空公司到2050年实现净零碳排放，大幅提高了之前较2005年减排50%的目标。2022年10月，国际民用航空组织（ICAO）

---

① 本文作者为《财经》杂志记者韩舒淋。

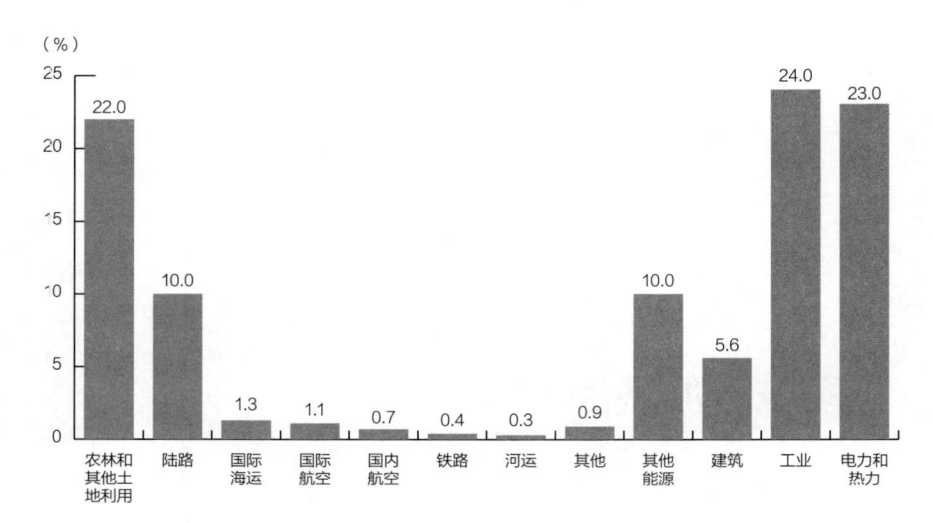

确立了长期气候目标：在2050年前实现国际航空业务的净零排放。

图4-1 2019年航空及交通温室气体排放占全球总排放的比例

注：本图系作者根据IPCC相关数据整理绘制

类别	比例（%）
农林和其他土地利用	22.0
陆路	10.0
国际海运	1.3
国际航空	1.1
国内航空	0.7
铁路	0.4
河运	0.3
其他	0.9
其他能源	10.0
建筑	5.6
工业	24.0
电力和热力	23.0

益普索的调查显示，46%的受访者认为航空业能实现2050年净零排放的目标，但也有32%持否定意见，22%表示不确定。整体来看，受访者普遍认为这一净零目标预计将在2055年实现。成本上涨、财政压力、供应问题和能源短缺是影响这一目标达成的主要因素。

航空业面向全球市场，国际航班也是航空排放的大头。减排机制的确立，离不开各国的通力协作，也免不了各方博弈，此外还需综合统筹发展和减排的关系。ICAO在2016年提出国际航空碳抵消和减排计划（CORSIA），成为推动未来全球国际航空减排的基础机制，欧洲航空碳市场的改革也与CORSIA相匹配。

在减排技术上，可持续航空燃料（SAF）是中短期最有效的减排技术，预计到2050年将贡献65%的航空碳减排。此外，发动机的节能提效技术的应用也必不可少。在远期，电动飞机、混动飞机、氢能飞机也将是可选的技术。还有无法减排的温室气体，也离不开碳捕集、利用与封存（CCUS）技术的发展。

减排机制和技术创新，正在从不同维度重塑航空业的未来。无论是购买合格排放单位，还是使用可持续航空燃料，都将推高航空公司的运营成本，在碳中和的趋势下，这将是整个航空业共同面临的挑战。

一、CORSIA：国际航空减排的基础机制

根据 ICAO 的预测，如果不采取任何措施，到 2050 年国际航空温室气体排放量可能增至 9.5 亿吨左右，约为 2019 年的 1.6 倍。

为了促进减排，ICAO 在 2016 年通过了两份决议，采用 CORSIA，希望通过市场手段在 2020 年实现航空业碳排放零增长（CNG2020）。从 2021 年起，国际航空碳排放增长部分需要购买相应的合格排放单位或采用可持续航空燃料抵消。

根据 ICAO 决议的安排，2018 年 6 月起，国际民航组织开放 CORSIA 合格排放单位评估申请，2019 年 1 月 1 日起，全球航空公司开始实施碳排放监测、报告与核查，为 CORSIA 的运行建立数据基础。CORSIA 的运行分为三个阶段：2021—2023 年为试行阶段，2024—2026 年为第一阶段，2027—2035 年为第二阶段。在试行阶段和第一阶段，国家和航空公司可以自愿参与，从 2027 年开始的第二阶段，除豁免国家外，所有成员国将被强制参与。

根据 ICAO 的数据，截至 2022 年年底，已经有 115 个国家加入了 CORSIA，中国尚未声明在自愿阶段参与，但仍需提交监测报告。2018 年中国民用航空局发布了《民用航空飞行活动二氧化碳监测、报告和核查管理暂行办法》，自 2019 年至今，国内航空公司均开始监测、报

告工作。

CORSIA 的每个履约周期为三年。在这三年内，航空公司的排放增量，需要购买合格排放单位或采用可持续航空燃料来抵消。2020 年，中国核证自愿减排量（CCER）获批，成为可适用于 CORSIA 试运行阶段（2021—2023 年）的合格排放单位。

CORSIA 属于碳抵消机制，与配额制碳市场有本质不同。长期从事航空可持续工作的绿航时代创始人林鹏表示，配额制碳市场由权威主体（通常是主权国家或强法律约束区，如欧盟）设计规则，通过发放具有有价证券属性的碳排放配额实现控排目标，控排主体可以利用金融市场管理其排放风险。

而 CORSIA 的制定者 ICAO 没有发行配额的强法律权力，因此 CORSIA 没有采用配额制，而选择了碳抵消机制。

在减碳政策设计上领跑全球的欧洲，其碳边境调整机制（CBAM）的立法进程备受国内关注。2023 年 4 月，欧盟理事会投票通过了这一机制，事实上，这一天还有另外三个欧洲碳政策相关的关键法案一同获得通过，其中就包括航空业相关碳市场规则的修订。

根据欧盟法律修订案，从 2027 年开始，欧盟将不再对航空公司发放免费碳配额，所有欧盟境内航班产生的碳排放，都需要有偿获得排放配额，配额可以通过一级市场拍卖或二级市场交易（含场内交易、场外交易、期货期权等衍生工具）获得，从而达到在欧盟范围内碳排放合规。欧洲清洁燃料法案航空法规要求在欧盟起降的飞机逐步提高可持续航空燃料的使用比例，从 2025 年的 2% 提高到 2050 年的 70%，其中，人工合成燃料占比从 2030 年的 1.2% 提高到 2050 年的 35%。为激励可持续航空燃料的使用，航空公司可获得额外排放配额。

二、重估 CORSIA

在当前 CORSIA 的试行阶段，中国尚未加入。对此，曾作为 CORSIA 工作组专家的林鹏表示，鉴于当前内外部条件的变化，中国要重估是否加入 CORSIA。

林鹏介绍，在 CORSIA 的制定过程中，核心的争论有三点。

一是减排目标。早期提出的是 2050 年比 2005 年碳排放减少一半、2020 年之后碳排放不增加的目标，这对于正处于快速发展期的中国航空业来说，因基数低（航空客运量、人均乘机次数在当时都和欧美发达国家有较大差距），因此，中国航空业重点考虑发展阶段不均衡的问题。发展中国家多数不同意这个目标。

二是减排责任分配机制。根据 CORSIA 设计，各航空公司每个考核周期需抵消的排放量包括行业增长和个体增长两个部分，行业增长是全行业的增长，个体增长是单个航空公司的增长。

最初的方案里，个体增长权重在 2033—2035 年考核周期应最终达到 70%，快速增长的航空公司远期将承担更重的减排责任，而 2022 年 ICAO 将该比例修订为 15%。

换言之，调整后的方案在远期的责任分配机制中采用了更高的行业增长权重，将减排责任更多地均摊到所有航空公司，这将大大缓解高增长航空公司的减排负担。

三是用什么可以抵消排放量。航空公司可以购买合格排放单位来抵消碳排放的增量。在 2019 年首次评选的合格排放单位中，CCER 获批成为 CORSIA 试运行阶段适用的合格排放单位，理论上使得国内航空公司可以通过购买 CCER 来抵消碳排放的增量。

现实中，首轮评估的合格排放单位仅适用于 CORSIA 试行阶段（2021—2023 年），且要求为合格排放单位在 2016 年后签发的减排项目。

中国2017年暂停新的CCER项目签发，2023年重启。那么，CCER需要重新参加CORSIA合格排放单位的申请与评估。

随着国际航空减排机制的调整，以及国际航空市场出现的新变化，林鹏认为，近年来外部环境变化显著，现在有必要重新深入评估中国航空市场化碳减排战略的方向和路径，主要从以下四方面考虑：

第一，国际航空市场的变化。经历新冠疫情的冲击，国际航空市场迄今还未恢复到疫情前的状态，叠加地缘政治等因素影响，未来国际航空市场面临很大的不确定性。全球化进程受阻，全球格局正在演变，这些都将直接影响国际航空市场的结构和增长趋势。从需求角度看，国际航空增长斜率势必放缓，中短期的减排压力有所缓解，且增加了中长期技术进步衔接的机会，为发展自主减排技术提供更多时间和空间。

第二，鉴于CORSIA责任分配机制的调整，个人增长权重从70%调整到15%，结合第一点，这将大幅降低中国航空公司的减排压力。结合CCER重启，中国有充足可用的碳抵消指标，还可借助航空领域减排推动CCER国际化，提升中国碳指标的国际信用，彰显中国航空公司积极减排的国际形象。二者均可较容易地赢得国际互认。

第三，面对欧盟碳市场政策的加码，顺势加入CORSIA，可有效避免中欧航线及欧盟成员国间航线的排放被欧盟碳市场管辖，此举可使控排力度和碳指标价格均显著降低。即使欧盟未来有进一步改变规则的可能，仍有众多CORSIA参与国作为共同利益方协同应对。

第四，通过中国碳市场管辖中国航空公司的国际航空排放，将面临诸多挑战。首先，当前全球主流意见支持CORSIA，包括欧洲碳排放交易体系也在一定程度上让步于CORSIA。而中国自我管辖，需面对众多不同意见。其次，自我管辖的机制设计、国内碳市场基础要素等均会面对多方关注，难度和工作量难以估计。最后，如中国不参与CORSIA，或将使现已成形的 CORSIA 瓦解，欧盟有理由强推其单边行动，其他有影响力的国家、组织也存在更多不确定的行动，使得航空减排问题重返复杂状态。

未来商业航空低碳技术路径预测如表 4-2 所示。

表 4-2　未来商业航空低碳技术路径预测

类别	2020年	2025年	2030年	2035年	2040年	2045年	2050年
通航9—19座、飞行时间60分钟以内碳排放占比不到1%	可持续燃料	电动氢燃料电池可持续燃料	电动氢燃料电池可持续燃料	电动氢燃料电池可持续燃料	电动氢燃料电池可持续燃料	电动氢燃料电池可持续燃料	电动氢燃料电池可持续燃料
地区航班50—100座、飞行时间30—90分钟碳排放占比约3%	可持续燃料	可持续燃料	电动氢燃料电池可持续燃料	电动氢燃料电池可持续燃料	电动氢燃料电池可持续燃料	电动氢燃料电池可持续燃料	电动氢燃料电池可持续燃料
短途航班100—150座、飞行时间45—120分钟碳排放占比约24%	可持续燃料	可持续燃料	可持续燃料	可持续燃料部分氢能	氢能可持续燃料	氢能可持续燃料	氢能可持续燃料
中途航班100—250座、60—150分钟飞行时间碳排放占比约43%	可持续燃料	可持续燃料	可持续燃料	可持续燃料	可持续燃料部分氢能	可持续燃料部分氢能	可持续燃料部分氢能
长途航班250座以上、飞行时间150分钟以上碳排放占比约30%	可持续燃料	可持续燃料	可持续燃料	可持续燃料	可持续燃料	可持续燃料	可持续燃料

资料来源：航空运输行动组织

三、可持续航空燃料：航空减排的主力

航空业的碳排放主要来自燃料燃烧，占航空运输业排放量的 79%。因此，减排潜力最大的就是将燃料从航空煤油替换为不产生新增温室气体排放的可持续航空燃料。

根据国际航空运输协会的测算，为了实现 2050 年净零排放，航空业在 2046—2050 年面临减少 81.64 亿吨二氧化碳排放量的远期目标，其中可持续航空燃料将贡献 65%。

据北京大学能源研究院在2022年发布的《中国可持续航空燃料发展研究报告》，可持续航空燃料之所以"可持续"，是因为从全生命周期来看，其原料(如废弃的生物质)在生长过程中或者合成过程中所吸收的二氧化碳要超过其在使用过程中所排放的二氧化碳；同时，其原料也不与粮食作物或水供应竞争，也不造成森林退化或生物多样性方面的损失。

在认证方面，业内最广泛使用的标准是美国材料与实验学会（ASTM）的ASTM-D7566标准，可持续航空燃料只要通过这一标准认证，就认为可以与目前的航煤油直接掺混，不需要对发动机和基础设施做任何改造。

生产可持续航空燃料的原料包括废油脂、农林废弃物、城市废弃物及非作物粮食等，还可以通过氢气和利用碳捕捉技术获得的二氧化碳以合成办法来制造。

根据国际航空运输协会的测算，可持续航空燃料的需求将从2020年的5万吨增长到2025年的630万吨，到2050年将达到3.58亿吨。

在中国，《"十四五"民航绿色发展专项规划》提出力争到2025年可持续航空燃料消费达到5万吨。

截至2021年10月，被ASTM认定的可持续航空燃料技术路线有九条。其中，当前应用最为广泛、商业化最成熟的是酯及脂肪酸加氢工艺（HEFA）。

这一工艺主要用油脂作为原料，也是目前绝大部分可持续航空燃料选择的技术路线，它的原材料可以是餐饮废弃油，因而可以利用"地沟油"来制备。早在2011年，中国国航就使用中石油和霍尼韦尔UOP[①]

[①] 霍尼韦尔能源与可持续技术集团旗下石油和天然气领域的供应商。

合作生产的航空生物燃料在首都机场实施了中国首次航空可持续生物燃料验证飞行。

另一种主要的技术路线为费托合成工艺（G+FT），其将含碳材料以合成气的形式分解为不同单元，再组合成航空燃料。这一工艺最初是为了将煤炭、天然气等化石燃料转化为液体燃料和其他化工品。

还有一种是醇喷合成工艺（ATJ），该技术是将醇类物质通过脱水、低聚、加氢转化及蒸馏等工艺转化为航空燃料。制备醇类物质的原料可以有多种来源，如玉米、甘蔗等农作物。

值得一提的是，为了确保燃料本身的可持续，这一技术路线要求其原料不影响粮食供应。霍尼韦尔 UOP 中国市场业务拓展经理卢静介绍，CORSIA 在评价可持续燃料降碳能力时，两个关键的指标是不与粮食争地、不与人类争粮食。在中国，由于粮食供应并不充足，拿粮食做乙醇原料并不现实，用生物质（如秸秆）发酵成乙醇再生产航空燃料是中国可以关注的方向。

根据北京大学能源研究院的报告，还有一条技术路线尚未被包含在 ASTM 的认证体系中，但也值得关注，那就是电转液工艺（PtL）。这一技术是通过电解水产生氢气，再与二氧化碳结合，转化为碳氢化合物燃料。这一技术路线有望未来与绿电结合，同时实现二氧化碳捕集利用，理论上其全生命周期最高可以实现 99%—100% 的减排。

无论哪种可持续航空燃料，都会推高成本。据林鹏介绍，燃油成本大概占航空公司运营成本的三分之一，即便是目前商业化最成熟的 HEFA 技术，其成本也是传统航空煤油成本的 2—3 倍，这意味着如果将航空燃油全部替换为可持续航空燃料，会使得运营成本提高 30%—100%。当然，随着技术进步和产业规模化，成本会呈下降趋势，但下降幅度有待观察。

当前，欧洲的一些航空公司的旅客已经可以在购票时选择可持续航空燃料权益，这类航班的票价较普通航班票价高出20%左右，航空公司会给选择这一权益的旅客相应的积分。

四、航空发动机如何进化

在具备可持续航空燃料之后，还需要以发动机为代表的相应的关键设备能够支持它。

航空发动机龙头通用电气公司（GE）表示，所有GE和其合资公司生产的发动机都可以适用获得许可的可持续航空燃料，这是由于获批的可持续航空燃料与化石航空燃料有同样的标准，可以直接掺入，与现有的商业航空飞机兼容，而无须对发动机、燃料配送和储存设施做特殊改造。

目前，ASTM许可的可持续航空燃料最高的掺混比例为50%。不过，在测试中，GE及其合资公司生产的多款发动机都已经完成了100%使用可持续航空燃料的测试飞行。

CFM国际公司[①]，为全球四分之三的商业飞机提供发动机。提高发动机的效率，不仅可以节约飞机运营的成本，也直接减少了碳排放。与二十世纪七八十年代的发动机相比，当前的发动机减少了40%的碳排放。

2021年，CFM国际启动了"可持续发动机的革命性创新技术验证项目（RISE）"。据GE全球副总裁、GE中国总裁兼GE航空航天大中华区总裁向伟明介绍，RISE旨在投资未来航空，希望通过一系列全新的颠覆性技术，如开放式风扇架构、混合动力、陶瓷基复合材料、增材制造等技术，在现役"省油爆款"LEAP飞机发动机基础上，进一步减

---

① 由GE航空航天与赛峰飞机发动机公司合资组建。

少 20% 以上的油耗和二氧化碳排放，并且能与可持续航空燃料和氢等清洁能源实现 100% 兼容。

向伟明表示，如果仅依赖现阶段渐进式燃料效率提升，航空业将无法实现 2050 年净零排放的目标。革命性创新技术才是众之所盼。"这也是为什么我们认为现在就是大力研发开放式风扇架构的绝佳时机。这种先进的发动机架构将为 CFM 国际公司的发动机效率跃升打开大门，我们的测试路线图也都围绕这一点。我们将持续验证并完善这些技术，以打造可持续的未来航空。"

当前，GE 正在同 CFM 国际公司、空中客车公司、美国波音公司、美国航空航天局（NASA）等合作伙伴进行协同技术验证，计划在 2025 年左右进行地面试验和飞行测试，2035 年左右投入使用。

这一研发周期也是航空领域技术迭代的一个缩影。航空作为复杂高端的制造业，涉及多项基础技术，并且需要保障安全，其技术迭代通常需要较长的研发周期。

在 GE 的发展历史上，为航空研发的发动机和为发电研发的燃气轮机，在空气动力学、燃烧流场分析等基础技术研发上其实也有共通之处，都是为了提高发动机、燃气轮机的效率，进而能够减少碳排放。

GE 的燃气轮机有一类航改燃机，就是将航空发动机改为燃气轮机，如 GE 的 LM2500 和 LM6000 航改燃机都来自 GE 此前开发的 CF6 发动机。在历史上，二者曾共享空气动力学和传热学的开发团队和开发工具。新材料的开发一般是航空主导，之后应用到燃机领域。但也有的材料是 GE 的发电部门先研发，然后再在航空领域被应用，如陶瓷基复合材料，起初在工业设备上使用，如今 LEAP 系列航空发动机首次使用这一材料。

除了兼容可持续航空燃料，提高发动机效率以外，向更远的未来展望，混动、电动技术，以及氢能飞机也将在未来航空业减排的过程中占有一席之地。

在混动、电动技术方面，GE正在与美国航空航天局和美国波音公司合作，开发一个兆瓦级混合电力推进系统，计划在21世纪30年代中期投入使用。

在氢能技术方面，2022年2月，GE宣布CFM国际公司正在与空中客车公司合作推进氢能飞机的示范项目，计划在21世纪20年代内实现使用氢能内燃机完成地面和飞行测试。

不过，电动和氢能飞机在可见的未来或许只能在短途、少客量的航班中有用武之地，可持续航空燃料仍将是当前最重要的减碳技术。

根据航空运输行动小组（ATAG）在2021年9月发布的《2050路径报告》（*Waypoint 2050*）预测，从2030年开始，混合电力和氢能有望在通航和支线航空中实现应用。到2050年，在长途航线上，可持续航空燃料仍然是唯一可行的减碳技术，氢能发动机有望在中短途航线上有所应用。毋庸置疑的是，在未来，航空减碳需要多种技术结合使用。

雀巢:"再生农业"与零碳牧场[1]

全世界的牛在一起,打嗝放屁的碳排放总量接近美国的碳排量。这对于畜牧业、乳业而言是个大问题。既不可能不养牛,又不可能禁止牛打嗝放屁,何解?

全球乳业巨头雀巢,正在用"再生农业"的方式尝试去"碳中和"一头牛。

该公司在哈尔滨市双城区打造了一个碳中和样板牧场——雀巢奶牛养殖培训中心,通过饲料优化提高牛奶的营养成分、优化牛群结构、减少奶牛肠道发酵、优化土壤固碳分离、再生能源利用等方式,进行减碳试验。

要实现牧场的净零排放,光"碳中和"奶牛并不够,还要用到再生农业的理念和技术,在土壤、水、生物多样性等方面,提升农田的碳储存能力。

这个碳中和样板牧场计划到 2030 年实现碳减排 85%,2040 年碳减

---

[1] 本文作者为《财经》杂志记者杨立赟。

排100%，也就是达成"净零排放"的目标。雀巢计划把这块试验田里实践成功的方法复制到整个雀巢的奶区牧场。

除了牧场和农业，雀巢将进一步降低碳足迹、加速可持续包装转型、推进可持续采购，从这三大方面入手，承诺到2050年实现净零排放。按照这家食品巨头企业发布的路线图，整个集团将拿出32亿瑞士法郎用于气候行动投资，其中12亿用于在整个供应链范围内推广再生农业。

根据雀巢官网，以上举措已有一定的效果。与峰值相比，雀巢已经减少了400万吨温室气体排放，实现了碳达峰。如果没有这样做，排放量将会与公司业务一起增长。

一、九项措施为奶牛减碳

在哈尔滨双城区的农村，是大片大片的玉米地。7月正是玉米生长的季节。此时的玉米尚未结穗，每下一场雨，玉米秆就会蹿得更高、长得更绿。玉米也是奶牛的重要饲料。雀巢的奶牛养殖培训中心就建于这些玉米地之中。

这个中心成立于2014年，主要功能是给奶业从业人员传授现代化奶牛养殖的专业技能和知识。培训中心除了一栋办公大楼，还养殖了大约3500头奶牛。出于动物防疫的要求，外人并不能直接走进牛舍接触奶牛，但是在接近牛舍的区域，空气中的气味提醒着人们——这里有一大群牛。

"有没有闻到一股牛粪的'清香'？"奶牛养殖培训中心总经理张建全笑着说。

这些奶牛每天三次从牛舍走到一个大型的转盘挤奶机上完成它们的"工作"。这里除了给12公里外的雀巢双城工厂供奶以外，还有一个重要的作用,就是进行净零排放的试验和培训。

张建全说,尽管碳中和的概念是这两年才热起来的,但是早在成立这个中心的时候,雀巢就已经把减碳、环保等理念融入中心的设计布局之中了。

《财经》曾经在《牛的碳排放接近美国,如何"碳中和"一头牛?》中报道:科学研究表明,牛在放屁、打嗝时,会排放大量体内废气。这些废气成分主要包括二氧化碳、甲烷这两种造成全球平均气温上升的温室气体。尤其是甲烷,其温室效应是二氧化碳的21—310倍。一头奶牛每天排出的废气中,甲烷排放量可达500升。

这是因为反刍动物以纤维状植物为食物,胃里的微生物会帮助它们消化植物饲料,但同时也产生二氧化碳、甲烷这样的副产品。

除了牛本身的碳排放,畜牧产生的其他主要排放还包括饲料生产环节的直接和间接排放。要去"碳中和"奶牛,改变奶牛的消化系统构造、改造基因并不太现实,还是要从其他方面入手,比如提高牲畜单位产能、农作物单位产能等。

2020年,雀巢奶牛养殖培训中心提出了牧场碳减排的九项具体举措:

1. 提高奶牛单产;

2. 通过饲料优化提高牛奶的营养成分;

3. 粪肥处理;

4. 优化牛群结构;

5. 减少奶牛肠道发酵;

6. 减少饲料碳足迹;

7. 优化土壤固碳分离;

8. 再生能源利用;

9. 植树。

具体来说，要从"吃"着手，使用更可持续的饲料，确保所用饲料来自再生农业实践。对动物消化产生的甲烷，应采用科学营养的饲料配方结合饲料添加剂等主要措施，减少牛群产生的碳排放。通过引入再生农业实践，提升农田的碳储存能力。通过支持新技术研发，提高牧场效率，在尽可能降低能耗的同时最大限度地提高牛奶产量。

培训中心自成立以来，一直采用对奶牛粪便进行干湿分离的处理方式。液态肥被输送到氧化塘发酵后，培训中心在每年的春秋两季将粪肥科学还田，建立了种植和养殖的自然循环模式。2018年，培训中心采用一项新技术，将干牛粪烘干、杀菌后，再循环利用做奶牛卧床垫料，按3100头奶牛计算，每头牛每天节省垫料费用0.5元。

张建全介绍，培训中心至今已经完成了约500期培训课程，共培训了超过2.5万名学员，他们如今遍布中国，乃至亚洲。牧场还有36个数字化应用的牛只监控管理系统，使牧场的人员利用率和奶牛单产量都有所提升；67个恒温奶牛饮水槽和自动牛体刷也改善了动物福利、提高了奶牛消化率和单产量。

根据雀巢方面提供的数据，这些设备大大提高了奶牛的舒适度和对牛群的管理水平，将每头奶牛每天的牛奶产量提高了约1公斤。根据第三方碳排放计算工具"Cool Farm Tool"的评估，中心减少了15%的碳排放。

国内外的乳企也都在做类似的工作。在欧美国家，不少公司正在开发能够抑制牛在消化过程中产生甲烷量的添加剂。瑞士公司Agolin在饲料中添加了含有香菜籽油、丁香和野胡萝卜的提取物。另一家公司Mootral开发了一种以大蒜、柠檬酸提取物为基础的饲料添加剂，声称可将反刍动物的甲烷排放量降低38%。

连锁快餐品牌"汉堡王"的研究也表明，在牛的饲料中添加柠檬草，可在其生命的最后三到四个月内，将甲烷排放量减少33%。

在国内，伊利通过持续推进"种养一体化"模式，打造绿色牧场。推行一种以养带种、以种促养的生态农业模式；新希望乳业此前携手中国农业科学院开展了奶牛养殖碳中和项目；一鸣食品则选择在上游建设良性循环生态养殖牧场。

二、方兴未艾的再生农业

奶制品和营养品业务是雀巢集团的支柱业务，也是雀巢中国的重要业务。1990年，雀巢在中国的第一家乳品厂在哈尔滨双城区开始运营。2022年，雀巢营业额为944亿瑞士法郎，其中大中华大区销售额为54亿瑞士法郎。目前，雀巢在中国运营着22家工厂、3个研发中心、5个创新中心等一系列子机构，拥有2.3万多名员工。

"碳中和"奶牛，属于雀巢再生农业工作的一部分。作为一家食品巨头，除了乳制品，雀巢还有饮用水、咖啡、冷冻食品、调味品等多种产品。

雀巢在中国销售的产品中，90%以上在本地生产，因此非常注重在当地开发农业原材料。黑龙江哈尔滨、山东青岛的两大奶区，以及云南普洱的咖啡种植项目都是其本地生产的体现。

雀巢大中华大区可持续发展总监张琦表示，作为如此庞大的一个商业机构，对气候和"双碳"问题责无旁贷。

2020年年底，雀巢发布了《雀巢净零碳排放路线图》，根据测算，雀巢价值链碳足迹70%以上都来自原材料。因此，消除农业活动产生的排放量是雀巢重要的关注点之一。目前雀巢的工作中，有一项便是引入"再生农业"这一概念。

再生农业是一种农耕方法，目的在于改善土壤的健康状况并提高土壤肥力，同时保护水资源和生物多样性。改善土壤的健康状况有利于降低和捕捉土壤和植物生物质中不断上升的碳。土壤越健康，就越能抵御气候变化的威胁，作物产量也会越高，最终改善农户的生计。

与传统农业相比，再生农业的不少做法是反常规的。"最典型的一个例子就是再生农业提倡少耕或者免耕，因为经常翻动土壤，对土壤的肥力有负面影响。这种做法短期来看能产出更多的粮食，但是长期来看就不行。"张琦介绍道，这和很多人的常规认知都不同。

在牛奶和咖啡豆两大原材料的生产上，雀巢都在推进再生农业的应用。哈尔滨和青岛两大奶区都开始推广再生农业的各种实践，咖啡豆也已经采用再生农业的方法进行种植。张琦举了一个例子，咖啡荫蔽树既能为咖啡树遮阳，又能增加生物多样性，对土壤的产量会产生促进作用。

种树，也是牧场碳中和的路径之一。中美洲国家哥斯达黎加通过在牧场种植大量树木，吸收温室气体，来达到畜牧业碳中和的目的。2021年哥斯达黎加农业和畜牧业部公布的数据显示，该国各牧场的2000多万棵树木捕捉的温室气体，几乎是这个国家排放总量的3倍。

在雀巢奶牛养殖培训中心，张建全详细介绍了已经在试验的林牧复合法——将树木和畜禽觅食区域整合，利用覆盖作物来保护土壤和优化粪肥管理。

在试验田里，为了保证生物多样性，两排玉米之间种了四排大豆，还有辣椒、番茄、芸豆、苜蓿和燕麦等多种植物。张建全坦言，试验田目前尚未完全达到再生农业的标准，只是采取了部分方式。

目前雀巢只是在直接采购的原材料上进行再生农业尝试，比较难的是追溯到一级又一级的供应商。其当下的工作任务，主要是说服、培训、辅导、评估农户的再生农业实践。雀巢已经在谷物方面开始了试点，在山东桓台县和种业巨头先正达集团一起打造了小麦再生农业试验基地，在黑龙江大庆进行了大米的试点。

雀巢的供应商都需要签订负责任采购的承诺，但由于再生农业概念比较新，负责任采购标准目前并没有涉及再生农业，更多地还只是聚焦在一些环境保护的基本要求上。张琦认为，这是未来公司推广再生农业过程中必须考虑的问题，推广的时间点也会由集团统一协调。

张琦提到，雀巢的目标是：到 2025 年，有 20% 的关键原料来自再生农业；到 2030 年，这一比例达到 50%。

生物多样性、土壤、水资源、畜禽业是再生农业的主要支柱。要在这几方面做工作，首先需要大笔的资金投入。雀巢计划在 2025 年之前投资 12 亿瑞士法郎，在公司的整个供应链范围内推广再生农业。这是该公司的 32 亿瑞士法郎气候行动投资的一部分。

张琦表示，集团总部没有提过通过再生农业把钱赚回来的要求，所以这部分完全是投资。

在人员配备上，雀巢调配了 540 位采购专员和超过 4500 位辅助人员来帮助农户向再生农业转型。"我自己在工作上把至少 20% 以上的精力放在这儿了，日后肯定还会更多。"张琦说。

张琦认为，再生农业不能靠一两家企业单打独斗。"它是一个生态，光一家公司做不行，没有政策也不行。"他表示，百事、麦当劳等世界 500 强企业都在提再生农业，但大家都在起步阶段，目前都是各个公司自己建立自己的体系。

再生农业目前处于投入而鲜有产出的阶段。贝恩咨询根据加拿大的数据发现，在向再生农业转型的前两年，农场基本都会减产。生产商可能会在第三年或第四年实现收支平衡，但一直到第五年和第六年，才开始看到更高的盈利能力（早期研究表明盈利能力可能高达 30%）。

不过，略显缓慢的收益能力并没有令企业望而却步。目前，已有诸多国际巨头参与到再生农业的探索中来。

2023 年 6 月，德国生命科学巨头拜耳集团举办作物科学创新峰会，计划到下一个十年的中期，在全球超过 24 亿亩的土地上推动再生农业发展，并创造每年超过 1000 亿欧元以上的收益。法国食品巨头达能表示，其 2020 年和 2021 年温室气体减排量大约有一半来自再生农业。截至 2021 年年底，为该公司提供"优先原料"的农场中有 19.7% 已开始向再生农业转型。

甲醇汽车，吉利碳中和的创新解[1]

吉利是国内较早承诺碳中和达成时间的车企。按照吉利的计划，2025 年乘用车全生命周期碳排放降低 25%，2030 年全集团运营层面实现碳中和，2045 年全链路实现碳中和。

这意味着，到 2045 年，吉利不仅需要在车队的能源使用上实现碳中和，还需要在车辆生产及车辆寿命结束后的回收利用上均实现碳中和。

为了减碳，汽车行业从未停止过对于新型动力的追求。

首先是电动化转型。锂电池的普及程度越来越高，但对锂电池的环保质疑声也越来越大。虽然电动车出行没有碳排放，但锂电池及电力的生产都是碳排放的大户。

其次，氢燃料也是明星级的新能源。有用氢发电的燃料电池技术，也有直接燃氢的内燃机，不过氢燃料目前的最大问题是成本极高，即便在氢燃料技术最成熟的日本，加氢站也不多。产品普及速度慢，氢能的储存、运输短期内也都存在难以克服的难题。

再次，还有欧洲车企开发的生物燃油技术。德国大众集团旗下的发

---

[1] 本文作者为《财经》杂志研究员刘丁。

动机公司MAN与保时捷合作，在智利南部投资建设了风力发电场，用风电电解水制氢，再把氢气和大气中的二氧化碳结合制成甲醇，最后再把甲醇转化为汽油，以此追求燃料制备过程的负排放。不过，只要看到这漫长的转化链路，就能知道成本必然不菲。

最后，还有尚处于实验室阶段的以氨为燃料的内燃机。氨的燃烧不会排放二氧化碳，但按当前的技术状态，此项技术距离普及还需时日。

吉利在坚持电动化转型的同时，还开辟出了一条新的汽车能源脱碳路径——制造甲醇汽车。吉利在河南安阳建设了一座工厂，捕捉煤化工企业排放的二氧化碳，将其与氢气结合制成甲醇，同时开发出以甲醇为燃料的内燃机。这样就可以用甲醇代替柴油，作为重型卡车的能源，实现了车用燃料制备过程的零排放甚至负排放。

吉利的特制甲醇重卡价格与普通重卡几乎持平，运营中使用的甲醇燃料，也比柴油、天然气便宜许多。

目前，吉利正与雷诺合作，计划把专门燃烧甲醇燃料的动力总成推销到全世界。吉利董事长李书福提出，应尽量多地捕捉钢厂、化工厂、水泥厂排放的二氧化碳，将之转化成甲醇，以替代柴油、汽油和天然气驱动汽车。

吉利为何要做甲醇汽车，甲醇对全社会减碳的价值有多大？

一、甲醇汽车：低成本的零碳汽车方案

河南省顺成集团负责物流运输的徐队长管理30辆重卡，车队24小时不间断运行，以位于河南安阳的顺成集团化工厂为基地，从山西把煤炭运回来加工成焦炭，之后再向东，把焦炭运到山东的钢铁厂，或者运输到山东济宁的港口转送到更远的地方。

从基地出发的重卡，每次运输的往返距离都在1000公里左右。如果用柴油重卡，每100公里消耗48升柴油，按每升柴油6.6元左右计算，

1000 公里要花费约 3000 元燃料费。而柴油的价格是上下浮动的，有时候会涨到每升 8 元左右。

如果用天然气重卡，每 100 公里耗气 50 公斤，每公斤价格为 4.8 元左右，1000 公里要花费燃料费约 2400 元。但让徐队长绝望的是，液化天然气的价格波动非常大，2021 年一度上涨到每公斤 10 元左右。

徐队长的重卡车队，从山西的煤矿、山东的钢厂收取运费，其中有一半需要用来购买燃料，这是他们最大的成本。

2022 年年底，徐队长的车队迎来了 10 辆甲醇重卡。车桥上装备了两个硕大的燃料箱，能够加注 1000 公斤甲醇，支撑车辆续航 1000 公里，刚好够车队一次出勤的往返。

最关键的是价格。甲醇每公斤 2.5 元左右，重卡每 100 公里约消耗 90 公斤甲醇，行驶 1000 公里需要的燃料费为 2300 元左右。

而且重卡需要的甲醇，基地的化工厂就能生产——用化工厂排放的二氧化碳和氢制备而来，再用撬装车运到重卡车队的停车场对车进行加注。

甲醇重卡的价格与柴油重卡和天然气重卡的价格基本持平。之所以能实现平价，是因为甲醇比柴油燃烧更充分、初始颗粒物更少，排放处理更简单，因此甲醇重卡的尾气处理系统成本更低，拉低了甲醇发动机的整体成本。

据徐队长说，甲醇重卡刚出现的时候，吸引了不少周边车友来看。虽然大家对车和价格竖大拇指，但都担心无处加注甲醇。目前，徐队长还没有发现身边有私人购买甲醇重卡。

不过，在新疆、甘肃、山西，已经有不少私人物流商购买吉利甲醇重卡。新疆地区甲醇产量大，价格低廉且稳定。某个物流老板一次性购买了 20 辆吉利甲醇重卡，用来运输煤炭。甘肃境内目前运营的甲醇重卡数量超过 110 辆。

"由于甲醇重卡的续航里程长，只需要在重点线路上布局少量加注站，就能够满足车辆的需求。"吉利远程新能源商用车研究院重卡产品工程院副院长苏茂辉说。

据他介绍，为了解决甲醇加注的问题，吉利成立了甲醇能源公司。与外部公司合作，吉利一方面建设加注站，另一方面也储存甲醇，以平抑甲醇价格的波动。

实际上，甲醇重卡在吉利与企业、政府之间的合作中获得了更快的推广。

比如，在河南安阳徐队长所在的基地，吉利与河南省顺成集团合作生产甲醇，配套应用甲醇重卡；在山西晋中，当地政府正在建设甲醇经济示范区，吉利在晋中建有甲醇汽车生产基地，当地出租车公司已从吉利采购甲醇混动轿车并投入运营；贵阳目前也运营着一支甲醇轿车出租车队，其甲醇汽车均由吉利在贵阳的生产基地制造。

在全球范围内，吉利与雷诺合作推广甲醇动力。2023年7月11日，吉利宣布，吉利和雷诺集团签署合资协议，成立新公司，各自持有合资公司50%的股份。新公司将在欧洲、亚洲和南美洲建设五大研发中心和17家工厂，员工总数约1.9万人。新公司每年产能超500万套发动机和变速箱。其销售范围覆盖吉利和雷诺在全球的子品牌，包括吉利汽车、沃尔沃、宝腾、雷诺、日产、三菱。

二、甲醇：消纳二氧化碳的有效途径

李书福认为，甲醇汽车的应用有利于中国消纳二氧化碳。

中国有大量化工厂、钢铁厂、水泥厂、火电厂，都是碳排放的大户。为了消纳二氧化碳，不得不采取碳捕集、利用与封存（CCUS）技术，用加压设备将二氧化碳封存到地下，成本高昂。但如果能将排放的二氧化碳与氢结合，转化为甲醇燃料，不仅能为二氧化碳找到去处，还能够减少中国的原油消耗。

吉利2015年收购了冰岛碳循环国际公司的部分股权,获得了二氧化碳与氢结合生成甲醇的催化技术。2023年2月,吉利运用此技术与河南顺成集团共同投资的全球首个10万吨级的甲醇工厂在安阳投产。

"假如国内三分之一的车辆使用甲醇燃料,就能减少8000万吨的石油进口,回收1.32亿吨二氧化碳。"远程新能源商用车集团CEO范现军说。据他介绍,吉利也在探索用风电和光伏发电制备氢,再结合二氧化碳生成甲醇的办法。

除了消纳二氧化碳,使用甲醇燃料本身也对汽车全寿命的脱碳意义重大。

汽车的碳排放,分为车辆周期和燃料周期的碳排放。车辆周期的碳排放主要包括原材料获取的碳排放、整车生产的碳排放,以及车辆维修保养的碳排放;燃料周期的碳排放主要包括燃料生产的碳排放、行驶过程中燃料消耗带来的碳排放。

对于纯电动汽车来说,车辆周期和燃料周期的碳排放各占一半。虽然车辆行驶过程中用电是零排放,但是目前中国发电主要依赖煤炭,会产生碳排放。另外,纯电动车的整车生产、电池生产也都会造成碳排放。

对于燃油车和混合动力车来说,碳排放的主要部分来自燃料周期。比如汽油车和柴油车,约76%的碳排放是在行驶过程中由汽油和柴油的燃烧,以及在获得汽柴油的过程中造成的。车辆周期的碳排放占比为24%左右。

显然,改变车用燃料,能够有效减少碳排放。

相比于氢、氨、汽油、柴油,甲醇虽然在燃烧时也会产生二氧化碳,但其制备过程吸收二氧化碳,所以是一种可以实现零碳循环的燃料,因此也是实现零排放的一种办法。另外,甲醇常温常压就是液体,

奔向零碳：中国企业"双碳"实践指南

容易储运，而氢和氨的液态都需要特定的压力和温度才能实现。更重要的是，中国富产甲醇，但原油则高度依赖进口。

李书福选择开发能直接燃烧甲醇的汽车，改变车用发动机材料和构造，以适应甲醇燃料。

李书福最早从一本书上了解到甲醇燃料。2005年，吉利开始推动甲醇汽车的研发，目前已经投入研发资金约100亿元。截至2023年，吉利已经坚持了18年。

"我们是摸着石头过河，失败过很多次，曾经觉得搞不出来了。"苏茂辉说。甲醇不容易点着、容易挥发、有腐蚀性，也容易跟机油互溶，研发一度陷入低谷。但在2008年，吉利终于成功开发出双燃料控制系统，解决了甲醇低温启动困难的问题；2012年产品完成耐久性、经济性、可靠性验证，具备了产业化条件；2014年开始开发甲醇商用车；2019年推出全球首款甲醇重卡M100。

吉利绿色甲醇生态循环示意如图4-2所示。

图4-2 吉利绿色甲醇生态循环示意

资料来源：吉利远程新能源商用车集团

三、车辆全生命周期的减碳

除了在燃料类型上着力创新，寻找各种汽车脱碳的可能性，吉利也在车辆全生命周期的减碳上做了很多努力。

在车队能源使用方面：2022 年吉利汽车总销量为 143 万辆，其中新能源车为 33 万辆左右，占比约为 23%。未来，电动及甲醇能源车的销量占比将继续提升，这不仅是碳中和的需要，也是市场竞争的结果。

根据计划，吉利旗下的沃尔沃汽车将于 2030 年成为纯电车企，路斯特预计将于 2027 年实现 100% 纯电动产品矩阵。

在生产制造方面：为了摸清生产环节准确的碳排放情况，吉利自主研发了碳管理平台"吉碳云"，对旗下 76 个主体的 100 多款车型、上千个零部件的碳足迹进行了核算，并调查了上游 1500 多家供应商的碳排放情况。其核算的结果为，吉利的温室气体排放总量在 2021 年为 1.035 亿吨二氧化碳当量，2022 年为 1.027 亿吨二氧化碳当量。

吉利在工厂大量采用屋顶光伏，以提升生产过程中绿电的应用比例。其中吉利西安工厂和沃尔沃台州工厂已实现电力碳中和；领克余姚工厂目前实现了三分之一的绿电替代。2022 年吉利汽车光伏装机容量比 2021 年提升了 168.7%，达到 307 兆瓦。预计到 2040 年，其所有生产线将全部去化石能源，采用电力、甲醇或生物能源。

在车辆寿命结束的回收阶段：吉利试图打造汽车全生命周期的循环体系。

消费者在有意出售车辆的时候，可以选择返售给吉利，吉利可将回收的二手车调度到旗下的网约车平台，用来运营。等车辆到了报废年限，吉利再将车辆送到自己的回收企业，回收零部件和动力电池。

吉利 2022 年成立的浙江瑞科资源循环有限公司已经在宁国、慈溪建设了两座整车拆解基地，年拆解能力达 12 万辆，旗下的安徽吉枫车辆再生利用有限公司已经协助吉利远程新能源商用车、睿蓝汽车完成了车辆回收拆解业务。公司在全国设立了六个回收网点，从吉利内部、回收中介、政府及个人渠道搜集报废车辆，拆解后得到的废钢、废塑料、废动力电池、汽车回用零部件等则主要销售给大型修理厂、电池制造商，以及其他利废企业。

另外，吉利与巴斯夫杉杉电池材料有限公司、紫金矿业合资成立了福建常青新能源科技有限公司，2019年建成投产，截至2023年年底，已拥有年处理5万吨废电池，以及利用电池回收物质年产5万吨镍钴锰三元前驱体的产能。

常青新能源与吉利旗下的多家汽车厂、电池厂签订长期协作战略合同，收购废电池，包括从吉利旗下的瑞科循环、安徽吉枫收购废电池，生产出三元前驱体，再卖回给吉利旗下的电池材料企业。

坚定的电动化转型，创新的甲醇技术路线，逐步完善的车辆全生命周期减碳方案，使吉利在碳中和的进程中已经超越了很多竞争对手，技术路线上也有更丰富的选择，正在走出一条独特的减碳之路。

第四章 企业项目案例

联想：标杆供应链的低碳密码 [1]

近年来，人们前所未有地意识到，供应链韧性对于维系社会正常运转是多么重要。然而，在绿色低碳领域，供应链的重要性还未被充分发掘。

非政府组织全球环境信息研究中心（CDP）在2021年全球供应链报告中指出，企业供应链环节的平均碳排放是自身运营环节的11.4倍。但仅仅是披露与采购商品和服务相关的排放数据，也只有20%的企业能够做到。

在中国，碳达峰碳中和的事业刚起步不久，大多数中国企业还处于刚接受绿色低碳理念、探索自身减碳的阶段，供应链减碳仍是一个鲜有人涉足的领域。不过，打造低碳供应链势在必行。这是"制造业升级"与"碳中和"两大时代议题相互交织的结果。

2022年发布的《工业领域碳达峰实施方案》中明确提出，要构建绿色低碳供应链。早在2015年，中国实施制造强国战略第一个十年的

---

[1] 本文作者为《财经》杂志研究员郑慧。

行动纲领中，就正式提出要"打造绿色供应链"。

广义的供应链，是指产品从原料生产到交付过程中，所有关联方及活动形成的网状集合。对链主企业而言，上游供应链节点众多且呈动态变化。以一台普通电脑为例，上千个零件背后是上百家一级供应商，而每个一级供应商背后又关联着数十个二级供应商，如此一层层追溯下去，关联的企业可能多达上千家。

给这样一个高度复杂的系统减碳，困难重重，需要链主企业有强大的协调整合能力。因此很多企业无心也无力推动供应链减碳。

信息和通信技术（ICT）行业是全球践行低碳理念的先锋。苹果、惠普、戴尔等海外巨头都在通过数字化、智能化打造绿色供应链。纵观国内制造业龙头，联想集团是当前为数不多的在推动低碳供应链这一议题上有所建树的企业。

在国际研究机构高德纳咨询公司（Gartner）公布的2023年全球供应链排名中，联想集团位列第八，是近几年唯一上榜的中国高科技制造企业。2019年，联想集团成为ICT行业获得国家工信部绿色工厂、绿色产品、绿色供应链、工业产品绿色设计示范企业大满贯的单位；2022年年底，联想集团又获得CDP颁发的"供应链脱碳先锋奖"，是中国唯一获此奖项的企业。

一、带动供应商减碳

自2006年首次测算办公场所温室气体排放量起，联想的减碳经验已经积累了十余年。针对绿色供应链，联想打造了"五维一平台"的管理框架，即绿色生产、供应商管理、绿色物流、绿色回收、绿色包装五个减碳的维度和一个全球供应链ESG管理平台。

采购低碳的原材料及服务，是供应链减碳的第一步。联想促进供应商减排的主要方法大致可以概括为：摸清家底、设定目标、抓大放小、技术赋能，以及带动使用清洁能源。

联想从可再生能源使用、运输环节温室气体排放等多个维度制定供应商环境管理目标，并推出"关键供应商 ESG 记分卡"，用责任商业联盟（RBA）行为准则、CDP 披露水平、温室气体减排目标、温室气体核查、可再生能源使用情况、负责任原材料采购等 30 个以上的指标对供应商进行管理，定期为他们的责任表现记分，并以此作为采购额度的参考。

占联想采购金额 95% 的供应商通常服务于多家链主企业，它们日常面临的要求高，自身能力也更强，联想对这些企业的减碳要求也更为严格。这些供应商每年需要向 CDP、RBA 等国际组织披露温室气体排放数据，联想也会推动它们接受第三方核查。

目前，占联想采购额 93% 的供应商已经设定公开温室气体减排目标；占采购额 45% 的供应商已承诺加入了科学碳目标倡议（SBTi）或已设置了科学的碳目标。未来，联想计划推动占采购额 95% 的供应商参与科学碳减排活动，将覆盖 100 家左右的主要供应商。

面对数量众多但采购金额不大的中小供应商，链主企业则需要着重培养它们科学减碳的意识与能力。

2019 年，联想发起 ICT 产业高质量与绿色发展联盟，联合京东方科技集团、立讯科技等头部供应商，制定标准，分享低碳方面的实践经验，并对有意愿减碳的中小供应商提供定制化辅导，定期组织培训，从而提升它们的减碳能力。联想集团副总裁、电脑和智能设备首席质量官王会文表示，随着绿色金融交易体系的完善，联想将帮助联盟中的供应商开发节能减排项目，盘活它们的碳资产。

王会文提到，2011 年以前，国际业务的需要和客户的倒逼是联想减碳的主要动力；2011年以后，联想认识到减碳对可持续发展的重要性，主动将减碳上升到公司战略层面；如今，联想正着力打造绿色、智能、可复制的碳中和供应链，携手产业链的上下游企业共同实现低碳转型。

以联想在全球最大的 PC 研发和制造基地——联宝科技为例。据《联想集团 2022 碳中和行动报告》，联宝科技通过全面开展供应商节能技改星火行动、签约绿色材料战略合作、研发并推广适合供应商应用的 ESG 数字化管理平台 Green Link 等举措，积极带动供应链合作伙伴科学减碳。其中，开展星火行动节能技改项目 10 个，参与供应商 20 家，项目总投资 1.2 亿元，预计总节电可达 7 亿千瓦时，节电费用 5 亿元，项目周期内总减碳量 51 万吨。

使用可再生能源是制造企业减碳最主要的途径。以全球减碳先锋苹果为例，在苹果的综合碳足迹中，供应链的占比达到 70% 左右。2021 财年，苹果减少约 2300 万吨碳排放，其中约 115.7 万吨来源于供应商的能效提升，约 1390 万吨来源于供应商清洁能源项目。

联想在全球范围内可再生能源总装机容量约 17 兆瓦，太阳能占用电结构比例为 6%—8%。联想承诺，到 2025/2026 财年，联想在全球的经营活动中，90% 的电力将来自可再生能源。对于比较成熟的供应商，联想会与其一起制定减排目标，采购可再生能源，并实施能效提升项目。

在《2021/22 环境、社会和公司治理报告》中，联想提出，相较于 2018/2019 财年测量的排放量，到 2025/2026 财年，联想将从供应链中消除 100 万吨温室气体排放。

联想 2022/2023 财年温室气体排放情况如图 4-3 所示。

第四章 企业项目案例

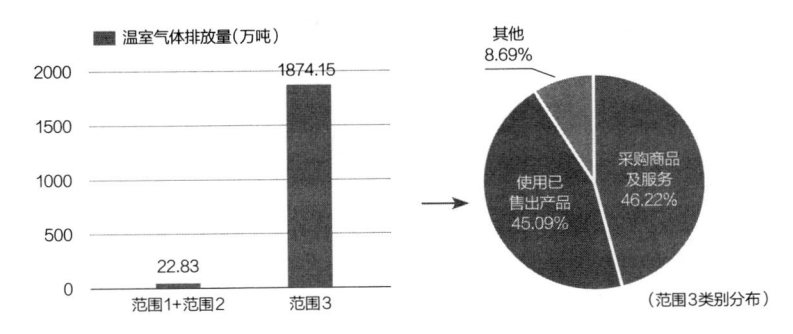

图 4-3 联想集团 2022/2023 财年温室气体排放情况

注：本图系作者根据联想集团《2022/23环境、社会和公司治理报告》整理绘制

二、从绿色生产到绿色回收

生产、包装、物流、回收，供应链的每一个环节，都可以挖掘减碳潜力。

材料及生产工艺的改进有助于低碳生产。联想研发团队与供应商合作，开展轻量化及集成化设计，并将工业再生成分塑料、消费后再生塑料、闭环再生塑料、趋海塑料及再生金属等合规再生或改性材料引入产品。

联想研发的新型低温锡膏工艺，焊接温度比传统方法降低了70℃左右，在减少35%能耗的同时，可以加快焊接速度，并提升产品质量。自2017年以来，联想已出货5000万台采用新型低温锡膏工艺制造的笔记本电脑，减少约1万吨二氧化碳排放。

在产品包装方面，联想致力于减少包装物料消耗，促进环保型可持续材料的使用。比如，在机箱交付运送过程中使用可重复利用的工业包装，逐步淘汰塑料包装，增加再生材料、生物基材料的使用，研发环保型可持续材料，等等。

在物流方面，联想集团正通过多式联运、优化运输方式、整合和利用、优化网络、技术和自动化、奖励并认可合作伙伴的相关成绩等方式来推动减排。2022年，联想与全球最大的集装箱航运公司马士基达成协议，马士基计划为联想提供生态环保运输解决方案，双方将共同探索航运领域减排。同年，联想集团宣布启用全球首条环保货运航线，通过此航母的航班，联想在2021/2022财年减少了982吨碳排放。

材料的回收与循环利用，既可以减少废弃物处理及污染，又能够节省制造新材料所需的资源和能源。联想提供了面向个人用户、企业客户的回收服务，以及废旧电池产品回收服务。自2005年以来，联想集团已通过其签约服务提供商处理了约32.5万吨计算机设备。"退休"产品回到联想之后，5.5%作为产品或零部件得以再利用，88.2%作为材料循环再利用。

在《联想集团2022碳中和行动报告》中，针对范围3提出了降低温室气体排放强度的短期目标：以2018/2019财年为基准，到2029/2030财年，比照同类产品，将因使用联想售出的产品而产生的排放量平均减少35%；对于每百万美元毛利，将所购商品和服务产生的排放量减少66.5%；对于每吨产品每运输一公里，将因上游运输和配送而产生的排放量减少25%。

长期来看，联想集团计划到2049/2050财年，将范围1、范围2和范围3的绝对温室气体排放量减少90%。

三、数字化与低碳化

电子产品制造企业供应链路长、产品特性复杂，净零之路必然困难重重。依托数字智能技术是联想实现低碳发展的秘籍，也是大多数制造企业在经济效益与绿色低碳两方面取得平衡的关键。

《工业领域碳达峰实施方案》将推进工业领域数字化转型列为六大

重点任务之一。全球电子可持续发展倡议组织（GeSI）的研究表明，至2030年，数字化技术将帮助全球各行各业减碳20%。

摸清碳家底的第一步就需要通过数字化手段来实现。联想为180多个市场提供商品与服务，2000余家核心零部件供应商遍布全球，如此庞大的体量和复杂的结构，只有依托数字化工具，才能更准确、及时、便利地统计供应链碳排放数据。

供应链的碳排放统计分为两个层面：组织层面和产品层面。组织层面，即供应链上的企业作为一个单独主体，整体产生的排放。但一家供应商往往会给多家链主企业供货，因此需要将供应商的碳排放分解到具体的产品系列、型号、批次，最后汇总得到产品层面的碳排放。

联想集团质量标准与环境事务总监刘微指出，产品层面的碳排放统计颗粒度更细、更困难，但对链主企业来说，可以基于产品订单去要求供应商，这是更有力的抓手。此外，更精细、全面的数据也有助于链主企业从各个环节分析产品的绿色化水平，从而在产品设计阶段进行优化。

根据不同的产品型号，联想从上千个零部件中拎出数百个核心部件，找到对应的供应商，一级级分拆，再从供应商处直接收集数据。目前核算产品全生命周期碳足迹的普遍做法是采用因子库计算，使用这种模式的不足之处在于，因子库或是源于国外数据，或是缺少国内行业因子，有一定的局限性。

刘微介绍，联想的特点是结合产品流程工艺，收集供应商的相关数据，这样得到的数据就更准确。为此，联想开发了专门的绿色供应链数据管理平台（GSCDM），用于实现产品的生命周期评价（LCA），其中就包括碳排放的计算。王会文透露，联想目前已对100多款主流产品做了碳核算。2022年6月，GSCDM被国际数据公司（IDC）评为"可持续供应链"最佳创新项目。

联想全球最大的个人电脑生产基地——合肥联宝科技每年可减少2000多吨二氧化碳排放，相当于种11万棵树，背后依靠的是联想自主研发的先进生产调度系统（LAPS）。

联宝工厂每天有8000多笔订单，其中80%以上都是5台以下的小订单。按照传统生产线，每一个订单都需要产线停下来，切换新的工艺、配置，然后再开始生产。如果依靠人工，每天至少需要6小时才能完成排产任务，但通过联想的LAPS系统，可以在2分钟内完成排产任务，节省了大量机器设备的呆滞时间，在提升效率的同时实现了节能降耗。

由此可见，数字化与低碳化是一体两面，以数字化带动低碳化，能够帮助企业在经营要求和绿色要求间取得平衡。

四、四大难点：标准、技术、人才、市场机制

供应链减碳看似是成本高昂、不可负担的累赘，但实际并非如此。

世界经济论坛（WEF）的一份研究报告显示，以电子消费品为例，55%的温室气体排放可以通过节能降耗，或者低于每吨10欧元的成本来消除。如果以供应链零排放为目标，那么中期来看，终端消费品只需涨价1%—4%，便可以覆盖相应的成本。报告估算，一部价格约为400欧元的手机，仅需涨价不到3欧元（约20.55元人民币），就可以覆盖上游供应链减碳的成本。

事实上，减碳是有助于提升企业竞争力和品牌价值的双赢之举。联想集团的一次消费者调研显示，用户在勾选影响产品选择的因素时，选择绿色低碳的占到了20%，在所有因素中排名第二。"原来是环境部门推着生产部门做低碳，现在是市场部门感受到客户需求后，主动拉着环

境部门推进绿色产品设计。"刘微说。2022年，联想推出了全球首款通过碳中和认证的笔记本电脑 Yoga Slim 9i。

不过，供应链减排涉及面广、主体多元，无法只靠链主的力量来推动。政策环境、行业标准、技术发展、人才队伍，以及绿电交易、碳交易等相关市场机制的完善，都是推动供应链减排的重要外部条件。

当前，要实现绿色低碳供应链的精准核算管理，仍存在包括标准、技术、人才在内的多重阻碍。不过，这些问题都在逐步解决，链主企业在其中也可以有所作为。

行业标准可以为企业提供必要的模式参考，从而引导、带动更多企业参与打造绿色低碳供应链。但目前除了火电等几个典型的高耗能、高排放行业，大多数行业在碳排放核算和管理方面都缺乏标准。

碳中和综合服务商中创碳投总经理郭伟指出，做到范围3的精准核算和减碳是全球性难题，国内的相关标准尚为空白。联想所在的电子制造业供应链复杂，现阶段的首要工作应该是明确标准。王会文提到，目前各行业对到底怎么才算零碳、怎样做才是低碳理解不一致，即便有一个合适的标准出台，也较难一下子上升为强制性的国家标准。

龙头企业可以发挥引领带动作用，将自身的领先实践分享、外化，推动标准的建立与完善。2022年，联想全程参与起草与制定的首个ICT行业零碳工厂标准——《零碳工厂评价通用规范》团体标准正式发布。同年，联想武汉产业基地成功获得赛西认证颁发的首张"零碳工厂"证书，联想武汉工厂率先达成碳中和。此外，联想正在参与制定绿色产品和绿色供应链国家标准。

在技术方面，尽管联想的碳排放核算软件已经十分成熟，但数据依然需要依靠供应商自行填报。一级供应商还需要向自己的上游收集数据，如此传递下去，难以保证数据质量。刘微表示，联想当前做产品碳足迹，可以触达一级和二级供应商，再往前则较难追溯。区块链技术或许可以解决这一难题。

人才缺乏也是一大阻碍。刘微发现，八成左右的供应商都没有配置对产品做生命周期评价的人员。即使联想将现成的软件工具提供给供应商，也会面临找不到培训对象，或者培训对象难以掌握相关知识和技能的尴尬处境。

最后，服务于减碳的市场机制仍有待完善。优化能源结构，使用清洁电力，是制造企业走向低碳的必由之路。而目前要想在国内采购绿电、更大比重地使用可再生能源发电并非易事。此外，国内碳交易相关机制、市场仍需进一步完善，以便用市场手段激励企业减碳。

落实"双碳"目标，需要有能力、有社会责任感的企业推动，但企业的力量是有限的。在规则、标准、人才、市场机制等基础设施更加完善之后，减碳的车轮才能真正顺畅地滚动起来。

齐鲁石化—胜利油田 CCUS 项目率先商业化运营 [1]

CCS 的含义是二氧化碳捕集与封存；CCUS 的含义是二氧化碳捕集、利用与封存。国际能源署（IEA）认为，在实现碳中和的道路上，CCUS 是唯一一个既有助于直接减少关键部门的二氧化碳排放，又有助于消除无法避免的二氧化碳排放的技术。

CCUS 技术在全球尚未大规模商业化，中国在此领域与国际整体发展水平相当。美国大量补贴 CCUS 项目，是商业化 CCUS 项目数量最多的国家。

在 CCUS 的利用环节，二氧化碳驱油是最为成熟的技术，也是目前最可行的商业化路径。 二氧化碳驱油是指在石油开采过程中，将二氧化碳注入油藏，降低原油的黏度，使其体积膨胀，以提高原油的采收率。世界上首个商业化 CCUS 项目于 1972 年诞生在美国得克萨斯州的油田。

中国的三大石油公司都在探索 CCUS 技术。中石油大庆油田的二氧

---

[1] 本文作者为《财经》杂志记者徐沛宇。

化碳驱油技术已运用多年；擅长海上油气开发的中海油尝试在海上封存二氧化碳；有炼化优势的中石化率先实现了 CCUS 项目初步的商业化。

2022 年 8 月 25 日，全国首个百万吨级 CCUS 项目——齐鲁石化—胜利油田 CCUS 项目（以下简称"齐鲁胜利项目"）投产。中石化旗下齐鲁石化第二化肥厂煤气化装置的二氧化碳尾气，是该项目的原料气。该项目采用中压法低温液化提纯工艺，获得浓度 99% 以上的液态二氧化碳。提纯后的液态二氧化碳被输送到中石化胜利油田，全密闭流程注入井下进行驱油。同时，二氧化碳通过置换油气、溶解与矿化作用实现地下封存。该项目的投产标志着中国 CCUS 产业开始进入商业化运营阶段。

CCUS 项目的成本一半以上来自二氧化碳捕集环节。捕集装置的能耗越低，成本越低。同时，二氧化碳的运输距离越近，封存和利用的成本也就越低。齐鲁胜利项目兼具这两大优势。

一、降低碳捕集成本的关键是降低能耗

一般来说，一个完整的 CCUS 项目分为捕集、输送、利用与封存四个环节。其中，捕集的成本占到总成本的 60% 左右。不同浓度的二氧化碳，采用的碳捕集技术不同；不同的捕集装置能耗不同，因此各 CCUS 项目的成本差异较大。控制捕集环节的成本是 CCUS 项目商业化运营的关键。

碳捕集环节的成本主要来自捕集装置的能耗，碳捕集装置的能耗越低，成本就越低。而二氧化碳浓度越高，同等技术条件下能耗相对更低。所以，炼油化工装置排放的高浓度二氧化碳尾气是碳捕集的优质对象。中石化旗下齐鲁石化第二化肥厂煤气化装置排放的二氧化碳尾气量大，且浓度高达 90%，正符合这个条件。

齐鲁石化第二化肥厂的煤气化装置于 2008 年投产以后，就开始探

索如何利用其高浓度的二氧化碳尾气。可乐、啤酒生产都需要二氧化碳，于是，齐鲁石化与附近的食品企业合作，每年供应2万—3万吨二氧化碳，价格在400—800元/吨。

但食品企业消耗的二氧化碳对齐鲁石化来说只是九牛一毛。从2012年起，齐鲁石化就开始研究如何更大规模地利用二氧化碳。捕集二氧化碳首先要将原始尾气引入特定的装置，然后在里面进行提纯、去杂质、液化等工作。技术难度都不大，关键是如何降低成本。

碳捕集装置在国内外都没有成熟可用的设备，齐鲁石化2012年开始研制工业级别的二氧化碳捕集设备。齐鲁石化化工工艺专家耿涛是该研究团队的核心成员，他提到，齐鲁石化的这套碳捕集装置采用了较多的能量回收技术，比如回收利用碳捕集装置自身产生的余热，这大大降低了能耗。随着项目运营的不断成熟，能耗还有进一步降低的空间，比如提高压缩机的运行效率，进一步降低压缩过程的能耗；优化系统冷量平衡，实现冷量与装置运行负荷的经济性匹配等。

针对不同的利用与封存条件，碳捕集装置处理的二氧化碳浓度和纯度不同。以二氧化碳驱油为例，不同地区油藏不同，要求使用的二氧化碳浓度也会不同，这也是碳捕集装置需要考虑的技术和成本问题。

据《中国二氧化碳捕集利用与封存（CCUS）年度报告（2023）》统计，中国石油化工领域的CCUS项目碳捕集成本相对较低，为105—250元/吨。电力和水泥行业的碳捕集成本较高，分别为200—600元/吨和305—730元/吨，但这两者都大约只有国外平均成本的六成。

二、碳利用与封存环节的经验

在碳利用与封存环节，目前可大规模商业化开发的只有二氧化碳驱油这个路径。大庆油田、胜利油田也都是这方面的先行者。胜利油田从

1997 年开始研发二氧化碳驱油技术，现已实现工业化应用，技术成熟。齐鲁石化的碳捕集成本降低以后，借着与胜利油田距离较近的优势，自然走上了二氧化碳驱油的道路。齐鲁石化捕集二氧化碳后，通过管道输送或者罐车运输到胜利油田的注气站，两者最近的距离只有 80 公里。

距离评估是全球 CCUS 项目开发的重要因素。IEA 的报告称，全球 70% 的 CCUS 项目须在 100 公里内运输，否则难以实现商业化。在美国，现有 CCUS 项目的二氧化碳平均运输距离为 180 公里。距离越短，成本越低，基础设施开发的时间就越短。

管道运输比公路运输成本更低。二氧化碳的管道运输技术难度与氢相当，不过氢的管道运输已有较多经验，而二氧化碳的管道运输在全球案例较少，中国的二氧化碳长距离管道运输仍是空白。二氧化碳是一种酸性介质，具有腐蚀性，同时在管道运输时必须控制二氧化碳不发生相变。这就需要增压机将管道里的二氧化碳加压，使其以超临界状态运送。

此前，齐鲁石化捕集的二氧化碳主要采用陆上车辆运输的方式，送至胜利油田进行驱油封存。2023 年 7 月 11 日，齐鲁石化至胜利油田的百公里二氧化碳输送管道正式投运，实现了国内首次二氧化碳长距离超临界压力管输，做到制、输、用全过程全密闭。据业内估计，管道运输二氧化碳的成本只有公路运输的一半左右。

在输送和封存阶段，二氧化碳驱油的 CCUS 项目要提高封存率和采收率，就必须全过程密闭。在注入端，要解决液态二氧化碳易汽化外排，以及多井同时注入计量分配难度大的难题。在采出端，胜利油田实施了采出气液全程密闭集输与处理工艺，采出气分水后输送至回注站，直接增压回注至地层进行二次驱油与封存，确保"油不落地、水不外排、气不上天"。

胜利油田自主研发的"二氧化碳高压混相驱"核心技术，已在 20

个区块累计注入二氧化碳 64 万吨，封存 50 多万吨，增油 10 多万吨。整个齐鲁胜利项目计划将覆盖特低渗透油藏储量 2500 多万吨，共部署 73 口注入井，预计 15 年累计注入 1000 余万吨二氧化碳。

到 2021 年年底，中石化累计捕集二氧化碳量为 152 万吨左右。而齐鲁胜利项目最多一年就可以捕集二氧化碳 100 万吨。

三、更多 CCUS 项目在路上

齐鲁胜利项目是中石化集团 CCUS 领域承上启下的项目。早在 2012 年，国内燃煤电厂首个 CCUS 项目就在胜利油田启动，形成了燃煤电厂烟气二氧化碳捕集、驱油及封存一体化工程综合技术和经济评价技术。

未来，齐鲁胜利项目的经验将在中石化系统内外推广。截至 2023 年，中石化集团实施二氧化碳驱油的项目已有 36 个。"十四五"期间，中石化将依托胜利发电厂、南化公司等企业产生的二氧化碳，力争在所属胜利油田、华东气田、江苏油田等再建设两个百万吨级 CCUS 示范基地，实现 CCUS 产业化发展。

除了二氧化碳驱油技术，中石化还将部署 CCUS+风光电、CCUS+氢能、CCUS+生物质能等前沿和储备性技术攻关项目，加大二氧化碳制备高价值化学品、二氧化碳矿化利用等技术的应用力度。

其他企业也在探索 CCUS 项目产业化大规模应用的潜力。2022 年 6 月，广东省发展改革委、中国海油、壳牌集团和埃克森美孚共同签署了大亚湾工业园区二氧化碳捕集、利用及封存集群研究项目谅解备忘录，这是我国首个海上规模化千万吨级 CCS/CCUS 集群研究项目。

据《中国二氧化碳捕集利用与封存（CCUS）年度报告（2023 年）》统计，截至 2022 年年底，中国已投运和规划建设中的 CCUS 示范项目接近100个，在已投运的项目中，超过半数具备400万吨/年二氧化碳捕集能力，200万吨/年二氧化碳注入能力，较2021年分别提升了33%和65%。

IEA发布的报告称，全球绝大多数CCUS项目都依赖于向石油公司出售二氧化碳来获得经济效益，但二氧化碳还有许多其他潜在用途，包括作为生产合成燃料、化学品和建筑材料的原料。

报告还指出，在天然气加工或化肥生产等领域，可以相对较低的成本捕集二氧化碳。但在包括水泥和钢铁在内的其他领域中，CCUS仍处于早期发展阶段。CCUS将为燃煤发电厂及钢铁、水泥等工业企业减碳做出巨大贡献。据IEA预测，到2050年CCUS将贡献约60亿吨/年的减排量。

第四章　企业项目案例

"排碳大户"建筑业的三个碳中和标杆项目[①]

20世纪60年代，美国城市规划师凯文·林奇在《城市意象》一书中用"钢筋水泥森林"一词描述城市中高楼大厦和其他建筑物构成的密集建筑群。如今，这一名词几乎成为现代城市的代名词。

以钢筋和水泥为代表的现代建筑材料，在结构支撑、防水隔音等实用性能上表现优异，但其生产过程需要消耗大量能源，导致二氧化碳等温室气体排放，还会产生废气、废水和固体废弃物等污染物，给环境带来的负担不容小觑。

中国建筑节能协会发布的《2022中国建筑能耗与碳排放研究报告》显示，2020年，中国建筑全过程碳排放总量占全国碳排放比重的50.9%。

基于此，建筑行业的碳中和越来越引起中央及地方政府的重视。

2023年7月11日，广东省住房和城乡建设厅发布了《广东省农房建设绿色技术导则》，宣布上线广东省绿色建材采信应用数据库。

[①] 本文作者为《财经》杂志记者刘昕、研究员郑慧。

2023年5月，北京市住房和城乡建设委员会同相关部门研究起草了《北京市建筑绿色发展条例》(草案征求意见稿)，向社会公开征求意见。此前一个月，山西省住房和城乡建设厅也发布了《关于全面推动绿色建筑发展的通知》，要求严格执行绿色建筑建设标准，推动绿色建筑高质量发展，严格执行勘察设计质量管理制度。

国家住房和城乡建设部最新数据显示，截至2022年上半年，中国新建绿色建筑面积占新建建筑的比例已超过90%。同时，《"十四五"建筑节能与绿色建筑发展规划》提出了新目标——到2025年，城镇新建建筑全面建成绿色建筑，另外要完成既有建筑节能改造面积3.5亿平方米以上。

这意味着，两年内具备绿色建筑设计建造能力、实现建筑物节能减排，已经成为建筑企业发展必备的能力。为了全面剖析行业发展绿色建筑的可行路径，《财经》杂志选取了中国建筑工程（香港）有限公司（以下简称"中建香港"）承建的香港有机资源回收中心第二期（以下简称"O·PARK2"）项目、美的楼宇科技承包的花旗集团大厦暖通系统改造项目，以及万科创始人王石创办的生物圈三号·大梅沙万科中心碳中和试验园区（以下简称"大梅沙万科中心"）三个项目，从建材、施工、建筑运行等环节深入探讨绿色建筑的碳减排。

一、绿色建材：从一砖一瓦开始践行低碳

公开资料显示，中建香港承建的O·PARK2项目建成后将是香港规模最大的厨余回收中心，每日厨余垃圾处理量将达300吨。该中心可利用厌氧消化技术将厨余垃圾转化为电能和肥料，把厨余循环再造成可再生能源。

不仅如此，O·PARK2项目在设计方案、材料选择、施工建造等环节都落实了低碳目标,并将结合碳信用抵消剩余碳排放,以实现施工期碳中和。

《2022中国建筑能耗与碳排放研究报告》显示,将建筑全过程继续拆分,可以分为建材生产、建筑施工、建筑运行三阶段。其中,碳排放较多的是建材生产和建筑运行两个阶段,分别占全国碳排放总量比重的28.2%和21.7%。建筑施工阶段占全国碳排放总量的比重较小,为1.0%。也就是说,选用低碳建材成为许多新建建筑项目实现碳中和的重要手段。

中建香港企业传讯部总经理陈诚提到,O·PARK2建设中将采购绿色建材作为重点减碳措施之一。在实施过程中,团队选用了含60%高炉矿渣粉的低碳混凝土、含100%循环成分炼制的钢筋、二氧化碳矿化养护混凝土预制砖(下称"固碳砖")等一系列低碳建材。

O·PARK2项目中,固碳砖用于行政大楼室内砖墙的建造。经中建香港内部核算,每立方米固碳砖可封存61千克二氧化碳,相当于三棵树一年吸收的二氧化碳量。

由于绿色建材在技术研发、认证等环节会产生增量成本,其价格可能会略高于普通建材。据《中国政府采购报》报道,国家住建部曾委托相关专家做过评估测算,采用符合《绿色建筑和绿色建材政府采购要求标准》的绿色建材产品,最初投资成本大概会增加5%。

但是,随着绿色建材的推广和规模化生产,其价格也会逐步向普通建材靠拢。

陈诚用高炉矿渣粉混凝土举例。O·PARK2项目刚开始采购这款低碳混凝土时,价格比普通混凝土稍高。这是因为当时项目合作的供应商依旧主要生产传统混凝土。要生产低碳混凝土,不仅需专门配备一条生产线,还要将高炉矿渣粉专程从深圳运到香港。"这就相当于特殊面料的定制西服，会比流水线生产的西服昂贵。"

陈诚介绍，为了让供应商放心接单，O·PARK2项目开始施工后，项目团队在公司内部一直在推广这款低碳混凝土。随后，中建香港告诉主要的混凝土供应商，香港大部分自有项目都将使用这款低碳混凝土，供应商这才答应稳定、批量生产。经过规模化的应用，目前这款低碳混凝土和传统混凝土价格持平。如果能不断扩大应用范围，其价格甚至将低于传统混凝土。

O·PARK2项目采用的固碳砖，实践过程也是如此。陈诚提到，这款固碳砖由中建香港和内地高校、科创公司共同研发。由于是初创产品，前期研发投入较高，目前价格略高于普通砖。但是，总体价格随规模化呈逐步下降趋势，未来将和普通砖价格持平。

"这就如同国家扶持电动车产业，一开始通过多项政策扶持产业发展。随着产业生态日趋成熟，技术进步和成本效率提升就会非常显著。绿色建材产业同样如此。"陈诚表示。

二、建造期：模块化集成建筑、碳中和平台助力低碳

建筑全过程中，建筑施工阶段的碳排放量最少，但仍然占全国碳排放总量的1%。

通过模块化集成建筑、碳中和云平台、智慧化工地和创新自愿减排项目等多重举措，O·PARK2正尝试在施工期实现碳中和。

"模块化集成建筑就是像造汽车一样造房子。"陈诚这样比喻。模块化集成建筑，是装配式建筑4.0时代的核心技术。"模块化集成建筑不仅有助于建筑行业提质增效，还十分符合绿色发展建造理念。该建筑方法可以在建设过程中大幅减少材料浪费、建筑垃圾和能源消耗，显著降低现场噪声、粉尘等污染。"

具体来说，模块化集成建筑将现场建造工序转移至现代化的厂房，在厂房制造高集成度的建筑模块单元，从而减省现场施工工序。以O·PARK2项目为例，它在内地工厂完成了70%的工序，20天安装完成45个组合单元及底层框架。这既显著提升了建造效率，又减少了对毗邻社区环境及居民的影响。

O·PARK2项目中连接两座大楼的行人天桥也采用了装配式建筑法。项目团队专门设计了易于制造及适合现场安装的四个装配组件，组件由内地工厂运至香港后，两天就完成了整个天桥的组装。如果所有工序都在工地进行，则需要三到四个月才能建成。

从低碳的角度讲，模块化集成建筑对设计的要求极高，要求设计不仅要减少建筑废料，还要减少物料运输的批次。

当设计、施工的关键环节都做了碳中和后，企业还需要一个可以计算碳数据的云平台。"项目排了多少碳？是否需要碳信用来抵消，需要购买多少碳信用来抵消？怎么确定是否达到碳中和？这些都需要数据支撑。不量化碳数据，碳中和就是一纸空谈。"陈诚认为。

据了解，中建香港研发的碳中和云平台根据ISO14064标准搭建。通过应用人工智能，团队成员可以从物资采购系统中自动获取、溯源数据，提高数据录入效率。凭借这些海量数据，项目组不但能有效管理施工期碳足迹，还能在未来用大数据分析建筑项目的碳排放，让项目组可以在运营期对碳资产更顺畅地做开发。

碳中和云平台的研发，关键在于建立专业、有效、实事求是的碳因子数据库。

碳排放量难以直接测量，通常是采取间接办法估算。排放因子法是联合国政府间气候变化专门委员会（IPCC）提出的一种碳排放估算方法，在知道碳排放因子的情况下，用公式便可计算得出碳排放量。

陈诚表示，中建香港建立的碳排放因子库三分之一参考了香港建造业议会碳评估工具中的碳因子数据库，并且在与产业链上游供应商深入沟通了各环节的碳排放数据后，又精密测算出其余的碳排放因子。整个数据库的建立过程耗时、耗力、耗资。"对于减碳而言，建立具有实效的碳排放因子库是极其重要的基础工作。"

三、运行期：增加可再生能源占比、提高能源使用效率是关键

建筑运行阶段的碳排放主要来自两方面：使用煤炭、天然气等化石燃料产生的直接碳排放；购买电力和热力等能源产生的间接碳排放。

《2022中国建筑能耗与碳排放研究报告》显示，2020年建筑运行碳排放中，占比最高的为电力碳排放，占比为53%；直接碳排放和热力碳排放占比分别为25%和22%。

建筑运行期实现低碳主要有两种途径：一是增加可再生能源的使用，二是提高能源的使用效率。

可再生能源中，依赖于太阳能的光伏发电是主力军。这方面，大梅沙万科中心项目有很多经验值得借鉴。大梅沙万科中心是国内第一个获得国际性绿色建筑认证体系——美国绿色建筑委员会LEED铂金级认证的绿色建筑项目。

十几年前，大梅沙万科中心的屋顶已经架上光伏发电板，产生的电能可以满足大梅沙万科中心17%的用电需求。随着光伏技术的发展，屋顶上的光伏发电板占据面积在减少，但发电效率却提升为原来的3倍。如今，大梅沙万科中心屋顶的光伏板预计每年可发电72万千瓦时，能提供整个中心约85%的电能需求。

深石集团（以下简称"深石"）是王石创办的另一家企业，其主要

品牌为"生物圈三号"社区碳中和综合解决方案平台。深石集团 CEO 冯楠表示，整个试验园区的低碳改造并非局限于万科中心这一栋建筑，而是以此为起点，向周围 3.2 平方公里的社区延伸，最终将大梅沙"生物圈三号"从碳中和试验园区打造成碳中和社区。

改造过程中，一个很重要的概念是"微电网"。微电网是一个微型电力系统，可以在本地区对电能进行生产、传输、分配及存储。

"新能源有一个'先天不足'，就是发电不可控。"冯楠表示，季节、天气等因素都会影响日照，进而影响光伏发电量。产电多的时候社区消纳不掉，产电少的时候不能满足社区的能源需求。

项目团队利用储能技术解决这一矛盾。"储能设备就像大电池一样，电量需求少的时候把电能储存起来，需要时再把电能释放出来。"

冯楠表示，储能系统充放电看似容易，但实际应用中面临诸多技术挑战。例如，如何将储能调度系统与用户的用电和光伏发电无缝衔接，让系统精准地知道什么时候该充电、什么时候该放电，完美匹配电力曲线，这背后需要一整套系统支持。

大梅沙万科中心利用园区内 400 多个智能电表，对园区的不同楼层、不同区域进行实时监控。同时，背后的算法模型根据历史数据及用户习惯对收集到的数据进行机器学习，预测未来 24 小时内的用电曲线和用电需求，并结合天气、温度等因素，分析计算出经济效益最大化的供电策略。这是微电网系统的核心。

除了太阳能光伏发电这类常见的可再生能源，大梅沙万科中心项目还对波浪能、氢能等相对前沿的能源进行试验和展示，促进技术成熟。

增加可再生能源利用方面，厨余垃圾的资源化处理也是切实可行的发展方向之一。前文提到的 O·PARK2 项目是香港规模最大的厨余回收中心，这些厨余垃圾通过分选及破碎的预处理后，被输送至厌氧消化系统，在微生物的作用下，厨余中的有机物转化为生物气，通过燃烧生物气，结合热电联产发电机组产生电能及热能。由热电联产发电机组产生的电能不仅能够满足厂区使用，每日富余的电量还可输出至电网，满足5000户香港家庭的日用量。发电产生的热能也将被回收，综合利用于厂区内各主要功能装置。

降低建筑运行期碳排放的另一途径是提高能源使用效率。

在建筑运行阶段，调节室内温度是主要耗能环节，采暖和空调系统也由此成为建筑减排的重点。

碳中和背景下，很多存量建筑的暖通系统急需优化升级。以上海黄浦江畔的花旗集团大厦为例，这座42层、高180米的建筑是陆家嘴金融地标建筑之一。运行近20年后，大厦内部的中央空调系统设备严重老化，老旧的设备消耗大量能源和费用，制冷效果却不佳。

美的楼宇科技采用施工总承包模式，对花旗集团大厦的暖通系统进行整体优化升级改造。该项目的交付负责人张玉霜提到，与以往简单的产品替换不同，花旗大厦项目是从仿真模拟设计、核心机组替换、装配式高效建造再到智能运行控制系统的全生命周期改造。

为了把握花旗集团大厦的实际负荷需求，美的楼宇科技通过数字化仿真模拟，测算出建筑全年冷负荷分布，并结合上海的气候条件，模拟了大厦全年运营情况及冷负荷分布情况，最终确定3台1200rt[①]变频直驱离心机组+1台600rt磁悬浮变频离心机组+免费供冷模块的组合方案。

张玉霜介绍，该方案的总设计制冷量虽然较原机组降低了400rt，但不仅可以满足大厦需求，还能更加灵活地应对不同情况。组合方案中，大冷量直驱离心机组用以满足夏日供冷，小冷量磁悬浮离心机组或免费

---

① rt即冷吨，用以表示空调机组的制冷能力。

供冷模块则用以满足过渡季节低负荷运行及冬季部分区域供冷的特殊要求。

设计方案中选用的设备，也是美的旗下的高效节能系列产品。以改造使用的鲲禹磁悬浮变频离心机组为例，离心机被称为暖通空调的"皇冠"，磁悬浮离心机则是暖通空调当中最具节能效果的核心设备，相比于传统螺杆机组，具备无油高效、稳定可靠、宽域运行、低噪环保、节省费用等特点。

行业常用EER来衡量机房制冷能效水平。EER越高，系统制冷效果越好、性价比越高。改造前，花旗大厦集团制冷机房EER仅为1.6，远低于行业均值3.5，改造后提升至5.2。在年总冷负荷不变的基础上，花旗集团大厦年耗电量可降低250万千瓦时，折算减碳量约为2000吨，运行费用减少50%以上。

值得一提的是，该项目也采用了装配式的建造方式。花旗集团大厦入驻率接近90%，工作日有数千人在大厦办公，为了保障原有的工作秩序不受影响，整个改造窗口期仅两个月。美的楼宇科技通过搭建高精度建筑信息模型（BIM），在工厂分模块完成预制，再统一运输到现场完成组装，仅用25天就完成了项目制冷系统的装配。

为提升后续运维的智能化程度，进一步实现节能、降本、增效，该项目通过云端、软件、硬件三个维度，实现数字化、高效化运维。张玉霜介绍称，原先的控制系统比较依赖运维人员的经验判断，现在则将设备、应用、数据统一集中管理，系统根据温度、湿度等检测数据，自动实时响应并决策，从而实现全自动优化运行。

建筑行业是由多维度产业链条构成的生态系统，包括承建商、业主、投资方、规划设计方、施工方、供应商、产业运维方等多个主体。目前，建筑行业自身尚未建立完善、标准化的碳中和解决方案，上下游也未建立完整丰富的碳中和商品及服务供应链,全球的碳交易市场和绿色可持续金融市场也仍在发展阶段。

  但我们看到,绿色建筑已经能在建材、建造、运行等环节实现低碳理念。未来,建筑业的碳中和值得期待。

第五章 碳交易与绿电交易

第五章　碳交易与绿电交易

全球碳交易的现状与展望[①]

碳定价机制的兴起最早可以追溯到《京都议定书》,其对减排义务的划定及其提出的清洁发展机制(CDM)催生了碳排放权交易。自此,碳定价机制诞生。后经历了2008年金融危机和第15届联合国气候变化大会(COP15),各缔约方在应对气候变化问题上始终未达成一致。2015年《巴黎协定》达成,提出的国家自主贡献加速了碳定价机制的建设进程。

一、全球碳市场建设概况

目前,碳市场和碳税是国际上两大成熟的碳定价机制。碳市场是指由于碳排放权交易而形成的市场,通过市场定价。碳税,顾名思义,是对碳排放征税,由政府定价。两者对比,碳市场的覆盖区域明显高于碳税。这主要是因为碳市场通过市场手段推动企业减排、技术创新,在降低全社会减排总成本等方面具有优势,而碳税则大多作为碳市场的一种

[①] 本文作者为中创碳投研究院分析师武学。

补充机制运行。

根据国际碳行动伙伴组织（ICAP）发布的《全球碳市场进展2023年度报告》，2022年，占全球GDP 55%、拥有三分之一人口的地区运行着28个碳市场，覆盖17%的全球温室气体排放总量。

目前，全球碳市场有超国家碳市场、国家级碳市场和区域碳市场等。从覆盖碳排放量看，中国碳市场是全球碳市场中体量最大的一个。中国碳市场第一个履约周期年覆盖二氧化碳排放量约45亿吨。此外，欧盟、英国、新西兰、美国区域温室气体减排行动（RGGI）、加州—魁北克和韩国碳市场等几个全球主要碳市场也值得关注。为方便读者理清各碳市场建设情况，本文将对以上七个碳市场的机制设计进行介绍。

欧盟碳市场始建于2005年，是全球运行最早的碳市场，覆盖电力、工业和航空等行业。根据ICAP数据，2022年欧盟碳市场覆盖碳排放量占其司法管辖区的38%。欧盟碳市场已经过多次改革，过程大致可分为四个阶段：

第一阶段为试运行阶段（2005—2007年）。第二阶段为正式运行阶段（2008—2012年）。碳市场配额采用自上而下确认的方式，以免费分配为主（占90%以上）、拍卖分配为辅，且在配额分配方面采用历史法，对企业约束较小。第三阶段（2013—2020年），碳市场配额采用总量控制的方式，年均下降1.74%，配额总量收紧；调整配额分配方式为基准线法，提升拍卖分配比例至57%，回收市场中的配额并建立市场稳定储备机制（MSR）。第四阶段（2021—2030年），进一步缩减配额总量，以每年2.2%的速度下降，后进一步修订为4.2%；通过MSR从市场中撤回过剩的配额。2005—2021年欧盟碳市场配额分配情况如图5-1所示。

第五章 碳交易与绿电交易

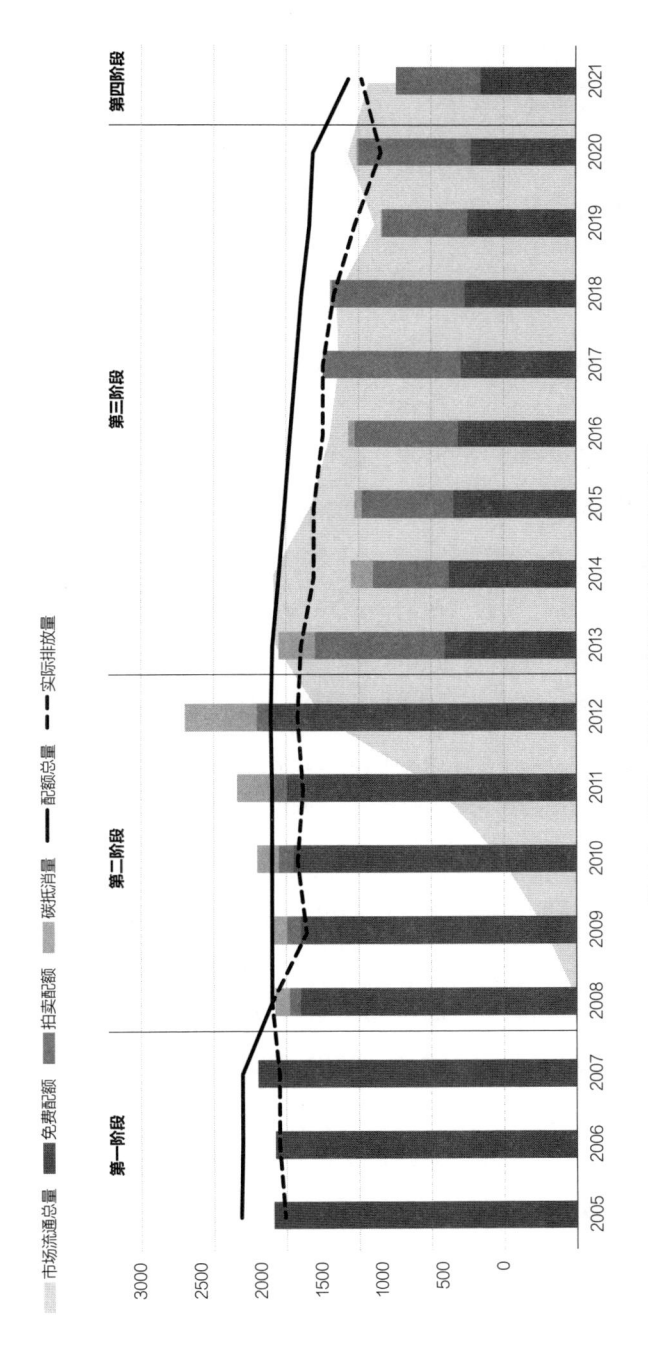

图 5-1 2005—2021 年欧盟碳市场配额分配情况

注：本图系作者根据公开资料整理绘制

英国脱欧后退出欧盟碳市场，英国碳市场于2021年5月正式运行。英国碳市场是在欧盟碳市场第三阶段基础上独立启动的配额交易市场，采用总量设定的方式，分为两个分配期：第一个分配期为2021—2025年，总共7.36亿吨二氧化碳当量的配额总量；第二个分配期为2026—2030年，总共6.3亿吨二氧化碳当量的配额总量。该总量设定比英国在欧盟碳市场第四阶段的名义份额要低5%。此外，英国也在考虑将其碳市场覆盖范围扩大到电力、工业和国内航空以外，并表示愿意与包括欧盟碳市场在内的其他体系探讨链接。

新西兰碳市场始建于2008年，覆盖行业包括电力、工业、航空、交通、建筑、废弃物及林业等，约覆盖本国碳排放量的49%。建设之初，新西兰碳市场只是《京都议定书》之下的嵌套体系，在2015年6月才成为国内碳交易体系。新西兰政府对碳市场进行了立法改革，改善了碳市场的设计和运营，并使其与新西兰的国家减排承诺保持一致。2019年起新西兰碳市场开启了新一轮深度改革，包括2021年起逐步减少工业部门的免费配额，取消和置换《京都议定书》第一承诺期的碳单位等。2020年6月，新西兰政府推出新法令，加强碳减排计划，并在2021年起推行拍卖机制，并逐步提升碳市场配额的拍卖比例。2021年8月，新西兰政府发布新规，制定了逐渐降低免费分配比例的时间表，将减少对工业部门免费分配的比例；提升成本控制储备（CCR）触发价格，当配额价格高于触发价格时，增加拍卖配额的供给；提高拍卖底价。

加州—魁北克碳市场，即美国加州碳市场和加拿大魁北克碳市场，链接于2014年，并于2014年11月进行了第一次联合拍卖。加州—魁北克碳市场覆盖电力、工业、建筑和交通等行业，其中加州碳市场和魁北克碳市场分别覆盖其所在区域75%和77%的碳排放量。美国加州与加拿大魁北克虽属不同的交易体系，但具有相似的减排目标、控排部门和范围、配额拍卖规则和价格控制机制等，兼容度较高，且通过碳市场对接，双方能够获取更多减排的选择和机会，实现双赢。

北美 RGGI 碳市场于 2008 年开始碳交易，覆盖范围包括装机容量大于 25 兆瓦且化石燃料占比 50% 以上的电厂，约占所在区域碳排放总量的 14%。RGGI 碳市场的配额发放通过拍卖方式进行，正常履约期限为三年，2009—2020 年共计经历了四个履约期，当前在第五个且期限为十年（2021—2030 年）的履约期内。由于参与 RGGI 的各州政府会定期开展碳市场的方案审查，截至 2023 年，RGGI 碳市场经过了多次碳市场体制机制调整。2012 年，第一轮方案审查决定将配额总量减少 45%，并设置成本控制储备机制（CCR）。2016 年，第二轮方案审查就 RGGI 方案设计中的二氧化碳减排、RGGI 灵活机制、RGGI 规则、增加 RGGI 贸易伙伴、RGGI 配额拍卖和跟踪系统等方面进行了改革。2021 年 3 月，RGGI 宣布进行第三次存储配额调整，下调其排放上限（2021—2025 年的排放上限分别减少 16%—18% 不等），以解决存储配额过剩的问题。

韩国碳市场始建于 2015 年，覆盖钢铁、水泥、石油化工、炼油、能源、建筑、废弃物处理和航空业，涵盖 6.09 亿吨的排放量（2022 年），约占韩国总排放量的 74%。韩国碳市场建设分为三个阶段：第一阶段为 2015—2017 年，第二阶段为 2018—2020 年，第三阶段为 2021—2025 年。配额分配方式从全部免费过渡到以免费分配为主、有偿拍卖为辅。发生此转变的重要时间节点是 2019 年，彼时韩国政府发布了第三阶段碳市场改革方案，计划设定更严格的排放上限，并逐步提高拍卖比例，导致碳价上涨。

2021 年起，韩国碳市场进入第三阶段，进一步优化完善纳入范围、拍卖比例、碳抵消等市场机制建设。涵盖范围扩大到建筑公司和（大型）运输公司，覆盖实体从 610 家增至 684 家，拍卖配额在分配总量中的占比也从第二阶段的 3% 增加到 10%。碳抵消参与主体进一步扩大，即从第三阶段开始，允许金融公司、机构等在韩国交易所交易配额或转换碳抵消单位；抵消规则有所放宽，即取消对国内和国际碳抵消的区分。相比于过去，控排主体最多可以在总计5%的减排补偿中使用一半的份额进行国际碳履约，新规则将允许排放主体从2022年开始使用国际信用额度。

二、全球碳市场运行情况

全球碳市场覆盖碳排放量体量增长明显。根据ICAP数据，全球碳市场覆盖碳排放量占全球温室气体排放量的比例由2005年的5%增加到2023年的17%（这一变化过程受到新行业和体系增加，排放总量趋于逐步收紧和全球排放增加等因素的交互影响），详见图5-2。

全球主要碳市场中，不论是从交易量还是从交易额上看，欧盟均占据绝对主导地位，如表5-1所示。以2022年为例，欧盟二氧化碳排放交易量为92.77亿吨，约占交易总量的75%；交易额55040亿元，约占交易总额的87%。中国碳市场虽然是全球碳市场中覆盖碳排放量最大的碳市场，但市场还不活跃，交易量和交易额均与欧盟碳市场存在差距。

表5-1 2022年全球主要碳市场交易情况

国际主要碳市场	启动时间（年）	交易量（亿吨）	交易额（亿元人民币）	平均碳价（元/吨）
欧盟	2005	92.77	55040	593
新西兰	2008	0.6	208	347
RGGI	2008	4.91	518	105
加州—魁北克	2014	20.14	4072	202
韩国	2015	0.39	45	115
英国	2021	5.12	3415	667
中国	2021	0.51	28.14	55

注：本表系作者根据公开资料整理

第五章 碳交易与绿电交易

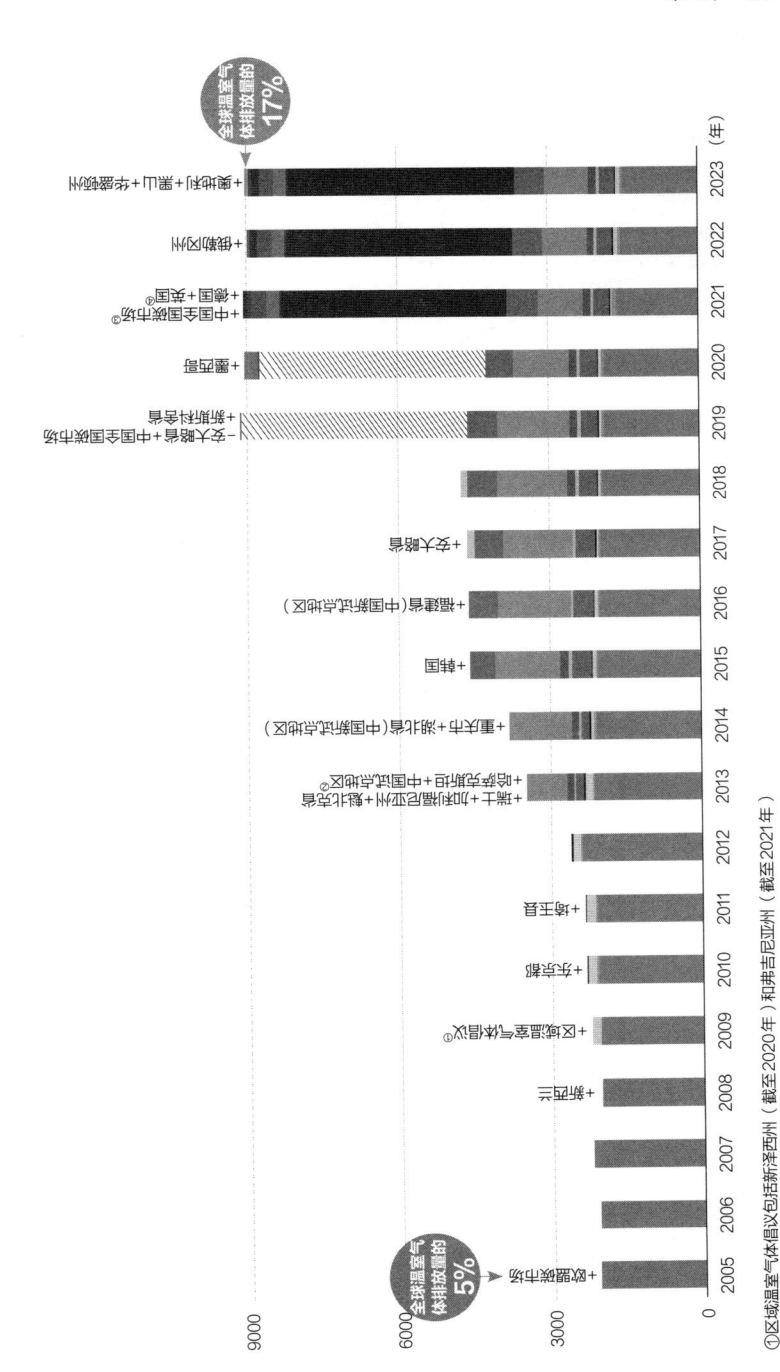

图 5-2 2005—2023 年全球碳市场覆盖碳排放量演变情况

①区域温室气体倡议包括新泽西州（截至2020年）和弗吉尼亚州（截至2021年）
②中国试点地区包括北京市、上海市、广东省、深圳市、天津市
③中国于2021年启动了全国碳市场第一个履约周期，它对2019年和2020年有追溯履约义务（如上条纹所示）
④2021年，英国启动了本国的碳市场，欧盟碳市场的上限需要因此进行调整

资料来源：国际碳行动伙伴组织（ICAP）《全球碳市场进展2023年度报告》

257

在碳价方面，全球主要碳市场碳价均较开市价格有所提升，如图5-3 所示。

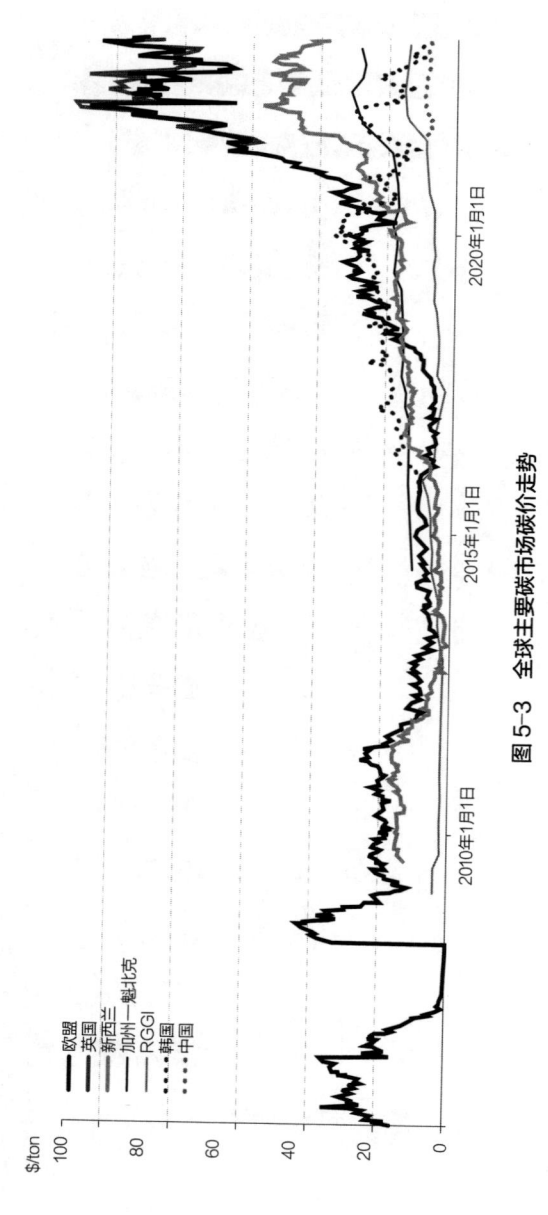

图 5-3 全球主要碳市场碳价走势

资料来源：https://icapcarbonaction.com/en/ets-prices

细看 2022 年碳价，不难发现英国和欧盟碳市场碳价最高，中国碳市场价格最低。且如图 5-4 所示，全球主要碳市场碳价波动现象明显。

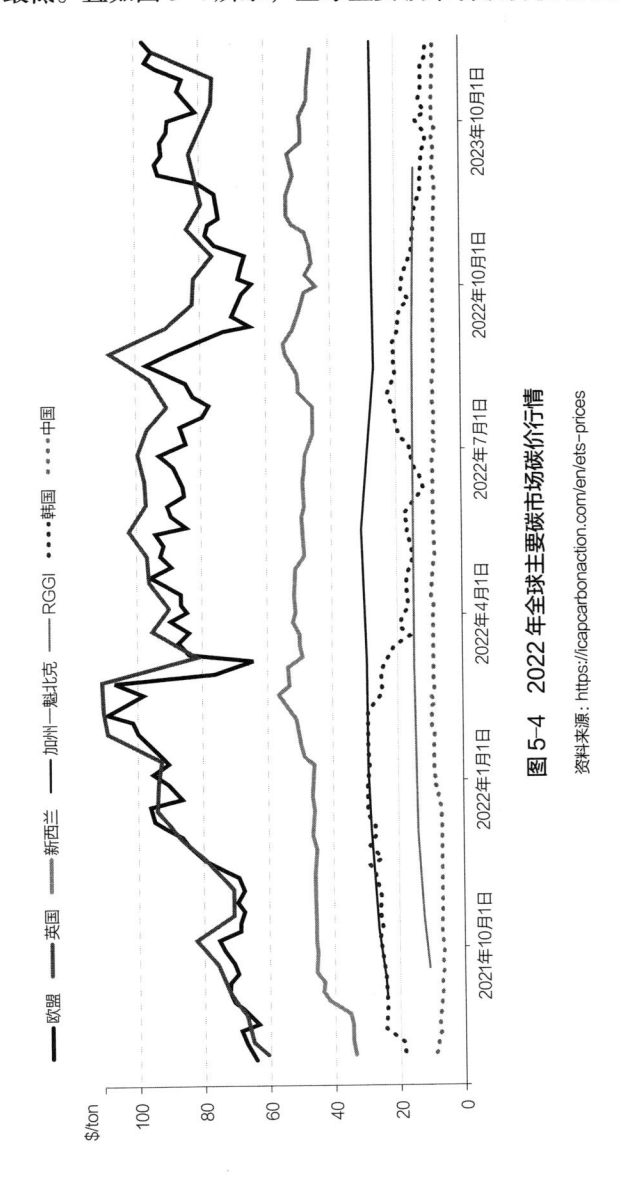

图 5-4 2022 年全球主要碳市场碳价行情

资料来源：https://icapcarbonaction.com/en/ets-prices

欧盟和英国碳价呈高位震荡，这源于天然气供需关系变化导致能源价格动荡、俄乌冲突导致气价和碳价脱钩、欧盟激进政策导致配额供需关系变动等多种因素。新西兰碳市场碳价波动幅度高于其他碳市场，呈现整体下跌趋势，这与新西兰碳市场政策偏松、受突发能源事件影响较大有关。加州—魁北克和RGGI两个北美碳市场碳价较平稳，这与市场活跃度受外界干扰较小有关。两个亚洲碳市场价格均呈现碳价下滑趋势，这与供需不平衡持续影响而导致的"潮汐"现象有关。目前，全球主要碳市场碳价距实现1.5℃温控目标下的理想碳价还存在差距。世界银行预测，要实现IPCC提出的温控1.5℃目标，到2050年碳价必须达到50—250美元/吨，最合适的价格为100美元/吨。欧盟碳市场和英国碳市场碳价据此预测最为接近，中国碳市场的碳价则距离较远。

三、全球碳市场交易展望

第一，碳市场控排规模将持续增加。

根据ICAP公布的数据，2014—2022年，全球实际运行的碳市场数量由13个增加到了28个，控排规模从40亿吨增加到90亿吨，占全球碳排放量比例从8%增加到了17%。可见碳市场数量和控排规模正在持续增长中。目前还有20个司法管辖区正在建设或考虑建设碳市场。未来，随着越来越多的国家或地区提出自身减排目标，在世界银行"市场准备伙伴"计划的资金支持下，全球碳市场数量将越来越多，控排规模也将持续增加。

第二，碳市场和碳税配合使用是未来趋势。

虽说目前大多数国家都选择了碳市场，但碳市场和碳税两种碳定价机制联合使用将是未来政府控排管理的主流手段。从体制机制上看，碳市场和碳税在管理对象、成本和效率上各具优势。从国际经验上看，越来越多的国家推行"碳税＋碳市场"联合管理模式，将碳税减排定价机制纳入环境保护税改革范畴，或将碳税单独立法，同时运行碳税与碳市场，对全社会碳排放源进行分类管理[①]。

第三，全球碳市场衔接进程加快。

各国际组织、政府部门均在推进全球碳市场的衔接。一方面，《巴黎协定》提出了代替"清洁发展机制"的"可持续发展机制"，将减排量的抵消额的转让由单向（发展中国家转让给发达国家）扩展为多向（所有国家均可互相通过交易转让减排量抵消额），旨在帮助各国更好地完成其自主贡献目标。《巴黎协定》所倡导的国际碳减排合作，为建立一个全新的全球气候框架、推动各国之间通过市场机制的国际合作达成更有雄心的减排创造了可能。另一方面，虽然初衷是为了避免碳泄漏，但欧盟碳边境调整机制（CBAM）在产品碳强度和碳价差等方面的相关规定也在推动着国际碳交易和碳市场的衔接。

---

① 庄贵阳、周宏春：《碳达峰碳中和的中国之道》，中国财政经济出版社2021年版。

中国碳交易的现状与展望[①]

中国碳市场建设始于2011年10月,按照"十二五"规划纲要关于"逐步建立碳排放交易市场"的要求,北京、天津、上海、重庆、湖北、广东、深圳两省五市,分别启动了地方碳排放权交易试点工作,并于2013—2014年陆续开市。2016年9月,福建省成为国内第八个开展碳排放权交易试点工作的区域,并于同年12月开市。自此,国内地方试点碳市场的格局形成。

2021年7月16日,全国碳排放权交易市场(以下简称"全国碳市场")正式启动线上交易。早在开市之前,在借鉴试点碳市场建设经验的基础上,全国碳市场做了诸多筹备工作,中国碳市场建设历程如图5-5所示。2013年,中共十八届三中全会明确,要发展碳排放权交易制度,随后全国碳市场设计工作正式启动。2017年12月,国家发展改革委提出将推进碳市场建设工作。2020年12月,国家生态环境部发布《碳排放权交易管理办法(试行)》,明确重点排放单位纳入门槛、配额总量设

---

① 本文作者为中创碳投研究院分析师武学。

第五章 碳交易与绿电交易

图 5-5 中国碳市场建设历程

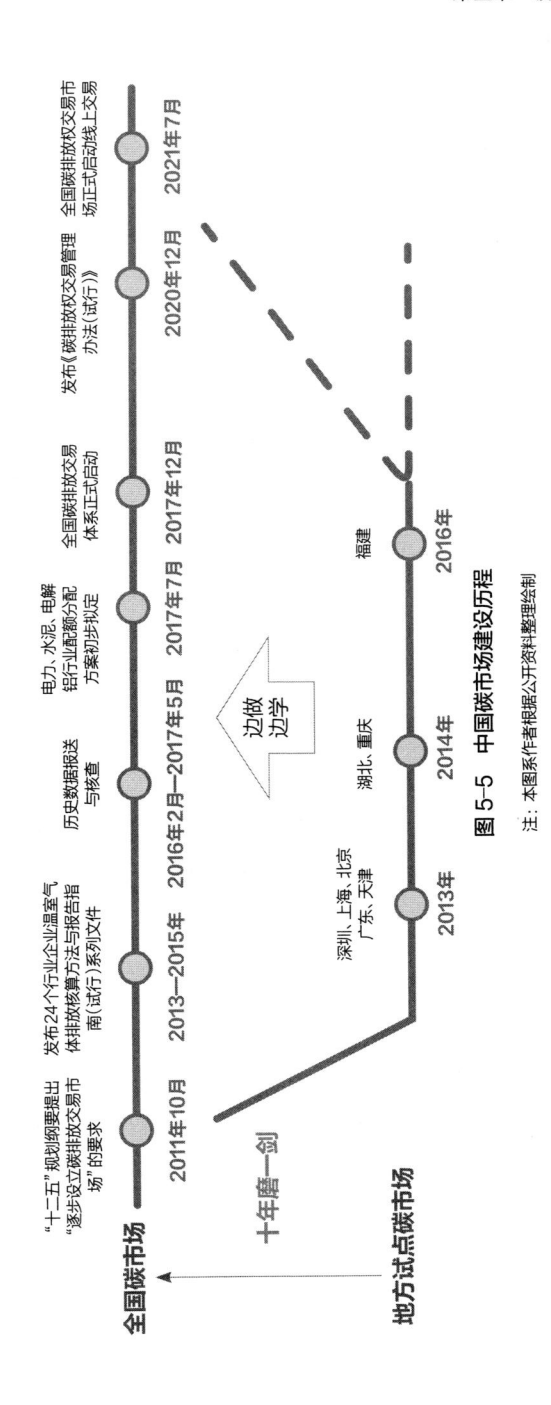

注：本图系作者根据公开资料整理绘制

263

定与分配规则、交易规则等。2021年7月16日，全国碳市场开市，首日开盘价48元/吨，成交量410万吨，成交额2.1亿元。开市之后，全国碳市场"边做边学"，不断完善碳市场建设框架，从数据质量管理、核算方法调整、规范数据来源等方面多次做出调整。

一、中国碳市场运行机制

全国碳市场第一个履约周期从2021年1月1日至2021年12月31日，第二个履约周期从2022年1月1日至2023年12月31日，为期2年，控排企业须在此履约周期内完成2021和2022两个年度的配额清缴工作。

全国碳市场第二个履约周期的总体框架基本延续了第一个履约周期。在覆盖范围上，仍然为电力行业，温室气体种类为二氧化碳；在配额分配方案上，继续采用基于强度的配额分配方案，采用免费分配的方式；在交易机制上，交易产品仍为碳配额；在抵消机制上，规定重点排放单位每年可以使用国家核证自愿减排量抵消碳排放配额的清缴，抵消比例不得超过应清缴碳排放配额的5%。

当然，针对第一个履约周期中出现的诸多不协调，第二个履约周期也进行了调整。一是实行配额年度管理，即2021、2022两个年度的配额分配基准值分别基于上年的实际排放情况确定。据测算，配额分配中大部分机组基准线下调6.5%—18.4%不等，这意味着第二个履约周期碳市场配额有所收紧。二是首次引入平衡值。平衡值是各类机组供电、供热碳排放配额量与其经核查排放量（应清缴配额量）平衡时对应的碳排放强度值，是制定供电、供热基准值的重要参考依据。三是对燃气机组和配额缺口较大的企业新增灵活履约机制及个性化纾困机制，帮助企业完成履约任务。

值得注意的是，经过多年发展，全国碳市场的运作流程已明晰。全国碳排放权注册登记系统（中碳登）、全国碳排放权交易系统和全国碳市场管理平台三大运行支撑平台已上线使用。近年来，北京绿色交易所积极承建全国温室气体自愿减排交易中心，未来还将升级为面向全球的国家级绿色交易所，服务全球绿色金融和可持续金融中心建设。2023年6月27日，全国温室气体自愿减排注册登记系统和交易系统建设项目验收会在北京召开。在会上，国家生态环境部应对气候变化司宣布，未来将把注册登记系统移交给国家气候战略中心，全国温室气体自愿减排交易系统仍由北京绿色交易所持续推进。

依据各试点碳市场最新版《碳排放权交易管理办法》《碳排放权配额分配方案》《碳排放配额管理单位名单》，在梳理了纳入行业、配额分配方式和抵消机制等信息后，我们可以了解中国碳市场关键要素的基本情况。

在纳入行业方面，除全国碳市场目前仅纳入电力一个行业外，各试点碳市场均纳入多个行业，数量为5—10个不等，且纳入行业类型不一，如表5-2所示。除普遍纳入八大高耗能行业外，各地方试点碳市场还纳入了交通、建筑、废弃物处理、食品饮料和服务业等行业。此外，电力行业除纳入全国碳市场管控外，未被纳入全国碳市场的发电企业被纳入了北京和福建试点碳市场。

配额分配方面，9个碳市场中有4个提出以免费分配为主、有偿为辅；4个提出以免费分配为主、适时引入有偿分配；只有福建试点碳市场为配额免费分配方式。

抵消机制方面，全国及各试点碳市场均可以使用国家核证自愿减排量（CCER）进行碳排放量抵消。除CCER外，试点碳市场还能利用当地核证减排量抵消碳排放量。在抵消比例方面，全国及各地方试点碳市场规定的抵消基准有所差异，抵消比例以5%—10%居多。

表 5-2 中国碳市场纳入行业汇总表

纳入行业		全国	北京	天津	上海	重庆	湖北	广东	深圳	福建
八大高耗能行业	电力	●	●							●
	钢铁			●	●	●	●	●		●
	建材		●	●	●	●	●	●		●
	石化		●	●	●	●		●		●
	化工			●	●	●	●			
	有色					●	●			
	造纸				●					
	民航		●		●			●		
交通			●						●	
建筑					●					
其他工业			●		●	●	●		●	
废弃物处理						●			●	
食品饮料					●	●				
服务业			●		●			●		

注：本表系作者根据《国民经济行业分类》(GB/T 4754-2017分类)及公开资料整理

此外，中国9个碳市场也进行了一些探索和尝试。一是全国碳市场和重庆试点碳市场提出"借碳"政策，即预支下一年度的碳排放配额暂完成配额清缴；天津试点碳市场也提出纳入企业未注销的配额可结转至后续年度继续使用。二是北京、天津和上海试点碳市场均提出外购绿电不计碳排放。北京试点碳市场规定"重点碳排放单位通过市场化手段购买使用的绿电碳排放量核算为零"；天津试点碳市场规定"各重点排放单位在核算净购入使用电量时，可申请扣除购入电网中绿色电力电量"；上海试点碳市场则规定"外购绿电排放因子调整为0 $tCO_2/10^4 kWh$"。

二、中国碳市场交易现状

首先看全国碳市场。

截至2023年年底，全国碳市场累计成交量达4.4亿吨，累计成交额约249亿元，2023年成交均价为68.15元/吨，较2022年市场成交均价上涨了23.24%。

纵观近两年的全国碳市场交易，全国碳市场总体平稳有序。原因有以下几方面：

一是经过第一个履约期，全国碳市场打通了各关键流程环节。

二是交易方式多样，交易价格稳中有升，初步发挥了碳价发现机制作用。全国碳市场交易采用协议转让、单项竞价或其他符合规定的方式，其中协议转让包括挂牌协议交易和大宗协议交易。如图5-6所示，全国碳市场开盘价为48元/吨，到2021年11月跌至约40元/吨，但从2022年1月开始成交价逐步回升，并且大部分时间稳定在50—60元。

三是第一个履约期履约率基本达到预期。按照履约量计算，全国碳市场总体配额履约率为99.5%。

四是碳排放数据质量问题得到高度重视。2021年10月，国家生态环境部印发《关于做好全国碳排放权交易市场数据质量监督管理相关工作的通知》；2022年12月，印发《企业温室气体排放核算与报告指南发电设施》，强化数据质量控制要求。

五是燃煤元素碳含量"高限值"得到及时修正。全国碳市场将燃煤单位热值含碳量缺省值从0.03356 tC/GJ调整为0.03085 tC/GJ，下调8.1%。

尽管全国碳市场在运行中取得了不俗的成绩，但也存在一些问题。

一是政策预期不明导致市场观望情绪重、企业"惜售"心理强，进而导致换手率偏低。第一履约期配额换手率约为2%，2022年全国碳市场换手率2%—3%，低于七个试点碳市场约5%的平均换手率，远低于欧盟碳市场约500%的换手率。

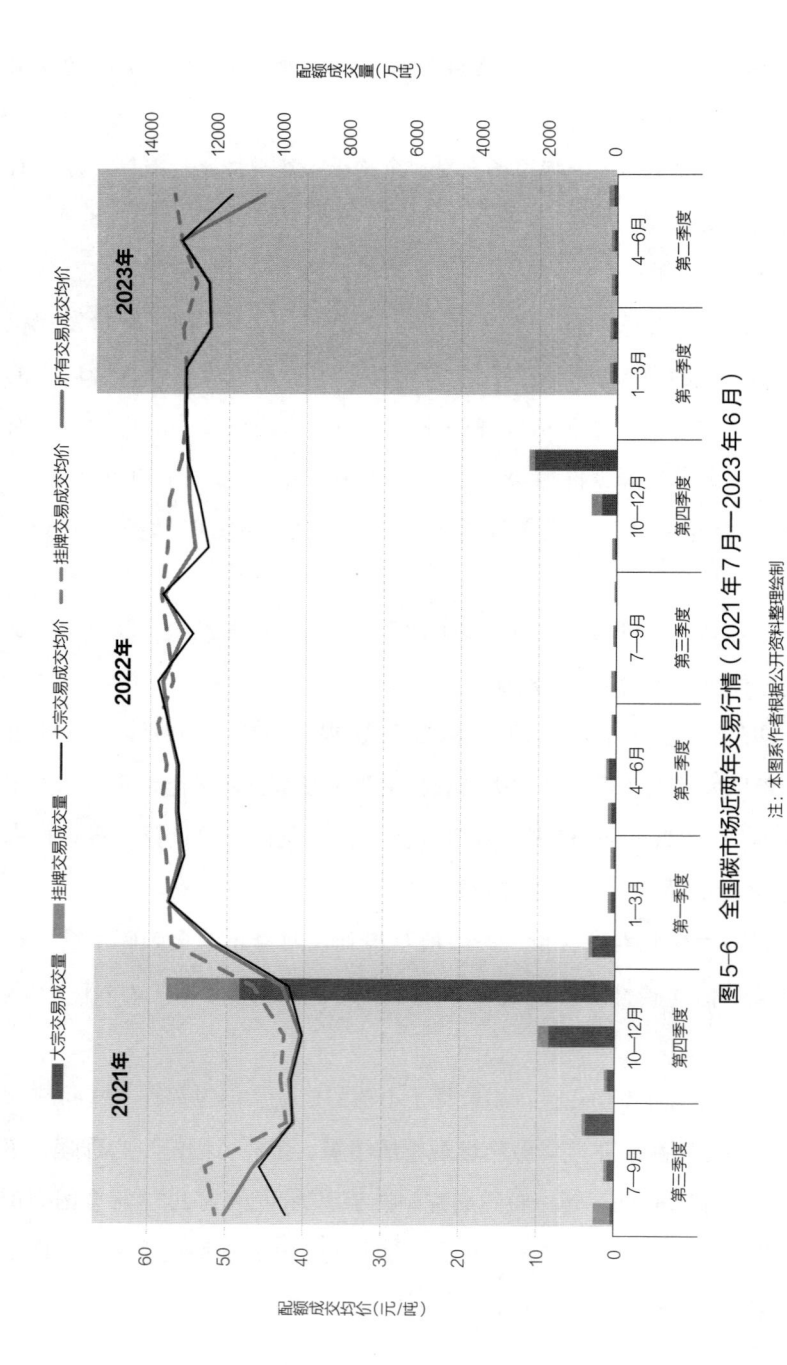

图 5-6 全国碳市场近两年交易行情（2021 年 7 月—2023 年 6 月）

注：本图系作者根据公开资料整理绘制

二是交易量"潮汐现象"明显。全国碳市场第一个履约期碳排放配额累计成交量为1.79亿吨，其中临近履约期收官前的11—12月成交量占比为82%。2022年全国碳市场的交易也主要集中在年初和年末，年中表现较为低迷。

三是交易以大宗交易为主，价格未能充分反映配额价值或减排成本，价格信号失真。截至2023年6月30日，全国碳市场累计成交额为109.12亿元，其中大宗交易占比82%。按照碳价均价计，大宗交易价格比挂牌交易价格平均约低9%。大宗交易主要通过集团内部的配额调配、不同控排企业之间直接洽谈或者居间磋商的方式实现。交易方式相对较复杂，交易过程不够透明，成交价格不能完全体现配额价值，也没有反映出行业的边际减排成本。其交易方式本身也会在一定程度上增加交易的成本。

再看试点碳市场。

截至2023年6月底，各地方试点碳市场累计成交量（不含远期）约6.07亿吨，累计成交额167.8亿元。其中广东累计成交量和成交额最多，占比均在三分之一以上；福建累计成交量和成交额最少，占比分别为5%和4%。试点碳市场碳价均价在20.05元/吨至47.37元/吨，其中最高碳价出现在北京试点碳市场，最低碳价出现在重庆试点碳市场（如图5-7所示）。

从各试点碳市场碳价走势看，试点碳市场存在以下特点：一是从开市到2022年年底，碳价呈现"U形"走势，即碳价先跌后涨，如图5-8所示。二是2022年交易均价普遍抬升，但各试点碳市场间价差较大。2022年各试点碳市场价格区间在4.73元/吨至149.00元/吨不等（如图5-9所示），价格区间与2021年相比，除重庆碳市场价格呈现下跌趋势外，其余试点碳市场价格均有不同程度上涨。三是北京和广东试点碳市场碳价高于全国碳市场。

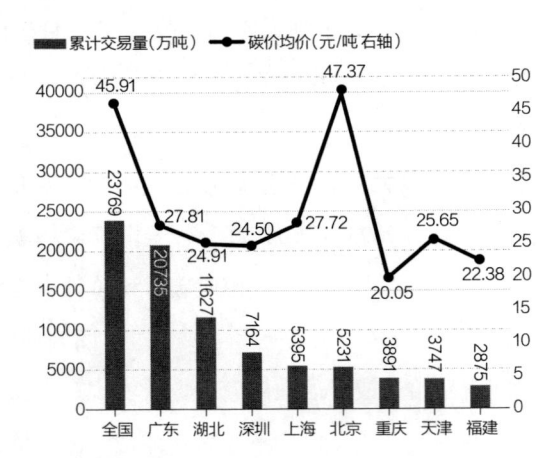

图 5-7　全国及各地方试点碳市场累计交易概况（截至 2023 年 6 月 14 日）

注：本图系作者根据公开资料整理绘制

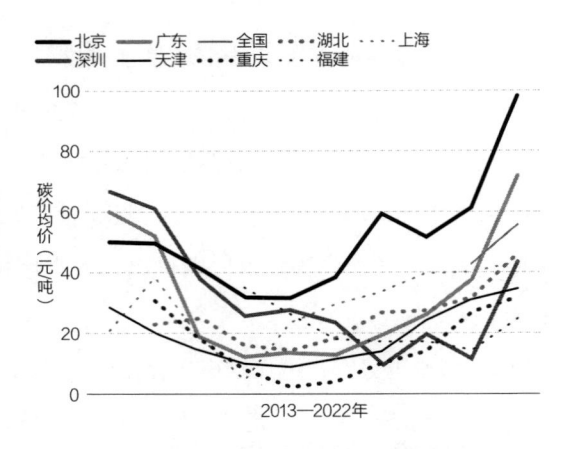

图 5-8　全国及各地方试点碳市场碳价走势

注：本图系作者根据公开资料整理绘制

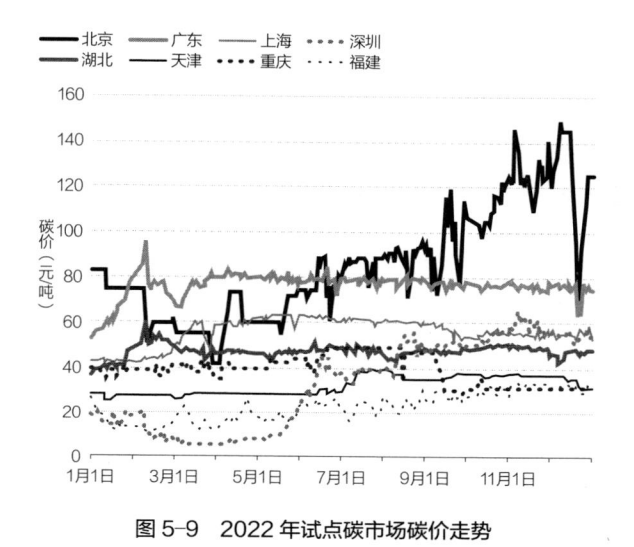

图 5-9 2022 年试点碳市场碳价走势

注：本图系作者根据公开资料整理绘制

三、中国碳市场展望

第一，全国碳市场扩容在即。

全国碳市场自启动以来，目前只将电力行业纳入碳排放权交易的范围。按"成熟一个行业，纳入一个行业"的原则，石化、化工、建材、钢铁、有色、造纸、航空等高排放行业亟待纳入全国碳市场。2023 年 5 月，国家生态环境部召开"扩大全国碳市场行业覆盖范围专项研究"启动会；同年 6 月，钢铁、石化和建材行业纳入全国碳市场专项研究第一次工作会议相继召开。碳市场扩容提速。

第二，CCER 重启。

CCER 在 2012 年上线，又在 2017 年被暂停签发，经过第一个履约期，市场上已备案的存量 CCER 数量已不足以满足碳抵消需求。随着全国碳市场扩容在即，CCER 将更加紧缺，CCER 重启备受瞩目。2023 年

6月29日，时任国家生态环境部新闻发言人、宣传教育司司长刘友宾表示"今年年内尽早启动全国温室气体自愿减排交易市场"。2023年10月24日生态环境部根据《温室气体自愿减排管理办法（试行）》制定了《温室气体自愿减排项目方法学造林碳汇》《温室气体自愿减排项目方法学并网海上风力发电》《温室气体自愿减排项目方法学红树林营造》，标志着CCER正式开启扩容。

第三，电碳市场协同发展。

电碳市场相辅相成，协同发展是必经之路。一方面，绿电是碳市场减碳的重要途径。北京、天津和上海试点碳市场率先提出外购绿电不计算碳排放量，这将有助于降低控排企业的减碳压力。另一方面，碳市场的发展势必带动绿电消费需求。几个试点碳市场对绿电绿色环境属性的认证，将是激发绿电消费需求的一大途径。

第四，加快碳市场顶层法规建设。

出台《碳排放权交易管理暂行条例》已经成为中国碳市场进一步完善的重中之重，已连续多年纳入国务院立法工作计划。公开可查的最新文件是2024年1月25日印发的《碳排放权交易管理暂行条例》，其对配额总量与分配方案、配额清缴、重点排放单位义务、监督管理、追责等诸多方面进行了规定。从立法的角度规定碳市场相关要素，有助于推动碳市场规范且高效地运行。此外，相关的配套制度和技术规范的建立健全也至关重要。

第五章 碳交易与绿电交易

中国重构新能源绿色交易机制[①]

据国家能源局最新数据，截至2023年底，我国可再生能源发电总装机达到15.16亿千瓦，占全国发电总装机的51.9%。2023年，我国可再生能源新增装机3.05亿千瓦，超过全球可再生能源新增装机的一半，其中光伏新增装机约2.17亿千瓦，风电新增装机约7600万千瓦。

光伏、风电装机急剧增长的同时，市场机制也在急速变革。

一方面，中央财政对于可再生能源的补贴退出之后，靠天吃饭的新能源发电在电力市场中处于弱势地位。而另一方面，新能源发电的绿色属性决定了需要有相应的市场机制来为其定价，从而获得绿色权益的收益。2021年9月以来，政府先后出台多份文件，启动了绿电、绿证交易，明确绿证为可再生能源生产、消费的凭证。政府正在逐步重构绿色能源的政策体系，其导向是以市场的手段为可再生能源的绿色环境属性定价。

2021年8月，国家发展改革委、国家能源局复函国家电网公司、

---

① 本文作者为《财经》杂志记者韩舒琳。

南方电网公司，推动开展绿色电力交易试点工作，中国的绿电交易试点正式启动。

2022年8月，国家发展改革委、国家统计局、国家能源局发布《关于进一步做好新增可再生能源消费不纳入能源消费总量控制有关工作的通知》，明确了绿证是可再生能源消费凭证，各类型电力用户可再生能源消费量以持有的绿证作为相关核算工作的基准。

2022年9月，国家发展改革委、国家能源局发布《关于推动电力交易机构开展绿色电力证书交易的通知》和《关于有序推进绿色电力交易有关事项的通知》，推动电力交易机构开展绿证交易，扩大绿电交易范围。

2023年2月，国家发展改革委、财政部、国家能源局发布《关于享受中央政府补贴的绿电项目参与绿电交易有关事项的通知》，明确享受国家可再生能源补贴的绿电项目参与绿电、绿证交易所产生的溢价收益专项用于解决可再生能源补贴缺口。

2023年7月，国家发展改革委、财政部、国家能源局共同发布《关于做好可再生能源绿色电力证书全覆盖工作促进可再生能源电力消费的通知》，进一步明确了绿证是可再生能源电量环境属性的唯一证明，核发范围也进一步扩大，对全国风电、太阳能发电、常规水电、生物质发电、地热能发电、海洋能发电等已建档立卡的可再生能源发电项目所生产的全部电量核发绿证，实现绿证核发全覆盖。

2024年2月，国家发展改革委、国家统计局、国家能源局联合印发《关于加强绿色电力证书与节能减碳政策衔接 大力促进非化石能源消费的通知》，加强绿证与能耗双控、固定资产投资项目节能审查、碳核算与碳市场管理衔接，并加强国际互认。

绿证即可再生能源绿色电力证书，是可再生能源电力生产、消费的唯一凭证，每1000千瓦时可再生能源电量对应一个绿证单位。此前，国内的绿证只能在国家可再生能源信息管理中心建设的绿色电力证书自愿认购平台认购，2022年9月之后，市场主体可以在北京电力交易中心和广州电力交易中心交易绿证，价格由市场决定。

前述几份文件从不同维度完善了可再生能源的市场交易机制。未来，平价和市场化的可再生能源电量，可以在绿电、绿证市场获得"绿色溢价"的回报。

随着政策体系完善，绿证应用场景不断延伸，明确为可再生能源电量环境属性的唯一证明，在政策设计中成为贯穿交易、考核的基础机制。中国的绿证从过去的自愿认购变为和市场交易并存，并作为核算基准。绿证制度本身正面临变革，迎来重构。

一、顶层设计演变

绿电的消费需求是全球低碳转型浪潮的产物。气候变化问题逐渐成为全球共识，许多企业发布了自身实现碳中和的路线图，采购绿电替代化石能源电力，是各企业的关键举措之一。在国际上也有诸如承诺100%使用可再生能源的RE100国际倡议和美国环保局成立的绿色能源伙伴（GPP）计划，以推广绿电消费。

绿证机制的出现与电力的特殊商品属性有关。尽管电有煤电、水电、新能源、核电等不同的来源，但对于电的用户而言，都是使用接入电网的电力，电一旦上网，就无法再区分来源，如何证明自己使用了绿电？那就需要给绿电一个"身份证"，即绿证，并为其设计配套的市场体系，买方可以采购绿电或者绿证，证明自己使用了绿电。

在欧洲，无补贴的绿电可以通过购电协议（PPA）来采购，绿证则由发行机构协会（AIB）负责签发管理，绿电和绿证交易并存。在美国，

PPA同样是常见的绿电交易机制，绿证方面，基于可再生能源配额制（RPS）的强制市场和自愿交易市场并存。此外，国际上还有第三方的国际可再生能源证书（I-REC）、全球可再生能源交易工具（APX TIGR）等绿证机制。在国内绿证交易还未普及之前，远景科技集团就曾为国内苹果供应链企业采购过国际绿证。

在中国，2017年，国家发展改革委、财政部、国家能源局联合发布《关于试行可再生能源绿色电力证书核发及自愿认购交易制度的通知》，开启了中国自愿认购绿证的交易机制。在这一机制下，国家可再生能源信息管理中心负责向提出申请的发电企业核发绿证，个人和企业可以在认购平台上自愿认购挂牌的绿证，其价格与补贴挂钩，出售绿证的新能源电量不再享受补贴，因而每张绿证贵至一二百元，交易并不活跃。

从2021年5月开始，大量无补贴平价新能源项目的绿证上线，交易活跃度有所提高，平价绿证价格降低至30—50元/张。但总体而言，被认购的绿证数量只是少数，且大部分是平价绿证。

随着可再生能源装机的不断增长、补贴的退出、电力市场改革的逐步推进，以及市场主体采购绿电的需求浮出水面，开展绿电、绿证交易成为电力市场改革新的着力点。

2021年9月，中国开启绿电交易试点工作。首批交易中，每度绿电交易价格比当地电力中长期交易价格溢价3—5分钱，这一溢价意味着新能源通过市场的方式体现了绿色溢价。由于尚处起步阶段，中国当时并未开启单独的绿证交易，而是根据绿电交易的结果，将绿证同步从发电企业划转至购买绿电的电力用户，即所谓的"证电合一"。

绿证和绿电是统一交易还是分开交易，代表了业内所谓"证电合一"还是"证电分离"的分歧。合一，意味着电能价值和环境价值捆绑交易；分离，意味着二者在不同市场分开交易。

2022年8月，国家发展改革委、国家统计局、国家能源局下发的文件中，明确了绿证是可再生能源消费凭证，各类型电力用户可再生能源消费量以持有的绿证作为相关核算工作的基准，并提出绿证原则上可以转让，积极推进绿证交易市场建设。该文件明确指出，"十四五"期间每年新增的可再生能源电力消费量在全国和地方能源消费总量考核时予以扣除。

2022年9月下发的绿证交易文件拓展了绿证的交易形式。绿证以前由国家可再生能源信息管理中心核发，依托于中国绿色电力证书交易平台及北京、广州两大电力交易中心开展交易。随着绿证交易的开启，业内一度存在争论的"证电分离"和"证电合一"模式并存，市场主体可以自主选择采取何种交易，绿证是衔接两种交易的基础计量单位。

当前在电力交易中心开展的绿证交易包括双边协商、挂牌、集中竞价三种方式。不过《财经》记者从两大电力交易中心专家处了解到，目前企业更愿意购买绿电，证电合一的绿电交易可以同时锁定电量、用电成本和电力的绿色属性。新下发的推进绿电交易的文件则在此前的绿电交易基础上，鼓励跨国公司及产业链企业、外向型企业、行业龙头企业、央企国企、高耗能企业和东部发达地区增加绿电消费，扩大绿电的消费市场。

综合来看，可再生能源的市场机制顶层设计基本确立。平价新能源项目可以参与绿电、绿证交易，从而在市场中获得其环境属性价值；市场主体可以自己选择购买绿电还是绿证；绿电、绿证都在电力交易中心开展交易，其中绿证由可再生能源信息管理中心核发，划转至电力交易中心。

绿电、绿证交易特点对比如表5-3所示。

表5-3 绿电、绿证交易特点对比

交易机制	绿电交易	绿证交易
交易组织方	北京电力交易中心、广州电力交易中心、各省电力交易中心	中国绿色电力证书交易平台、北京电力交易中心、广州电力交易中心
交易标的	绿色电力 初期只面向风电和光伏发电，2023年2月以后，绿电交易覆盖全部可再生能源发电项目	绿色电力证书 早期是对非水可再生能源上网电量颁发的电子证书，2023年7月之后，绿证核发范围扩大到所有可再生能源电力项目
价格形成机制	主要包括挂牌交易、双边协商、集中竞价交易等	挂牌交易、双边协商、集中竞价交易
交易价格	电能价值和环境价值	环境价值
交易结算	按照电力市场中长期交易规则，按月结算	交易意向形成后，意向买方需及时完成全部资金支付
交易特点	证电合一	证电分离
交易范围	省间、省内	不受地理范围约束

注：本表系作者根据采访资料整理

二、如何买绿证

对于所有的绿证交易，完全市场化上网绿色电力或由电网企业保障性收购的平价可再生能源项目，产生的附加收益归发电企业；由电网企业保障性收购且享受可再生能源补贴的绿色电力产生的附加收益由电网企业单位归集，并以适当方式对冲可再生能源发电补贴。

这一规定是为了避免可再生能源项目的环境属性重复计算。

简单而言，如果一个可再生发电项目已经享受了国家的财政补贴，则意味着财政已经为其支付了环境属性价值。而完全市场化上网的绿色电力或由电网企业保障性收购的平价可再生新能源项目，可以在绿证的市场交易中获取电能的环境收益。

据《财经》记者了解，为了保障供给，国家可再生能源信息管理中心所核发的平价绿证，需及时划转至交易中心。在初期，交易方式以双边协商为主，买卖双方在场外协商好量、价之后，在北京、广州两地的电力交易中心完成绿证交割。

在交易周期方面，绿证每日都可以交易，这是绿证交易更加灵活的体现。与之相比，绿电交易本质上是专属新能源的中长期交易，因此以月度、年度交易为主。

由于目前尚处于起步阶段，可交易绿证仅可交易一次，即只能由可再生能源发电企业卖给电力用户。个人、第三方、金融机构还无法通过绿证的二次交易获利。

北京电力交易中心有关专家在2023年年底披露的数据显示，自2022年9月北京电力交易中心绿证市场开启绿证交易以来，截至2023年12月18日，该交易中心累计交易绿证2393.79万张，成交均价为19.93元/张。根据广州电力交易中心有关专家在2023年年底披露的数据，至2023年12月中旬，南方五省区启动绿证交易以来，该中心累计交易绿证约110万张，绿证交易价格从2022年的40元/张一路走低至约10元/张。

以每1000千瓦时对应一个绿证计算，相当于每千瓦时新能源电力在绿证市场平均获得了1—2分钱的环境属性收益。

绿证交易文件提出，由电网企业保障性收购且享受补贴的新能源项目，其附加收益由电网企业单独归集，以适当方式对冲可再生能源发电补贴。这一规定为带补贴项目的绿证交易预留了进一步完善的空间。

简单来说，电网企业在按照补贴电价收购可再生能源电量的同时，获得了对应的绿证，这部分绿证如果未来能在绿证市场中获益，即可对冲一部分财政补贴。有熟悉交易的专家举例，假设每千瓦时需补贴2角的新能源项目，倘若在绿证市场中获取了每千瓦时3分钱的收益，那么财政只需每千瓦时再支付1角7分，即用绿证收益对冲了可再生能源补贴。对新能源项目本身而言，每千瓦时2角的补贴总额并没有变化。

含补贴项目的绿证交易机制和对冲补贴机制此前一直未明确。这可能是因为，含补贴项目已拿到补贴，进入绿证市场后卖出绿证的收益用于对冲财政补贴，因此受益方是财政，与项目方关系不大，这有可能让项目方在绿证市场中报出很低的价格。

国家发展改革委、财政部、国家能源局2023年7月联合下发的《关于做好可再生能源绿色电力证书全覆盖工作促进可再生能源电力消费的通知》解决了这个问题。《通知》规定：对于不再享受中央财政补贴的项目，绿证收益归发电企业或项目业主所有，交易方式不限；对于享受中央财政补贴的项目，按照国家相关规定，属于国家保障性收购的，绿证收益等额冲抵中央财政补贴或归国家所有；属于市场化交易的，绿证收益在中央财政补贴发放时等额扣减。同时，对享受中央财政补贴的项目创造条件尽快采用集中竞价的方式进行交易。

三、谁在买绿电、绿证

采购绿电、绿证对企业意味着有可能需要付出额外的用能成本。那么，究竟是哪些企业在"用爱发电"，采购绿电、绿证？

经《财经》记者多方了解，当前绿电、绿证的采购主体可以总结为这五类企业：外企在华分支企业、外企在华供应链企业、出口型企业、科技公司和部分行业头部公司。

如前文所述，绿色能源的消费需求是全球低碳转型趋势催生的产物。具体到用户侧，是认可这一理念的头部公司，在它们制定的碳中和路线图中，往往有明确的绿电采购要求。并且，这类企业一般也会对其供应链企业提出类似要求。

2021年9月绿电交易试点工作启动时，华晨宝马沈阳生产基地一次锁定了27.8亿千瓦时的绿电，截至2023年8月仍是中国绿电交易中最大的一笔。《财经》从华晨宝马获悉，这笔绿电采购，以及基地自身约7.44万千瓦（截至2022年数据）的光伏装机，确保了其沈阳基地在2025年年底前电力几乎可以全部来自可再生能源。

这笔绿电交易的背后，是华晨宝马自身碳中和路线图的要求。华晨宝马提出，到2030年单车使用环节碳排放比2019年降低40%，供应链环节降低20%；力争到2050年实现全价值链碳中和。因此，宝马的在华供应链企业也受到约束。

《财经》记者曾走访同处沈阳的华晨宝马内饰供应商金杯延峰，该公司也参与了绿电交易，从2022年开始，其供应宝马的产能100%使用绿电。

另一典型企业是德国化工巨头巴斯夫。巴斯夫在广东湛江投资了大型一体化基地，总投资额将达100亿欧元，首批两套装置分别于2022年9月和2024年1月投产，整个基地预计2030年全部建成。2021年6月，巴斯夫与华润电力在广东电力交易中心达成首笔可再生能源交易，确保巴斯夫湛江一体化基地首批装置100%可再生能源电力供应，其后又参与了《绿色电力交易试点工作方案》出台之后的全国首批绿电交易，在这次交易中，巴斯夫成为长三角最大、珠三角第二大绿电买方。截止到2022年年底，巴斯夫在大中华区的绿电采购量达到3.3亿千瓦时，其目标是在2025年实现整个湛江一体化基地100%使用可再生能源供电。

汽车主机厂、科技型制造企业、消费及其产业链上企业，是在碳中和议题上行动最早的几类企业。

苹果公司提出，到2030年其整个业务、生产供应链和产品生命周期实现碳中和，这一全范围碳中和的时间目标要明显早于其他企业，也促使其国内的代工厂如富士康、立讯精密等开始积极采购绿电、绿证。

出口型企业为了满足海外市场对产品碳足迹的要求，也有采购绿电的需求。事实上，早在全国绿电交易开启之前，省级的绿电试点交易中就不乏出口企业的身影。2020年11月，出口纺织企业申洲国际在浙江电力交易中心买到了"绿色电力交易凭证"，2021年4月，昆明电力交易中心为隆基绿能科技股份有限公司开具了"绿色用电凭证"。

H&M合作伙伴关系及公共事务副总裁徐晥表示，欧盟的《可持续产品生态设计法规（ESPR）》涵盖了针对碳排放、再利用和回收、废水及微塑料释放处理等可持续要求。2027年起，ESPR将成为市场准入条件，不满足ESPR要求的产品将无法出口到欧盟。同时集团自身也有2030年碳排放减半、2040年实现净零排放的目标，这都是H&M推动自身及供应链采购绿电的原因。

科技公司方面，国内的互联网巨头也在参与绿电交易。2021年9月，阿里巴巴在冀北电力交易中心采购了1亿千瓦时光伏电力，用于2021年四季度供电，在国内首次实现数据中心大规模使用可溯源的绿电。2021年11月，银泰百货通过浙江电力交易中心向大唐电力采购3000万千瓦时绿电，这是浙江首批百货零售行业绿电交易。

彭博新能源财经（BNEF）在2023年11月发布的《2023年中国企业绿电交易排行榜》数据显示，截至2023年11月10日，阿里巴巴集团以16.1亿千瓦时在绿电交易买方排行榜中位列第一，前五位还包括宝钢股份（宝山基地）、立讯精密、宝马集团中国和腾讯。

电力头部企业方面，国家电网总部通过参与绿电交易，与山西光伏发电企业达成交易电量1200万千瓦时，实现西单总部大楼、都城大厦两个办公区2022年下半年100%使用绿电。南方电网后勤管理中心与国家电投广东公司、广东能源集团签订协议，自2023年起每年购买绿电6000万千瓦时，实现南方电网生产科研基地用电全额使用绿电。

除了这类主动消费绿电、绿证的企业之外，2022年9月下发的推进绿电交易的相关通知中还提出，中央企业、地方国有企业在绿电消费方面需要发挥先行带头作用，地方机关、事业单位绿电消费原则上应超过全社会平均水平，且不低于当地可再生能源消纳责任权重。能效水平低于标杆水平的高耗能企业应制定具体方案，在三至五年逐步实现全量或高比例绿电消费。

四、绿色市场机制仍不完善

纵观绿色市场机制从顶层设计到落地实施的过程，总体上展现了谨慎有序的节奏："证电分离"和"证电合一"模式有分歧，就先推进相对成熟的绿电进入市场，再推进绿证的市场化交易；含补贴项目的环境属性如何定价尚不明确，就先放开平价可再生能源项目参与绿电市场交易。

绿色交易机制虽然搭建出了框架，并明确了绿证作为可再生能源消费凭证的定位，但随着电力市场改革的推进、新能源装机的快速增长，未来也面临诸多实操上的难题和与其他机制的衔接问题。

总结来看，政策设计推动了绿色机制的市场化，重构了绿证的角色，从此前自愿认购，变成了更加核心的绿色权益基础计量工具，并与交易、考核、流转、配额多个制度环节相关。但目前的绿证距离政策为它设定的核心角色还有一段距离。

第一，绿电、绿证交易规模仍然太小。

据北京电力交易中心披露的数据，2023年国家电网经营区内总交易电量6.23万亿千瓦时，其中市场化交易电量4.66万亿千瓦时，而绿电结算电量576亿千瓦时、绿证2364万张（对应236.4亿千瓦时绿电），绿电、绿证总的交易电量约为812.4亿度,只占总市场化电量的1.7%。

北京电力交易中心副总经理庞博在2023年9月的一次论坛上介绍,新能源未能全部入市,多个省份将新能源作为优发机组纳入保障性收购政策,60%的新能源采用保障性收购方式;西部主要新能源送出省份绿电省间外送积极性不高,省间通道空间有限。这些因素导致新能源虽然总量较大,但参与绿电绿证交易电量规模并不大。

他建议,在供应侧要进一步理清优发优购的范围,明确新能源放开入市比例;促进新能源参与绿电绿证交易,并推动分布式光伏参与绿电绿证交易,扩大绿电绿证供应。在需求侧,建议将可再生能源消纳责任权重分配至市场主体,推动用户参与绿电绿证交易完成能耗双控指标,采用强制约束方式推动高耗能企业增加绿色电力消费。

中电联在2022年11月初发布的《新能源参与电力市场相关问题研究报告》中指出,新能源绿色价值没有充分体现,不利于能源绿色转型。当前反映新能源绿色价值的配套政策相对滞后,绿电配额制尚未真正落地实施,绿证自愿认购的激励机制不足,绿电消费环境溢价的效用未体现,绿电消费证明尚缺乏唯一性。

为了促使更多用户采购绿电,中电联在报告中提出建议:第一阶段,即2025年前的过渡期采用"保障性消纳+市场交易"的模式,在市场价基础上增加溢价补贴,以此推动新能源参与市场,并进一步将消纳责任权重从各省细化分解到售电公司和电力用户;第二阶段,即2025—2030年,全面实施"强制配额制+绿证交易"制度,作为新能源平等参与市场的前提条件,政府确定用户用电量中新能源配额比例,用户通过购买绿证完成配额责任;第三阶段,即2030年后,新能源全面参与市场交易,形成"市场+绿证"的运转机制。

相关政策已经显现积极信号,2024年2月,国家发展改革委、国家统计局、国家能源局三部门联合公布《关于加强绿色电力证书与节能降碳政策衔接　大力促进非化石能源消费的通知》，其中提出，各地区要将可再生能源消纳责任分解到重点用能单位，探索实施重点用能单位化石能源消费预算管理，超出预算部分通过购买绿证绿电进行抵消。

第二，随着绿电、绿证交易的推出，当前中国并存多重绿色市场机制，其他典型的还包括碳市场、国家核证自愿减排量（CCER）交易。不同绿色市场机制之间要避免重复，做好衔接，同时也要推动与国际绿色机制的互认。

中电联在报告中指出，要理顺"电—证—碳"市场的关系，电力市场负责电力商品交易，绿证市场负责可再生能源的绿色电力属性，碳市场负责约束化石能源的温室气体排放，确保绿色环境权益的唯一性，加强各个市场平台间的数据交互，打通绿证与碳市场之间的流通环节。

一位交易专家表示，目前绿证、绿电的衔接比较完善，但绿电与碳市场、CCER 市场之间的衔接还不成熟。

除规则设计的技术问题之外，管理机制的协调也不可忽视。目前，电力交易、绿电绿证交易主要由国家发展改革委主管推动，在电力交易中心组织实施。而碳排放权交易、CCER 交易主要由生态环境部主管推动，在全国碳排放权交易市场及各试点碳市场组织实施。不同减排机制的协调衔接，更离不开主管部门厘清管理权责，互相配合。

前述 2024 年 2 月《关于加强绿色电力证书与节能降碳政策衔接　大力促进非化石能源消费的通知》中提出，加强绿证交易与能耗双控、碳排放管理等政策的有效链接，加强绿证对产品碳足迹管理支撑保障，推动绿证国际互认。这一系列文件精神，仍待具体可行的落地方案来完善。

第三，绿证本身的交易、流转、跟踪等各个环节还有待进一步完善。

2023年8月前，绿证交易在北京、广州两大电力交易中心进行，以挂牌和双边协商的交易形式为主，还没有开展集中竞价。换言之，绿证的价格主要在场外形成，还没有一个完全公开透明的绿证价格机制。与之相比，碳市场每日由上海环境能源交易所发布成交数据及价格，尽管交易量仍然不大，但至少提供了可供市场主体参考的价格信号。

2023年7月，国家发展改革委、国家能源局发文，要求为享受中央财政补贴的项目创造条件，尽快采用集中竞价的方式交易绿证。2024年上半年，国家能源局核发绿证4.86亿个，同比增长了13倍，对应4860亿千瓦时绿色电力。

有受访专家认为，随着市场不断成熟，未来要像电力市场改革一样，推动建设全国统一的绿证市场，形成公允的绿证价格信号。届时市场主体就可以结合自己的情况，选择不同的交易品种。

第四，是否给核电核发绿证，也逐渐成为绿色政策进展的焦点。

在2023年绿证核发全覆盖文件发布后，包括分布式光伏发电、常规水电、地热能发电、海洋能发电等此前未纳入的可再生能源电力品种都已经纳入核发范围，主流的低碳电力中，核电成为仅剩的尚未纳入绿证核发体系的电力。国家能源局还曾在2023年8月发布的人大建议答复中表示，考虑到国内外对核电、天然气发电核发绿证还有不同认识，暂不核发绿证。

2024年3月"两会"期间，来自中国核电、中国广核集团的政协委员都提出了将核电纳入绿电、绿证政策体系的相关提案。中广核集团董事长、全国政协委员杨长利援引国际原子能机构（IAEA）的数据表示，核电全生命周期内每生产1度电的碳排放量为5.7克，同口径下，光伏每生产1度电的碳排放量为74.6克，水电的碳排放量为64.4克，风电的碳排放量为 13.3 克。

在 2023 年 12 月中国能源研究会"双碳"产业合作分会和阳光时代律师事务所联合举办的《我国绿电交易现状及重点问题研究》报告发布会上，课题组专家也提出了将核电纳入绿电交易的问题。专家认为核电由于缺乏低碳电力属性的权威证明，对其参与电力市场带来挑战，甚至将影响核电的长远发展，其清洁属性没有得到重视，新型核电技术需要得到政策支持。

因此，课题组建议要探索将核电纳入绿电交易的方法路径，尽快建立适用于核电的绿色电力证书体系，争取"十四五"期间实施推广。

据中国核能行业协会发布的数据，2023 年，中国核电装机容量达到 5703 万千瓦，发电量 4333.71 亿千瓦时，占全国发电量的 4.86%，与燃煤发电相比，相当于减少排放二氧化碳 3.23 亿吨。

全球自愿减排机制的现状和展望[①]

温室气体自愿减排机制作为自愿碳市场运行的核心,是用来认证与签发碳信用的一整套规则、程序和方法。项目业主或开发商自主选择和实施,通过第三方审核机构的审定和核证,获得相应的碳信用,然后在自愿碳市场上进行交易或抵消。自愿减排机制可以为各类减排项目提供经济激励,促进低碳技术的推广和应用,同时也可以为碳信用的买家提供更多的选择,帮助它们实现自身的气候目标或社会责任。

一、自愿减排机制和强制碳市场的关系

自愿减排机制和强制碳市场是两种不同但又相互关联的碳减排方式。自愿减排机制是一种碳排放权抵消机制。这种机制强调控排企业自愿参与碳减排行动并通过交易碳信用来抵消其温室气体排放。自愿减排机制赋予企业更大的灵活性和自主权,使其能够根据自身需求制订减排目标和计划。强制碳市场则是基于政府规定的强制性碳减排机制,通过

[①] 本文作者为中创碳投研究院分析师张重吾。

设定碳排放权交易配额，进行碳交易等措施来引导企业或组织完成政府设定的减排目标，并为排放较少的单位提供经济激励。

尽管减排方式不同，但是自愿减排机制和强制碳市场还是存在一定的联系和互动。首先，自愿减排机制和强制碳市场的共同目标都是减少温室气体排放，并推动全球碳减排进程。自愿减排机制通过激励企业主动参与减排行动，促进了全球碳减排意识的普及和加强。与此同时，强制碳市场通过政府的调控手段引导企业减少碳排放，为全球减排目标的实现提供了有效的支持和推动力。其次，控排企业通过自主实施减排计划获得碳信用并上市交易，从而获得经济回报。同时，强制碳市场也提供了更多的选择和机会，使企业能够通过碳排放权交易实现自身的减排目标。

二、自愿减排机制的主要应用场景

为强制碳市场提供抵消手段。一些强制碳市场允许控排企业使用国际自愿减排机制下的碳信用来抵消部分或全部的碳排放，以降低履约成本或增加灵活性。例如，欧盟允许航空公司使用清洁发展机制（CDM）来抵消其碳排放，国际航空碳抵消和减排计划（CORSIA）允许使用核证碳标准（VCS）、黄金标准（GS）、CDM、国家核证自愿减排量（CCER）等自愿减排信用来抵消超过基准线的国际航空碳排放。

为非强制碳市场提供激励机制。一些未参与强制碳市场的国家或地区，可以通过建立国内自愿减排机制或参与第三方独立自愿减排机制，来鼓励和支持自愿性的温室气体减排项目，从而促进低碳发展和可持续发展。例如，中国建立了CCER机制，为各类自愿性减排项目提供政策支持和市场激励，同时也允许控排企业使用CCER抵消强制碳市场不超过5%的应清缴碳排放配额。其他国家或地区也有VCS、

GS等第三方独立自愿减排机制，通过第三方核证机构对项目产生的减排效果进行量化、核证和注册，并发行相应的碳信用额度。这些碳信用额度可以在自愿碳市场上出售给需求方，如控排企业或个人，从而为项目提供额外的收入来源。

为企业和个人提供碳中和途径。一些有社会责任感或需要维护品牌形象的企业和个人，可以通过购买国际自愿减排机制下的碳信用，来实现其自设的碳中和或碳中立目标，从而提升其环境声誉或践行其环保理念。

国际碳信用交易主要分为三个步骤。第一步，确定企业自身适用的机制。企业需要根据行业和地区要求，以及不同的自愿减排机制的标准和认证要求，确保自己的减排行动符合这些标准，并能够通过认证验证。第二步，获得认证减排量。企业在确定了合适的减排机制后，根据减排机制的规定申请并实施减碳项目，从而获得相应的碳信用。第三步，企业将获得的碳信用投放市场，以完成交易。

三、主流自愿减排标准

目前全球自愿减排有很多种，主流的有清洁发展机制（CDM），黄金标准（GS），核证碳标准（VCS），核查减排标准（VER+），芝加哥气候交易所标准（CCX），气候行动储备方案（CAR），气候、社区和生物多样性标准（CCBS），Plan Vivo等，如表5-4所示。

下文介绍三个相对主流的国际自愿减排标准。

1. 清洁发展机制（CDM）

1992年，面对气候变化加剧的共同挑战，联合国环境与发展会议通过了《联合国气候变化框架公约》，建立起全球协同合作应对气候变化风险的体系架构。1997年第3届联合国气候变化大会通过的《京都议定书》提出了CDM。

表 5-4　一些国际自愿减排标准比较

自愿减排机制	主要发起者	项目区域	基准线方法学要求	与CDM比较
GS	世界自然基金会、南南—南北合作组织、国际太阳组织	全球	GS CERs①：CDM批准的方法学；GS VERs②：CDM批准的方法学；新方法学必须由两位独立专家审查并由GS技术委员会批准	严于CDM：在申请CDM项目之前需要检验是否公开宣传过；即使是小规模项目也要按照CDM额外性工具进行分析
VCS	国际排放贸易协会（IETA）、世界经济论坛（WEF）、气候组织（TCG）	全球	CDM批准的方法学；其他个别新方法学必须由两名VCS认证的独立核查人检查并由VCS董事会通过（董事会保留检查每一个方法学的权利）	项目分析：等同于CDM；绩效分析：简化程序并降低审核成本但严格性有待进一步检验
VER+	南德意志公司（TÜV SÜD）	全球	CDM或JI③批准的方法学；提议的新方法学由负责的审计员评价与批准	近似于CDM
CCX	芝加哥气候交易所和CCX会员	以美国为主	CCX抵消委员会批准和审查的新方法学	弱于CDM：对于额外性没有严格的定义，不是由第三方而是由CCX委员会来决定项目额外性
CAR	加州气候变化行动登记处	美国 墨西哥	CAR委员会批准的基于绩效或技术清单的方法学	弱于CDM：通过绩效检验的标准化提高了项目申请通过的可预测性、降低审核成本并加强了项目评估的一致性，但严格性有待进一步检验
CCBS	气候、社区和生物多样性联盟（CCBA）	全球	IPCC 2006 AFOLU温室气体排放清单指南或更有效和详细的方法学	近似于CDM
Plan Vivo	生物气候研究与发展组织（BR&D）	发展中国家	Plan Vivo基金会审核批准的基于项目的基准线	近似于CDM

注：本表系作者根据钱政霖、马晓明的论文《国际自愿减排标准比较研究》整理
① CERs指核证减排量
② VERs指自愿减排量
③ JI指联合履约机制

　　CDM是在国际社会针对如何解决全球气候变暖问题、如何降低温室气体排放而提出的一种全球合作的机制。其主要内容是经济和技术发达的国家，运用自身的资金和技术优势，同发展中国家合作开发减排项目，以此来降低温室气体的排放量。发达国家以该类项目的实施来履行其在《京都议定书》中的承诺。

一方面，CDM有利于发展中国家从发达国家获得本国所缺乏的雄厚资金、先进技术和设备，来促进发展中国家可持续发展战略的实现；另一方面，发达国家在本国开发项目需要购买碳减排核证额，而碳减排核证额的价格成本很高，若同发展中国家合作开发CDM项目，则能降低其成本。CDM也是其他主流自愿减排机制的基础。

目前，CDM的方法学涵盖了能源、制造、化工、交通等领域内的不同减排项目，并为其项目的基准线设置提供了方法和要求。CDM项目从设计到签发CERs主要有三步，分别是项目设计、审定注册、CERs签发。

2. 黄金标准（GS）

GS由世界自然基金会（WWF）、南南—南北合作组织、国际太阳组织共同设立。GS的愿景是保障"所有人的气候安全和可持续发展"，旨在确保CDM项目也履行促进可持续发展的双重任务。

GS接受CDM的方法学，并在CDM方法学的基础上，补充了一些GS特有的要素，例如可持续发展指标、社区咨询、环境影响评估等。另外，GS提供了30多个方法学，涵盖了土地利用、林业和农业，能源效率，燃料转换，可再生能源，航运能源效率，废弃物处理和处置，用水效益，二氧化碳移除和可持续交通解决方案九个领域。

GS作为一个独立的标准和认证机构，对CDM项目提供服务。CDM项目可以申请通过GS的认证，以增加项目的可信度和附加值。

3. 核证碳标准（VCS）

VCS是世界上使用最广泛的温室气体信用计划，由国际排放贸易协会（IETA）、世界经济论坛（WEF）、气候组织（TCG）联合发起。它旨在推动资金流向减少和消除排放、改善生计和保护自然的项目。VCS项目已经减少或消除了近10亿吨温室气体的排放。

VCS 接受 CDM 的方法学，并额外提供了 45 个方法学，涵盖能源、制造、建筑、交通、采矿等领域。通过 VCS 的项目获得的减排量称为 VCUs。VCUs 的特点是有一些质量保证原则。这些原则通过项目验证、核查及 Verra 的审查和批准得到确认。Verra 是 VCS 及 VCUs 的管理平台，VCUs 的所有权只能在 Verra 账户之间转移，VCUs 不能转移到其他数据库或作为纸质证书进行交易。Verra 通过严格的用户审查机制，保证 VCUs 的质量和信用。

四、全球碳抵消机制面临的问题和展望

首先，碳信用额的质量和可靠性如何？

由于自愿碳抵消机制缺乏统一的标准和监管，不同的项目可能采用不同的方法学、基线、监测和验证方式，因此碳信用额的质量和可靠性存在差异和不确定性。例如，2023 年 1 月，英国《卫报》根据剑桥大学的几篇研究文章质疑 VCS 标准下的 REDD+ 项目存在大量高估或无价值的碳信用额，并质疑 Verra 的公正性。尽管 Verra 针对质疑以文章的形式回应，指出相关报道及研究的错误及误导，否定了报道中对 REDDK 中项目研究方法科学性的质疑。但在 2023 年 2 月，Verra 启动了对方法学"AMS-III.AU.：在水稻栽培中通过调整供水管理实践来实现减少甲烷的排放"的审查，并立即暂停了所有使用该方法学的项目开发活动（包括项目注册及减排量签发）。在 Verra 的方法学页面上，AMS-III.AU. 已经被列为"不适用"。

方法学被停用的现象，反映了碳抵消和减排量交易市场政策不确定性较大的高风险特征，即使是过去认为相对稳定可靠的一些公认的国际自愿减排机制，如 VCS 也不例外。不过总体来说，在市场对碳抵消需求持续增长的大背景下，事件本身恰好反映了市场对高质量、高标准减

排机制和减排量市场、交易模式的日益高涨的需求。质疑声也会推动市场向着更加规范的方向发展。

其次，碳信用额存在重复计算和使用的问题。

由于自愿碳抵消机制涉及多个国家和地区，可能存在碳信用额被同时计入两个或多个国家或地区的减排目标或贡献的风险，导致重复计算。另外，也可能存在碳信用额被同一个或不同的市场参与者多次使用或出售的风险，导致重复使用。这些问题可能会导致实际减排量被高估，影响环境评估完整性和市场公平性。

基于以上原因，碳信用额需要标准化和规范化。

为了提高碳信用额的质量和可靠性，一些国际组织和机构已经开发了一些标准和认证体系，如 VCS、GS、CCX 等。这标志着国际社会已经认识到减排机制规范化的重要性。这些标准和认证体系可以为项目开发者提供指导和规范，为市场参与者提供保障和信心，以确保碳信用额的有效性和互认性，为监管部门提供参考和依据。

第六章
碳中和政策汇编

《巴黎协定》概述[①]

随着工业化进程的推进，环境问题日益受到世界各国的关注。早在1997年通过的《京都议定书》中，就对主要发达国家在2012年前减排温室气体的种类、减排时间表和额度等做出了具体规定。但是，《京都议定书》作为一份"自上而下"减排的气候文件，在第二承诺期（2013—2020年）的执行效果已大不如第一承诺期。因此，各国需要一个具体有区分的策略来应对全球气候变化。在这个大背景下，《巴黎协定》应运而生。

《巴黎协定》是由197个国家于2015年12月12日在联合国气候变化大会中通过的。《巴黎协定》是一个具有法律约束力的国际条约，旨在大幅减少全球温室气体排放。《巴黎协定》于2016年11月4日正式生效，截至2023年10月，共有195个缔约方（194个国家加上欧盟）加入了《巴黎协定》。

《巴黎协定》最重要的意义在于，它是人类应对全球气候变化历史上的第三个具有里程碑意义的国际法律文本，并且为全球气候治理提供

[①] 本文作者为中创碳投研究院分析师张君伍。

了一个持久的框架，为未来几十年的全球努力指明了方向。《巴黎协定》有助于国际社会的合作交流和全球共同参与到应对气候变化中来。此外，《巴黎协定》更是创造了以国家自主决定贡献的方式实现减排的全球治理新范例，为未来的国际碳市场带来了新的发展机遇。

一、主要内容和达成的共识

《巴黎协定》共29条，包括目标、减缓、适应、损失损害、资金、技术、能力建设、透明度、全球盘点等内容。主要内容及达成的共识包括以下几个方面：

1. 确立了全球长期目标

《巴黎协定》第二条提出目标，即"把全球平均气温升幅控制在工业化前水平以上低于2℃之内，并努力将气温升幅限制在工业化前水平以上1.5℃之内"。为了实现该目标，第四条提出要"尽快达到温室气体排放的全球峰值"，而且在21世纪下半叶实现温室气体人为排放与清除之间的平衡。

2. 提出了国家自主贡献的减排新机制

《巴黎协定》框架下的国家自主贡献，是囊括了减缓、适应、资金、技术、能力建设等内容的综合行动计划，也是各国在《巴黎协定》确立的长期目标指导下，基于各自国情和能力，自主决定采取的适当行动，应能体现各自的最大意愿和力度雄心。同时也因为是各缔约方自主提出的贡献目标，更有利于协定总体目标的实现。

3. 再次强调"共同但有区别的责任"原则

《巴黎协定》将所有缔约方都纳入温室气体减排行列，只是在减排的力度上有所差异。对发达国家而言，不但要确定绝对量化的减排目标，也要在自主贡献中明确向发展中国家提供资金、技术、能力建设等支持的内容，这些内容需按照统一的指南、模板和方法提供，并按照透明度机制的要求接受专家组审查。对发展中国家而言，减排目标可以逐步过渡到绝对量化减排，不必一步到位。

4. **构建多元化资金治理机制**

明确发达国家有继续向发展中国家提供资金支持的义务，同时也鼓励所有缔约方向发展中国家应对气候变化提供自愿性的资金支持。上述举措有助于加强南北方之间应对气候变化的合作，提供了更加多元化的资金治理模式。

5. **设立透明度框架并内置灵活机制**

在透明度方面，发展中国家拥有更大的灵活性，且应得到发达国家的支持。在促进实施和遵约机制的运作中，应格外关注发展中国家各自的能力和国情。《巴黎协定》对最不发达国家和小岛屿发展中国家还有特别关照，允许它们根据自己的特殊国情编制和通报反映它们特殊情况的低碳发展战略和自主贡献，这些国家在接受国际支持方面，也将得到更加优先的照顾。

6. **建立全球盘点机制**

《巴黎协定》规定每五年进行定期盘点，并于2023年进行首次全球盘点，总结全球减排进展及各缔约方国家自主贡献目标与实现全球长期目标排放情景间的差距。定期盘点可以进一步促使各缔约方更新和加强其国家自主贡献目标，以及行动和支持力度，实现全球应对气候变化的长期目标，并加强气候行动的国际合作。

二、落实情况及实施进展

《巴黎协定》的生效体现了国际社会应对气候变化采取全球行动的坚定决心。围绕《巴黎协定》确立的全球长期目标，各缔约方陆续制定了自身的国家自主贡献目标。

在国家自主贡献的机制方面，《巴黎协定》所有 195 个缔约方都已更新或首次发布了国家自主贡献。

在落实资金支持方面，发达国家承诺到 2020 年之前，每年从各种渠道联合调动 1000 亿美元，以解决发展中国家减缓和适应气候变化的迫切需求。但是到目前为止，该承诺还没有真正得到兑现。同时，发达国家承诺的全球适应资金翻倍的路线图仍不明朗，甚至刻意模糊发达国家与发展中国家在发展阶段、历史责任、技术水平、实际能力等方面的显著差异。

在全球盘点工作方面，在阿联酋迪拜举行的第 28 次缔约方大会（COP28）上，世界各国对于在实现《巴黎协定》目标方面取得的进展进行了全球首次盘点。主要任务是评估实现《巴黎协定》目标的集体进展情况，并继续围绕减缓、适应、资金、损失与损害等方面作出重要决定和安排。

我国积极推动《巴黎协定》的落实。2021 年，我国向《联合国气候变化框架公约》（以下简称"《公约》"）秘书处正式提交《中国落实国家自主贡献成效和新目标新举措》和《中国本世纪中叶长期温室气体低排放发展战略》。2022 年，我国向《公约》秘书处提交了《中国落实国家自主贡献目标进展报告（2022）》。这些都是我国履行《巴黎协定》的具体举措，展现了我国应对气候变化的负责任态度和切实行动。

三、局限性及努力方向

《巴黎协定》是首个具有普遍性和法律约束力的全球气候变化协定，表明各国在气候变化治理的国际合作方面达成了普遍的政治共识。但是《巴黎协定》尚未达到人们的预期，其中的主要原因体现在以下几个方面：

1. 缺乏具体的路线图

人们希望《巴黎协定》能为世界未来几年的经济政策指明方向，但是，"协定"只是笼统地强调到21世纪下半叶全球平均温度的升幅控制在2℃（力争1.5℃）以内，并没有给出具体实施的路线图和阶段性减碳目标。

2. 缺乏强制执行力，需要各缔约方自愿遵守

《巴黎协定》没有任何针对具体缔约方的明确条款，没有规定强制减排目标和行动力度，更没有任何惩罚机制。《巴黎协定》只是在"只进不退"这一原则基础上建立了一套鼓励各国不断加强行动的规则体系，其处处强调尊重国家主权、非侵入、非惩罚的性质。因此，《巴黎协定》的执行有赖于缔约方的自觉与自愿。然而，要想实现温控目标，仅仅依赖缔约方自主显然不够。从目前情况看，建立《巴黎协定》的实施机制，是有效确保缔约方切实履行义务的先决条件。

3. 资金缺口显著，发达国家需兑现承诺

近年来，受新冠疫情和俄乌冲突等因素影响，全球经济发展遭遇挫折，全球气候治理融资面临困难，给全球气候治理带来了诸多不确定性。在应对气候变化的问题上，发达国家负有更重要的历史责任，应当及时兑现资金方面的承诺，并且明确全球适应资金翻倍的路线图。另外，国际社会应达成共识，弥补资金缺口，共同应对气候变化带来的挑战。

如今，各缔约方正在进行《巴黎协定》实施细则的新谈判，目的是推动全球气候治理目标与气候治理原则的进一步发展和深化。推动各缔约方在温室气体减排上找到合作与竞争的平衡，实现各方协同，从而构建以《巴黎协定》为核心的全球气候治理新机制。

中国的碳中和政策法规[①]

2020年，中国提出"双碳"目标之后，在2021年先后发布了《中共中央 国务院关于完整准确全面贯彻新发展理念做好碳达峰碳中和工作的意见》和《2030年前碳达峰行动方案》。这两个指导性文件共同构成中国碳达峰碳中和两个阶段的顶层设计，在国内"双碳"政策体系中发挥统领作用。

为有效推动"双碳"工作进展，各部委始终坚持全国统筹、节约优先、双轮驱动、内外畅通、防范风险的五大工作原则，部署制定能源、工业、城乡建设、交通运输、农业农村等重点领域碳达峰实施方案，并进一步明确科技支撑、财政支持、统计核算、人才培养等支撑保障方案。这一系列文件构建起目标明确、分工合理、措施有力且衔接有序的"双碳"目标下的"1+N"政策体系。

---

① 本文作者为中创碳投咨询事业群咨询经理商艳侠。

一、能源产业结构转型

能源是碳达峰碳中和的重点领域,要坚持安全降碳。在保障能源安全的前提下,能源领域应大力实施可再生能源替代,加快构建清洁低碳安全高效的能源体系。

为加快构建现代能源体系,推动能源高质量发展,能源领域应从以煤为主的基本国情出发,推进煤炭消费替代和转型升级、大力发展新能源、因地制宜开发水电、积极安全有序发展核电、合理调控油气消费、加快建设新型电力系统;坚持以立为先、先立后破、通盘谋划,从非化石能源加快开发利用、化石能源清洁高效开发利用、新型电力系统建设稳步推进、能源转型支撑保障不断加强四方面入手,取得有效进展后,在保障能源安全供应的基础上,积极有序推动能源绿色低碳转型,大力推进能源结构调整和能源产业链减碳,推动煤炭和新能源优化组合,强化能源科技创新和体制机制改革,为如期实现碳达峰碳中和目标提供绿色低碳、安全可靠的能源保障。

二、节能增效行动

节能是推进碳达峰碳中和、促进经济高质量发展的重要手段。这需要落实节约优先战略,完善能源消耗总量和强度双控制度,严格控制能耗强度,合理控制能源消费总量,推动能源消费革命,加快形成能源节约型社会。

深入实施节能降碳增效行动,需要全面提升节能管理能力,实施节能降碳重点工程,推进重点用能设备节能增效,加强新型基础设施节能降碳。统筹推进"十四五"节能工作,优化完善能耗调控政策,坚决遏制高耗能、高排放、低水平项目盲目发展,深入推进重点领域和行业节能降碳改造,提升节能降碳基础能力,以及开展节能降碳宣传教育和国际合作。立足经济社会发展大局，认真落实节约优先战略，完善能源消耗总量和强度调控，重点控制化石能源消费，深入实施节能降碳增效行动，不断提高能源利用效率，为加快推进发展方式绿色转型、实现碳达峰碳中和提供有力支撑。

三、工业降碳

工业是产生碳排放的主要领域之一。为深入落实"推动工业领域绿色低碳发展，推动钢铁、有色金属、建材、石化化工等重点行业碳达峰"的工作任务，国家工信部等三部门已制定工业领域及钢铁、石化化工、有色金属、建材等重点行业碳达峰实施方案。各部门、各行业正通过开展能效对标达标活动、深挖节能潜力、推动行业节能降碳改造、实施设备升级等举措，加快推进工业绿色低碳转型。

此外，工业领域从优化产业结构、提升能源利用效率、提高资源综合利用水平、推行绿色制造、突出技术标准、夯实降碳基础能力、数字赋能行业绿色发展、培育低碳产品、加强政策保障等方面，深入研究工业领域破解资源环境约束、实现高质量发展的工作思路和重点举措，并取得积极进展。

下一步，工业领域将持续围绕碳达峰碳中和系列方案中明确的重点任务，细化落实举措，压实主体责任，切实推动各项任务落地见效，全面推进工业绿色低碳转型和高质量发展，力争率先实现碳达峰。

四、城乡建设碳达峰行动

加快推进城乡建设绿色低碳发展，城市更新和乡村振兴都要落实绿色低碳要求。城乡建设领域应从推进城乡建设绿色低碳转型、加快提升建筑能效水平、加快优化建筑用能结构、推进农村建设和用能低碳转型四方面进行安排部署。坚持整体与局部相协调,统筹规划、建设、管理三大环节,统筹城镇和乡村建设的工作原则。城市更新主要从优化城市结构和布局、开展绿色低碳社区建设、全面提高绿色低碳建筑水平、建设绿色低碳住宅、提高基础设施运行效率、优化城市建设用能结构、推进绿色低碳建造七个方面着力。乡村振兴将重点从提升县城绿色低碳水平、营造自然紧凑乡村格局、推进绿色低碳农房建设、推进生活垃圾污水治理低碳化、推广应用可再生能源等方面着力。

针对当前城乡建设当中存在的"大量建设、大量消耗、大量排放"的突出问题,城乡建设领域应从区域协调发展、城乡基础设施建设、绿色建筑、绿色建造等方面提出系统性解决思路。在统筹城乡规划建设管理、建立城市体检评估制度、加大科技创新力度、推动城市智慧化建设、推动美好环境共建共治共享等方面创新工作方法。这需要把绿色发展理念贯穿始终,不断提升城市绿色发展水平,保障城镇化建设高质量推进。

五、交通运输低碳转型

搞好交通运输的绿色低碳发展,是"双碳"目标下的国家长期战略。这需要加快形成绿色低碳运输方式,确保交通运输领域碳排放增长保持在合理区间。

我国已进入加快建设交通强国、推动交通运输高质量发展的新阶段。加快推进低碳交通运输体系建设,需要以优化交通运输结构、推广节能低碳型交通工具、积极引导低碳出行为指导。交通领域应从推动运输工具装备低碳转型、构建绿色高效交通运输体系、加快绿色交通基础设施建设三方面入手,建设绿色交通基础设施,提升综合运输能效,推广应用新能源,构建低碳交通运输体系,推进交通污染深度治理,强化绿色交通科技支撑，完善绿色交通监管体系，深化国际交流与合作。牢牢把握减污降碳协同增效总要求，从调结构、清洁化、低能耗、绿色化四方面，处理好发展和减排、整体和局部、短期和中长期的关系；以推动交通运输节能降碳为重点，协同推进交通运输高质量发展和生态环境高水平保护，加快形成绿色低碳运输方式，促进交通与自然和谐发展，为加快建设交通强国提供有力支撑。

六、发展循环经济

发展循环经济是实现碳达峰碳中和的重要途径。这需要抓住资源利用这个源头，大力发展循环经济，全面提高资源利用效率，充分发挥减少资源消耗和降碳的协同作用。

发展循环经济是一项涉及面广、综合性强的系统工程。循环经济以资源的高效利用和循环利用为核心，以"减量化、再利用、资源化"为原则，以低消耗、低排放、高效率为基本特征。发展循环经济需要实施全面节约战略，推进各类资源节约集约利用，加快构建废弃物循环利用体系；需以"推进产业园区循环化发展、加强大宗固废综合利用、健全资源循环利用体系、推进生活垃圾减量化资源化"为工作重点；围绕工业、社会生活、农业三大领域，首先开展健全循环经济发展制度体系、构建资源循环型产业体系、构建废弃物循环利用体系、推进农业循环经济发展、推进塑料污染和过度包装治理等工作，而后围绕"双碳"工作部署要求，加快建设资源循环型产业体系，加快构建废弃物循环利用体系，不断深化农业循环经济发展，夯实循环经济工作基础，推动循环经济发展取得更大成效。

七、科技降碳

充分发挥科技创新对于实现"双碳"目标的支撑作用，由科技部牵头制定各项政策和措施。科技领域应以完善创新体制机制、加强创新能力建设和人才培养、强化应用基础研究、加快先进适用技术研发和推广应用为导向；以遵循统筹当前和长远、统筹科技创新与政策创新、统筹科技部门和相关方面的工作为原则，涉及基础研究、技术研发、应用示范、成果推广、人才培养、国际合作等多方面；提出科技支撑碳达峰碳中和的创新方向，统筹低碳科技示范和基地建设、人才培养、低碳科技企业培育和国际合作等措施，推动科技成果产出，推动科技支撑碳达峰碳中和重点任务方案的实施，为2060年前实现碳中和目标做好技术研发储备，对全国科技界及相关行业、领域、地方和企业碳达峰碳中和科技创新工作的开展起到指导作用。

八、固碳增汇

巩固和提升生态系统碳汇能力，是贯彻新发展理念、实现碳达峰碳中和的重要行动。这需要坚持系统观念，推进山水林田湖草沙一体化保护和修复，提高生态系统质量和稳定性，提升生态系统碳汇增量。

固碳增汇要以生态系统碳汇能力巩固和提升两个关键、以科技和政策两个支撑为主线，以巩固生态系统固碳作用、提升生态系统碳汇能力、加强生态系统碳汇基础支撑、推进农业农村减排固碳为指导，提出"守住自然生态安全边界，巩固生态系统碳汇能力；推进山水林田湖草沙系统治理，提升生态系统碳汇增量；建立生态系统碳汇监测核算体系，加强科技支撑与国际合作；健全生态系统碳汇相关法规政策，促进生态产品价值实现"四个重点任务。在固碳增汇方面，为提升调查监测评估水平与计量核算水平，制定了不同系统的核算方法等标准；从加强组织领导、推进试点示范、强化公众参与等方面加强组织实施，形成生态系统碳汇工作合力。

九、全民低碳行动

公众行为改变是温室气体减排不可或缺的一部分。全民低碳行动旨在通过低碳经济模式与低碳生活方式，实现社会可持续发展。绿色发展方式和生活方式是发展观的一场深刻革命。

绿色低碳全民行动，从加强生态文明宣传教育、推广绿色低碳生活方式、引导企业履行社会责任、强化领导干部培训的重点出发，在生产生活各环节，明确提出开展生态文明宣传教育、开展绿色生活创建行动、实施生活垃圾分类、推进塑料减量替代、开展粮食节约行动、推进绿色低碳消费转型等全民低碳行动。

绿色生活创建行动的推进，生态文明宣传教育的开展，有力促进了消费结构的绿色转型。全民节约意识、环保意识、生态意识不断增强，越来越多的人自觉践行光盘行动、节水节纸、节电节能，主动坚持垃圾分类、拒绝过度包装、少用塑料制品，生态文明理念深入人心，绿色生活方式成为社会新风尚。

十、政策支撑

实现"双碳"目标是一项系统工程，既要增强全国一盘棋意识，又要立足区域资源分布和产业分工的实际。政策的制定要以完善政策机制、健全法律法规标准为原则，坚持系统观念，加强政策衔接，发布财政支撑、统计核算、人才培养等支撑保障方案，充分发挥财政及教育职能作用，积极推进"双碳"工作。

财政支撑：坚持降碳、减污、扩绿、增长协同推进，发挥资金、税收、政府采购等协同作用；瞄准六大领域，包括支持构建清洁低碳安全高效的能源体系、支持重点行业领域绿色低碳转型、支持绿色低碳科技创新和基础能力建设、支持绿色低碳生活和资源节约利用、支持碳汇能力巩固提升、支持完善绿色低碳市场体系；提出五大政策举措，包括强化财政资金支持引导作用、健全市场化多元化投入机制、发挥税收政策激励约束作用、完善政府绿色采购政策、加强应对气候变化国际合作，支持实现"双碳"目标。

统计核算：夯实碳排放统计数据基础，提高碳排放数据质量；加快建立全国和地方的碳排放统计核算制度、完善行业企业碳排放核算机制、建立健全重点产品碳排放核算方法、完善国家温室气体清单编制机制等四项重点任务；提出要夯实统计基础、建立排放因子库、应用先进技术、开展方法学研究、完善支持政策等五项保障措施，为实现碳达峰碳中和提供可靠数据支撑。

人才培养：推进高等教育高质量体系建设，提高碳达峰碳中和相关专业人才培养质量；以"全面规划、通专结合，科学研判、缓急有序，试点先行、稳中求进，深度融合、交叉出新，立足国情、畅通中外"五项基本原则，部署加强绿色低碳教育、打造高水平科技攻关平台、加快紧缺人才培养、促进传统专业转型升级、深化产教融合协同育人、深入开展改革试点、加强高水平教师队伍建设、加大教学资源建设力度的重点任务，为实现碳达峰碳中和目标提供坚强的人才保障和智力支持。

十一、地区达峰行动

自中国做出碳达峰碳中和重大宣示以来，各地区认真贯彻落实党中央、国务院决策部署，建立健全统筹协调机制，结合经济社会发展实际，积极谋划、有序推进碳达峰碳中和各项工作。有序推进能源结构优化和产业结构调整，推动重点领域绿色低碳发展水平持续提升，碳达峰碳中和工作实现良好开局。

目前，31个省（区、市）均已成立省级碳达峰碳中和工作领导小组，编制完成本地区碳达峰实施方案。有序推进能源绿色转型、推动产业结构优化升级、推进重点行业节能降碳、推动交通运输绿色低碳转型、促进城乡建设绿色高质量发展、强化低碳零碳负碳科技创新、巩固提升生态系统碳汇能力、完善市场化机制和金融财税政策、做好"双碳"基础工作、开展节能低碳宣传活动等工作正在稳步推进中。下一步，各地区将深入学习领会习近平新时代中国特色社会主义思想，认真学习贯彻党的二十大精神，对标对表，立足实际，积极稳妥推进"双碳"各项工作。

欧盟的碳中和政策法规[①]

欧盟始终重视气候变化治理问题，是全球气候治理的先锋和领导者。由于化石能源相对匮乏，欧盟对外能源依赖依存度始终保持较高水平。在能源危机的背景下，欧盟更加积极地寻求化石能源替代和碳减排方案，从而保障能源安全和经济安全。多年来，欧盟通过强化法律和政策保障，提出一系列转型目标和发展规划，打造了法律保障、产业转型、技术创新、财政支撑的全面绿色低碳发展路径。

一、全球气候治理领跑者：不断强化气候目标

2008—2012年的第一个承诺期内，欧盟将温室气体排放总量较1990年减少8%。

——1997年《京都议定书》

欧盟的气候治理在某种意义上是其环境污染治理的延续。20世纪70年代的两次石油危机推动欧盟向低碳转型。欧盟对提出的气候行动

---

① 本文作者为中创碳投研究院高级分析师陈梦梦。

目标正在逐步落实并不断强化,以推动气候治理进程。在《京都议定书》获得通过之后,1998年召开的欧盟环境理事会会议确定了欧盟应对气候变化的基本立场和战略方针,随后通过《责任分担协议》将欧盟在《京都议定书》中的减排目标分配给各成员国。2000年,欧盟提出了第一阶段《欧洲气候变化计划》(ECCP),将大力开发利用新能源,同时发展碳排放权交易市场,推动各成员国落实《京都议定书》中的减排目标。

到2020年,欧盟温室气体排放总量在1990年的基础上减少20%。

——2007年《2020年能源和气候一揽子计划》

到2030年将温室气体排放总量在1990年基础上降低40%。

——2014年《2030年气候与能源政策框架》

2050年实现温室气体减排80%—95%。

——2011年《2050年迈向具有竞争力的低碳经济路线图》

2007年3月,欧洲理事会提出了《2020年能源和气候一揽子计划》,提出了"20-20-20"目标[1],首次将气候和能源战略规划整合,呈现出以应对气候变化为目标、以能源部门改革为重点,同时提升欧盟经济竞争力的政策发展趋势,形成了欧盟应对气候变化的基本政策框架。随后几年,欧盟通过《2050年迈向具有竞争力的低碳经济路线图》《2050年能源路线图》《2030年气候与能源政策框架》,将减排目标再次提升,确定了欧盟2030年将温室气体排放量在1990年基础上降低40%、将可再生能源在终端能源消费中的比重增至27%、将能源效率提高27%的发展目标,以及到2050年实现较1990年减少温室气体排放80%—95%的长远目标。

"2030年温室气体排放量较1990年至少减少55%,到2050年实现

---

[1] 指"到2020年,欧盟温室气体排放总量在1990年的基础上减少20%,可再生能源在能源消费总量中占比提高20%,能源效率提升20%"。

温室气体净零排放。"

1990—2018 年，欧盟实现地区生产总值增长 61% 的同时完成 23% 的碳减排。随着《巴黎协定》的签署，欧盟将有关目标再次上调，"到 2030 年可再生能源在终端能源消费中的比重增至 32%、能效水平提高 32.5%"。2019 年，欧盟委员会正式发布《欧洲绿色协议》，提出了进一步强化的气候目标与行动蓝图。

在该协议中，欧盟承诺到 2030 年实现温室气体减排 50%—55%（相较于 1990 年水平），2050 年实现净零排放，并将促进欧盟经济向可持续发展转型，以全球气候治理领导者角色推动全球绿色发展。2021 年 6 月《欧洲气候法》正式立法通过。作为"欧洲绿色协议"的一大主要内容，此法确立了欧盟气候目标的法律地位与有效性，体现了欧盟在实现气候目标上的决心。

随后欧盟委员会又公布了"Fit for 55"一揽子立法提案，以推动欧盟一系列气候行动计划落到实处、保障气候目标的实现。"Fit for 55"一揽子立法提案基于欧盟气候目标提供了包括强化碳交易、实施碳边境调节机制、2035 年停止内燃机车销售、替代燃料的基础设施、航运中的绿色燃料、社会气候基金等 13 项具体内容。

二、欧盟加速气候行动

大力发展可再生能源是欧盟实现温室气体减排的重要路径之一。根据《BP 世界能源统计年鉴》，2020 年欧盟石油储量仅占世界总储量的 0.1%，天然气储量占 0.2%，煤炭储量占 7.3%。并且，欧盟对于石油和天然气的进口依存度分别高达 96.2% 和 83.6%[1]。在环境污染治理和两次

---

[1] 数据来源：欧盟统计局。

石油危机的影响下，欧盟也从较早时候就开始扩大可再生能源消费、推动能源结构绿色低碳转型。

能效水平和可再生能源利用规模一直是欧盟环境、气候治理政策中的关键指标。根据"Fit for 55"一揽子立法提案，欧盟委员会将2030年可再生能源消费占比目标上调至40%。在新冠疫情大面积暴发和俄乌冲突等不稳定因素下，欧盟委员会公布了REPowerEU计划，将应对能源危机的目的转化为服务能源气候目标、促进能源低碳转型、提高能源独立程度、释放产业发展新动力的机遇。同时，提出到2030年，将可再生能源消费占比提高到45%、将可再生能源装机容量从1067吉瓦提高到1236吉瓦等目标。

2022年5月，欧盟跟进发布了首个光伏能源发展政策框架《欧盟太阳能战略》，提出改善市场环境和投资条件、建立欧盟太阳能产业联盟、强化全产业链地位、支持创新和国际化标准构建、增加发电产能和基础设施投资、鼓励居民和中小企业投资等举措，设定了2025年太阳能光伏装机容量较2020年翻一番，达到320吉瓦以上，到2030年达到接近600吉瓦的目标。其有关发展目标较"Fit for 55"一揽子立法提案有所提高。

为了推动终端用能深度脱碳，欧盟又发布了《欧盟氢能战略》，进一步细化了欧洲长期发展氢能的战略蓝图，设定了到2024年由可再生电力驱动的电解槽容量达到6吉瓦，到2030年达到40吉瓦，并实现可再生制氢产量1000万吨和进口1000万吨的目标。

为落实《巴黎协定》中的全球减排目标，一些欧盟成员国在COP26上签署了《全球煤炭向清洁能源转型的声明》，并先后宣布自身退煤计划时间表。其中，比利时、奥地利和瑞典三国已率先实现电力系统去煤；法国、意大利、荷兰和芬兰将在2030年前淘汰燃煤；德国则是唯一一个 2030 年后淘汰燃煤的国家。

俄乌冲突爆发后，石油和天然气的价格飞涨、天然气供应不足，欧洲能源缺口和能源战略脆弱性逐渐凸显，德国、法国等先后宣布重启煤电项目以保障能源安全稳定供应。重启煤电这一行为也使得欧盟各国退煤承诺压力提升，尽管如德国政府在重启煤电项目的同时重申了 2045 年碳中和承诺，但其多项能源子法案中对碳中和相关子目标也进行了调整，其中最值得关注的则是原定 2035 年实现 100% 可再生能源电力的目标将无法完成，德国联邦议会将目标调整为 80%，燃煤淘汰时间也推迟至 2038 年。

三、形成净零排放愿景下的碳中和工具包

减免税收、投资补助、贷款担保等是政府常见的加速产业发展的财政手段。享受补贴、税收优惠及其他政府支持形式的技术往往比不能享受的技术具备明显的市场优势。

欧盟各国的可再生能源支持政策多数集中在发电行业，以溢价补贴、差价合约、绿色证书等形式为主。此外，欧盟几乎将气候变化议题纳入其所有主要支出预算当中，以给予充足的资金支持。2010 年，欧盟委员会成立气候行动总司，负责统筹和管理有关绿色发展的支出。2014—2020 年的多年度财政框架（MFF）中，其支出总量由 2014 年的 161.74 亿欧元增加至 2020 年的 344.51 亿欧元，占总预算比例由 13.7% 攀升至 21%。欧盟在 REPowerEU 计划中，计划从 2022 年到 2027 年间增加 2100 亿欧元投资推动供需双侧的化石能源替代。

此外，欧盟碳市场的收入也是其气候行动计划的重要资金来源。欧盟碳市场自 2005 年启动运行，目前已进入第四阶段。据欧盟委员会统计，2013—2019 年实际有 78% 左右的配额拍卖收入（约 370 亿欧元）

被用于或计划用于气候与能源战略[①]。欧盟排放交易体系创新基金纳入2021—2030年总配额收入的3%，是当前世界最大的创新低碳技术资助项目之一，专注于低碳创新、可再生能源等项目投资。

同时，欧盟在"Fit for 55"一揽子立法提案中对2003年设立的能源征税指令进行了首次改革，逐步取消了航空、航运业的化石燃料免税政策，并将家庭供暖、电力供应的化石燃料重新纳入课税范围，根据应税能源产品的不同用途规定了不同的征税标准，以推广清洁能源的使用。

"Fit for 55"一揽子计划提出的建立碳边境调整机制（CBAM）也是欧盟实现净零排放目标的关键手段。随着欧盟碳市场运行的不断成熟，免费配额逐步削减的需求愈发强烈，并且当前欧盟高昂的碳价给企业带来了一定的竞争压力，引起了产业外迁、碳泄漏等问题。2023年5月，作为碳市场的补充工具的CBAM正式生效。

根据机制内容，2026年起，出口到欧盟的产品需要根据碳排放情况缴纳相应的税费或配额。该机制的推进速度与欧盟碳市场开始削减免费配额的速度保持一致。两项政策共同发力，将进一步刺激欧盟工业部门深度脱碳，以保障欧盟净零排放目标实现。CBAM于2023年10月1日正式实施并进入过渡阶段，涵盖钢铁、水泥、铝、化工、电力和氢六大门类，并扩展到特定条件下的间接排放、某些前体材料及一些下游产品。

构建安全、有韧性、可持续的清洁能源供应链是成功实现清洁能源转型的核心。新冠疫情在全球范围内的蔓延及俄乌冲突下对全球能源供应的影响，不仅造成了传统能源价格飙升，也引起制造清洁能源装备所

[①]《欧盟碳市场运作报告（2020）》(*Report on the functioning of the European carbon market*)。

需要的锂、钴、铜和镍等矿物供应短缺及价格上涨。2023年3月，欧盟委员会公布了《净零工业法案》和《关键原材料法案》，旨在扩大欧盟清洁技术的制造规模，加强欧盟净零技术制造的弹性和竞争力，支撑构建安全和可持续的能源系统。

随着需求的增加及各类不稳定因素的涌现，提升原材料自给能力，是构建安全稳定供应链的关键。《关键原材料法案》以加强清洁能源供应链弹性、建立可持续和具有竞争力的原材料价值链为目标，提出了全面的建设路径，并明确了战略原材料供应的明确基准。根据计划，到2030年，每年至少10%的矿物开采、40%的关键原材料加工处理、25%的关键原材料回收来自欧盟内部。目前，欧盟正在逐步形成完整的以清洁能源转型为核心的气候行动路线图，并不断打造各类工具予以支撑、完善。

美国的环境及气候政策法规概述[①]

美国是世界上最大的经济体和工业化强国，也是历史上最大的温室气体排放国。根据国际能源署（IEA）的数据，2023年，美国能源消耗产生的二氧化碳排放量为44.4亿吨，占全球能耗产生的排放量的11.9%。美国联邦政府的气候政策受到其执政党和总统的影响，具有不连贯性和不稳定性。通常情况下，民主党政府支持采取措施应对气候变化，而共和党政府则对此持消极态度。2017年，特朗普上台执政，美国成为首个退出《巴黎协定》的国家，他还弱化了国内碳减排政策的执行力度。拜登上台后，美国又重返《巴黎协定》，美国政府对美国碳中和作出承诺。2024年又是美国的大选年，美国气候政策的持续性将再度面临挑战。

目前美国碳中和主体框架为"3550"计划，即以2035年和2050年为重要时间节点，承诺到2035年通过向可再生能源过渡实现无碳发电，实现电力行业碳中和；到2050年实现全面碳中和。此外，美国还承诺

[①] 本文作者为中创碳投研究院分析师张重吾。

到 2030 年其温室气体的排放量将比 2005 年减少 50%—52%。

美国与环境和气候相关的政策法规主要有以下三个：

一、《清洁空气法案》

《清洁空气法案》(*Clean Air Act*)是美国最早也是最重要的应对空气污染的法律，该法律可追溯到 1955 年《空气污染控制法》的立法动议，1963 年以《清洁空气法案》的名字获得通过，并在 1970 年、1977 年和 1990 年多次修订和完善。该法案授权联邦环境保护署（EPA）制定并执行各种空气质量标准和排放限制措施，该法案主要针对颗粒物、二氧化硫、氮氧化物、一氧化碳、臭氧、铅等六种主要污染物，并对不同污染物设定了不同的允许值。

《清洁空气法案》规定了 EPA 的职责和权限，包括制定国家空气质量标准、监测和评估空气质量、控制污染物的排放、实施强制性的减排计划、对违法者进行处罚等。

《清洁空气法案》中关于碳中和的内容主要包括以下几个方面：

（1）制定汽车尾气排放标准，限制汽车对二氧化碳、甲烷、一氧化二氮等有害气体的排放。

（2）制定新建或改造发电厂、化工厂等大型固定源的污染物排放标准，限制这些污染源排放硫化氢等有害气体。

（3）制定可再生燃料标准，促进生物燃料等可再生能源的使用，降低交通运输部门对化石燃料的依赖。

二、《美国 2050 年深度脱碳战略》

《美国 2050 年深度脱碳战略》(*United States Mid-Century Strategy for Deep Decarbonization*)是奥巴马政府于 2016 年提交给《联合国气候

变化框架公约》（UNFCCC）的一份报告，报告阐述了美国在21世纪中叶实现碳中和的愿景和途径，其目标是2050年比2005年至少减少80%的温室气体排放。

该报告提出了三个重点策略，即转向低碳能源、促进能源效率和生产力提升、利用自然和技术手段增加碳汇。该报告还分析了不同领域的减排潜力和挑战，如电力、交通、建筑、工业、农业、土地利用等，并提出了一系列的政策建议和行动措施。

该报告指出，美国需要在未来30年内进行五大关键转型，包括：

（1）电力系统脱碳化，加速向清洁电力转型；

（2）终端用能电气化，推动航空、海运和工业过程中的清洁燃料替代；

（3）节能和提升能效；

（4）减少甲烷和其他非CO_2温室气体排放，优先支持除现有技术外的深度减排技术创新；

（5）实施大规模土壤碳汇和工程脱碳策略。

三、《通胀削减法案》

《通胀削减法案》（*Inflation Reduction Act*，IRA）是美国国会在2022年8月通过的法案，内容涵盖税收、清洁能源、医疗等领域，旨在缓解美国的通货膨胀、降低处方药价格和推行环境友好的政策。该法案将投资3690亿美元于气候变化和新能源项目，包括对电动汽车、光伏、储能等清洁能源产业的支持。

该法案主要包含以下五大措施：

（1）降低能源成本：该法案将为消费者提供一系列激励措施，以降低高昂的能源成本，达到缩减开支的目的。

（2）保障美国能源安全和国内制造业：该法案将提升能源可靠性和清洁能源产量，力图减少对外国的依赖，确保向绿色经济过渡期间为美国人创造更多就业机会。法案中超过600亿美元将会被用于支持本土清洁能源发展和清洁能源供应链的基础设施建设。这些制造业激励措施将有助于降低清洁能源和新能源汽车的成本，缓解供应链瓶颈，从而缓解通胀，降低未来价格受到冲击的风险。

（3）实现经济去碳化：该法案将通过提供税收优惠、补贴和贷款担保等方式，促进可再生能源、电动汽车、储能、碳捕集、利用与封存（CCUS）等清洁技术的发展和部署。法案还将支持绿色氢气、生物质能、地热能等新兴清洁能源的研发和商业化。该法案预计将使美国在2030年前减少40%以上的温室气体排放。

（4）维护社区和环境公平：该法案将为受污染和极端天气事件影响最严重的社区提供资金和资源，帮助他们进行环境修复、灾害恢复和风险管理。该法案还将确保气候投资中的收益流向这些社区，以提高他们享受清洁能源和就业的机会。

（5）支持农林业的弹性建设：该法案将为农民、林主和土地管理者提供激励措施，以采取更可持续的农林业实践，增加土壤碳储存、减少甲烷排放、提高生物多样性等。法案还将支持农村地区的清洁能源基础设施建设，增加他们对可再生能源的使用。

四、其他法案与计划

《清洁电力计划》（*Clean Power Plan*）是奥巴马政府于2014年根据《清洁空气法案》推出的一项旨在减少火力发电厂温室气体排放的政策。该计划要求各州制定自己的减排方案，并在2022—2030年间将火力发电厂的二氧化碳排放水平相较于2005年削减32%，并从2022年开始强制减排。

《清洁竞争法案》(Clean Competition Act)是2022年6月由四名民主党联邦参议员向参议院提交的立法动议,旨在通过对进口商品和美国商品中超过行业平均水平的碳排放征收碳税,来促进清洁能源的研发、部署和创新,以应对气候变化和增加就业,也加强美国企业在全球市场上的竞争力。该立法动议仍在讨论和审议中。